Manual de Processo do Trabalho
sob a Perspectiva do Advogado

Roberto Parahyba de Arruda Pinto
Coordenador

Manual de Processo do Trabalho sob a Perspectiva do Advogado

AASP
Associação dos Advogados
de São Paulo

EDITORA LTDA.
© Todos os direitos reservados

Rua Jaguaribe, 571
CEP 01224-001
São Paulo, SP — Brasil
Fone (11) 2167-1101

Produção Gráfica e Editoração Eletrônica: R. P. TIEZZI
Projeto de Capa: FABIO GIGLIO
Impressão: PIMENTA GRÁFICA E EDITORA
LTr 4522.0
Fevereiro, 2012

Visite nosso *site*:
www.ltr.com.br

Dados Internacionais de Catalogação na Publicação (CIP)
(Câmara Brasileira do Livro, SP, Brasil)

Manual de processo do trabalho sob a perspectiva do advogado / Roberto Parahyba de Arruda Pinto, coordenador. — São Paulo : LTr, 2012.

Vários autores

Bibliografia

ISBN 978-85-361-1996-0

1. Advocacia como profissão — Brasil 2. Direito do trabalho — Brasil 3. Direito processual do trabalho — Brasil I. Pinto, Roberto Parahyba de Arruda.

12-00044   CDU-34:331(81)

Índice para catálogo sistemático:

1. Brasil : Direito do trabalho : Perspectiva do advogado   34:331(81)

Sumário

Apresentação 9

Prefácio 11

A Advocacia Trabalhista e a Ética Profissional 13
    José Luciano de Castilho Pereira

Litigância de Má-Fé 20
    Roberto Parahyba de Arruda Pinto

A Nova Competência da Justiça do Trabalho — Relação de Trabalho e Relação de
Emprego 40
    Cláudia José Abud

Considerações sobre o Sistema das Invalidades Processuais Trabalhistas 45
    Aldacy Rachid Coutinho

Petição Inicial 67
    Valter Uzzo

A Defesa no Processo do Trabalho. Resposta do Réu. Contestação e Reconvenção 72
    Ari Possidonio Beltran

Audiência Trabalhista 79
    Pedro Ernesto Arruda Proto

EMBARGOS DE DECLARAÇÃO E MULTAS 94
    REGINALD DELMAR HINTZ FELKER

TEORIA GERAL DOS RECURSOS E RECURSO ORDINÁRIO 104
    BENIZETE RAMOS DE MEDEIROS

DO PREQUESTIONAMENTO COMO PRESSUPOSTO ESPECÍFICO PARA CONHECIMENTO DO
RECURSO DE REVISTA E AS HIPÓTESES DE SEU CABIMENTO 114
    CARLOS AUGUSTO MARCONDES DE OLIVEIRA MONTEIRO

AGRAVO DE INSTRUMENTO 121
    JOÃO PEDRO FERRAZ DOS PASSOS

ANTECIPAÇÃO DE TUTELA NO PROCESSO TRABALHISTA 126
    MAURICIO DE FIGUEIREDO CORREA DA VEIGA

MANDADO DE SEGURANÇA E RECLAMAÇÃO CORREICIONAL 137
    JORGE PINHEIRO CASTELO

ELEMENTOS DA RESPONSABILIDADE CIVIL NOS ACIDENTES DO TRABALHO 153
    JOSÉ AFFONSO DALLEGRAVE NETO

O PROCESSO DO TRABALHO E AS NOVAS TECNOLOGIAS 176
    LUÍS CARLOS MORO

A EXECUÇÃO DEVE SER CONDUZIDA PELO MEIO MENOS GRAVOSO AO DEVEDOR OU EM
PROVEITO DO CREDOR? 189
    ALBERTO DE PAULA MACHADO; DENISE WEISS DE PAULA MACHADO

AGRAVO DE PETIÇÃO 198
    JORGE CAVALCANTI BOUCINHAS FILHO

CONTRIBUIÇÕES PREVIDENCIÁRIAS E FISCAIS NA JUSTIÇA DO TRABALHO 214
    CLÁUDIO CESAR GRIZZI OLIVA

AÇÃO RESCISÓRIA NO PROCESSO DO TRABALHO 222
    OTÁVIO PINTO E SILVA

O DIREITO COLETIVO DO TRABALHO E OS PRINCÍPIOS FUNDAMENTAIS 235
    RAIMUNDO CEZAR BRITTO ARAGÃO

Dissídio Coletivo de Trabalho 248
  Magnus Henrique de Medeiros Farkatt

Ação Coletiva e Ação Civil Pública 264
  José Fernando Moro

Assédio Moral no Trabalho 271
  Jefferson Lemos Calaça

Posfácio 279

Apresentação

Esta obra é uma compilação das aulas proferidas no *Curso Prático de Processo do Trabalho*, realizado em meados de 2011, na sede da AASP — Associação dos Advogados de São Paulo, acompanhado ao vivo por advogados em diversas Subseções da Ordem dos Advogados do Brasil, situadas em quase todos os Estados da Federação, em virtude do convênio celebrado entre a AASP, o Conselho Federal da OAB e a Escola Nacional de Advocacia, para a transmissão, via satélite, de cursos, de palestras, de debates, de congressos, etc., realizados no estúdio da AASP.

O estrondoso sucesso do referido curso, que açambarcou todas as fases do processo individual do trabalho e temas do processo coletivo, que animou a reunião e a atual publicação orgânica das contribuições dos palestrantes, todos advogados militantes.

Como o *Curso Prático de Processo do Trabalho* teve promoção conjunta de quatro entidades representativas da advocacia: AASP, Conselho Federal da OAB, ABRAT — Associação Brasileira de Advogados Trabalhistas e a AATSP — Associação dos Advogados Trabalhistas de São Paulo, esta obra reveste-se de caráter institucional voltada, fundamentalmente, ao aprimoramento do exercício profissional.

A perspectiva do advogado não é uma e tampouco imutável. Pelo contrário, é multifacetada e em constante transformação evolutiva, impulsionada pela dialética que caracteriza nossa atividade profissional. Tal diversidade, própria da natureza humana, não quebra, antes reforça, a unidade da advocacia, cuja visão global está pragmaticamente voltada à justa resolução dos conflitos, à pacificação social e à efetivação do Estado Democrático de Direito.

A aplicação prática do Direito do Trabalho é o fio condutor desta obra coletiva, precipuamente endereçada aos advogados militantes, sendo que também será de grande valia a todos que atuam no âmbito da Justiça do Trabalho.

Roberto Parahyba de Arruda Pinto
Diretor Cultural da AASP

Prefácio

Além de reunir um elenco de autores identificados com o Direito do Trabalho, este livro representa uma iniciativa pioneira — e vitoriosa — de integrar advogados de todos os estados a partir das modernas ferramentas de comunicação, em tempo real.

O Conselho Federal da OAB, por intermédio da Escola Nacional de Advocacia (ENA), as Escolas Superiores de Advocacia (ESAs), a Associação dos Advogados de São Paulo (AASP), a Associação Brasileira dos Advogados Trabalhistas (ABRAT) e a Associação dos Advogados Trabalhistas de São Paulo (AATSP), juntos tornaram possível o projeto, disponível agora na forma de manual aos profissionais que diuturnamente lutam pela manutenção do equilíbrio entre o capital e o trabalho, zelando pelos direitos dos trabalhadores.

Não é de hoje, o Direito do Trabalho vem dando à sociedade respostas concretas com vistas a garantir a aplicação das normas contidas na Constituição, nossa lei maior, para que o trabalho não seja tratado como simples mercadoria. Nos dias atuais, isso adquire uma importância fundamental, em razão do novo desenho da economia do país, onde as relações de trabalho tornaram-se mais complexas e as cíclicas crises do capitalismo ganharam dimensões globais.

Os advogados trabalhistas cumprem, nessa moldura, papel civilizador, levando a Justiça a efetivar a moderação nos conflitos entre capital e trabalho de modo a evitar radicalizações e permeando as diferenças culturais, sociais e econômicas de nosso imenso, porém ainda desigual território. Os indicadores sociais, infelizmente, confirmam que o traço mais marcante no trabalho ainda é a desigualdade. A distância entre os extremos continua grande cabendo à advocacia trabalhista diminui-la a partir de sua atuação firme, competente e humanizadora, direcionada sempre à incansável luta na busca da Justiça Social, fim maior do Direito do Trabalho.

A Ordem dos Advogados do Brasil, por sua vez, não foge à sua missão institucional de zelar pelo Direito, de atuar de forma equilibrada, mas firme, no sentido de fazer prevalecer um único império, que é o império da Lei e da Justiça, conciliando desenvolvimento com justiça social.

Ophir Cavalcante Junior
Presidente nacional da Ordem dos Advogados do Brasil

A Advocacia Trabalhista e a Ética Profissional

José Luciano de Castilho Pereira (*)

1. Apresentação geral

1.1. Nos Anais da XVI Conferência Nacional da OAB, realizada em Fortaleza, em setembro de 1996, o advogado padrão, Dr. Evandro Lins e Silva, discorrendo sobre a Ética e o Sigilo Profissional do Advogado, disse o seguinte:

> Cabe-me falar sobre a ética profissional, ou seja a ética profissional do advogado. O livro clássico de Henri Robert, *L'avocat* — principia por uma pergunta, indagando o que evoca essa palavra — o advogado — no espírito dos que vivem afastados do foro e que sentimentos desperta geralmente no público. E responde com a simplicidade e a beleza dos clássicos: para alguns o advogado é, tradicionalmente, o "defensor da viúva e do órfão", o campeão desinteressado de todas as causas nobres, aquele cuja dedicação se deu a todos os oprimidos, a todos os desgraçados, a todos os deserdados da fortuna e que faz ouvir, perante a justiça, a voz da piedade humana e da comiseração.
>
> Mas — tenhamos modéstia e inteligência para reconhecer — nem sempre é esta a nossa reputação. Digamos mesmo que a maior parte das vezes o advogado não tem bom acolhimento na literatura.
>
> Representam-no ordinariamente sob a figura dum insuportável grulha, espertalhão, amando a chicanas, as velhacarias (...). (p. 393/394).

(*) Advogado. Ministro do Tribunal Superior do Trabalho — Aposentado. Professor de Processo do Trabalho do IESB — Brasília-DF.

Em seguida, Evandro Lins, disserta de maneira sintética e, como sempre, muito competente sobre a Ética Profissional do Advogado Criminal.

1.2. Percebe-se, desde agora, que há uma Ética geral para todo advogado, mas há, para alguns ramos do direito, uma ética especial para cada um deles.

Claramente, é possível, sobretudo a partir da Carta de 1988, vislumbrar um extraordinário papel a ser desempenhado pelo advogado na defesa dos direitos fundamentais constitucionalmente assegurados.

E, neste caso concreto, o destaque que deve ser feito é quanto ao valor do trabalho humano, que é o objeto da atividade do advogado trabalhista.

Deve ser apontado, desde logo, o art. 193, da Constituição de 1988, a afirmar que "a ordem social tem como base o primado do trabalho, e como objetivo o bem-estar e a justiça sociais".

O comando do art. 193 dá seguimento ao inciso VI, do art. 1º da Carta, que coloca os valores sociais do trabalho e da livre iniciativa, como direitos fundamentais da República Federativa de Direito.

1.3. Desde a Carta de 1946, à Justiça do Trabalho reservou-se a competência para julgar os conflitos decorrentes da relação de trabalho, mas quando estivesse presente o vínculo empregatício.

Deve ser lembrado, contudo, que, a partir da Emenda Constitucional n. 45, de 31.12.2004, passaram também a integrar a competência da Justiça do Trabalho as ações oriundas das relações de trabalho, que abrangem um universo enorme de questões, como as vinculadas às lutas sindicais, bem assim as que tratam do exercício do direito de greve e ações de indenização decorrentes de dano material ou moral trabalhista, e, também aquelas ações relativas a penalidades administrativas impostas pelos órgãos de fiscalização das relações de trabalho, tudo como enumerado no inciso II, do art. 114, da Constituição da República, já com alterações impostas pela Emenda Constitucional n. 45/2004.

Assim, no mundo do trabalho humano, sua proteção decorrerá do que fizer a Justiça do Trabalho.

1.4. Deve ser ressaltado, ainda, que, no que se refere ao trabalho subordinado, ao sindicato e ao direito de greve, estão eles nos arts. 7º, 8º e 9º, da CF, integrando o Capítulo II, do Título II, que trata dos Direitos e Garantias Fundamentais.

Aqui, sobressai o papel do advogado, pois, segundo a Carta de 1988, é ele essencial à administração da Justiça, prescrevendo o art. 133/CF, que "o advogado é indispensável à administração da justiça, sendo inviolável por seus atos e manifestações no exercício da profissão, nos limites da lei". E, pelo visto, no campo dos direitos trabalhistas ele está lidando com direitos fundamentais, segundo o norte traçado pela Constituição Federal.

Mais ainda.

Hoje, na forma do inciso IV, do art. 114/CF, compete à Justiça do Trabalho julgar mandados de segurança, *habeas corpus* e *habeas data*, quando o ato questionado envolver matéria sujeita à sua jurisdição. E, como se sabe, o mandado de segurança, o *habeas corpus* e o *habeas data* se incluem no capítulo I, do Título II, da CF, acima referido, cuidando dos direitos fundamentais.

1.5. A rigor, podemos dizer que, com a Carta de 1988 e com a EC n. 45/2004, a Justiça do Trabalho recebeu seu certificado de cidadania, libertando-a da "mácula" de ser uma Justiça que cuidava do trabalho humano, trabalho esse que, desde os tempos coloniais nunca foi prestigiado.

Sobre isso, já escrevi o seguinte:

> Não é difícil imaginar o verdadeiro escândalo causado, no Brasil, por esse direito novo, que quebrava a sagrada regra do *pacta sunt servanda* de um direito civil profundamente individualista.
>
> Os quatro séculos de uma economia fundada no trabalho escravo não nos deixaram ouvir o grito libertário da Declaração de Filadélfia, de 10 de maio de 1944, que fixou de modo preciso o Direito dos Trabalhadores, colocando o princípio de que o trabalho não é uma mercadoria, incluindo esta grave advertência: a penúria, seja onde for, constitui um perigo para a prosperidade geral. Para uma sociedade assim formada, foi penoso compreender um direito que procurava estabelecer desigualdades para alcançar um mínimo de igualdade, visando assegurar a dignidade humana para todos.
>
> O pensamento vigente nessa terra de Santa Cruz — agravada com a marca do trabalho escravo — bem se enquadra nesta lição de Humberto Theodoro Júnior:
>
> No sistema capitalista, Max Weber ressalta no contrato, como uma de suas fundamentais funções, a de tornar "previsíveis" e "calculáveis" as operações econômicas, o que se revela condição necessária tanto para realizar o proveito individual de cada operador como também para funcionamento do sistema em seu conjunto. (...) Partindo da igualdade e liberdade dos contratantes, não se cogita de injustiça nas cláusulas avençadas. Apenas a ordem pública e os bons costumes representam limites à autonomia da vontade, pois, na ótica do liberalismo, não é função do Estado intervir no contrato. Dita intervenção comprometeria o equilíbrio e implicaria uma injustiça. (*Direito do consumidor*. Rio de Janeiro: Forense, 2000. p. 7).

1.6. Sem maiores comentários, é bem de constatar, que o Processo do Trabalho, que balizava e baliza a ação da Justiça do Trabalho, foi e é um processo de vanguarda, permanentemente imitado pelo Processo Civil, que raramente reconhece este fato.

É tempo, agora, de fixar alguns pontos fundamentais nas qualidades éticas do advogado, em geral, antes de cuidar do advogado trabalhista.

2. Qualidades éticas do advogado

2.1. Neste ponto, é sempre lembrada a lição de Jeremy Bentham, de 1834, ao dizer que a deontologia seria a "ciência do que é justo e conveniente que o homem faça dos valores que decorrem do dever ou norma que dirige o comportamento humano".

A deontologia jurídica cuida, portanto, dos deveres a que são submetidos os integrantes de uma profissão. Ela trata, assim, da ética profissional.

2.2. No Brasil, o exercício da advocacia tem como pressuposto legal a formação em um curso de direito e a inscrição formal na Ordem dos Advogados do Brasil, após severo exame público.

Mas há qualidades fundamentais que o advogado precisa cultivar e não estão escritas na lei.

São elas: 1) cultura geral e específica, para que não perca a noção de sua realidade; 2) o amor pelo seu trabalho, que não pode ser apenas um instrumento mercantil, mas um campo aberto à sua realização pessoal, como elemento essencial à administração da Justiça, como está no já referido art. 133 da Constituição da República.

É assim incompatível com o regular exercício da advocacia, a postura do advogado que não se atualiza e que vê em sua profissão apenas um instrumento de sua renda crescente, sem a menor noção do direito social, que é fundamento de seu trabalho e de nosso Estado Democrático de Direito.

2.3. Decorrem destes conceitos As Regras Deontológicas Fundamentais, inscritas no capítulo I, do Título I, do Código de Ética e Disciplina da OAB, das quais algumas serão aqui destacadas:

    a) já no seu art. 1º do Código exige conduta irrepreensível do advogado, seguindo os princípios da moral individual, social e profissional;

    b) o art. 2º enumera os deveres do advogado, dos quais destaco os seguintes:

    — velar por sua reputação pessoal e pessoal;

    — empenhar-se, permanentemente, em seu aprimoramento pessoal e profissional;

    — contribuir para o aprimoramento das instituições, do Direito e das leis;

— estimular a conciliação entre os litigantes, prevenindo, sempre que possível, a instauração de litígios; e

— aconselhar o cliente a não ingressar em aventura judicial.

E abster-se de:

— utilizar de influência indevida, em seu benefício ou do cliente;

— vincular o seu nome a empreendimento de cunho manifestamente duvidoso;

— emprestar concurso aos que atentem contra a ética, a moral, a honestidade e a dignidade da pessoa humana;

— entender-se diretamente com a parte adversa que tenha patrono constituído, sem o assentimento deste.

2.4. Mas por que tudo isso?

A resposta está no *caput* do art. 2º suprarreferido, onde se lê:

Art. 2º O advogado, indispensável à administração da Justiça, é defensor do estado democrático de direito, da cidadania, da moralidade pública, da Justiça e paz social, subordinando a atividade do seu Ministério Privado à elevada unção pública que exerce.

De ressaltar, ainda mais, o art. 3º do mesmo Código, que prescreve que:

O advogado deve ter consciência de que o Direito é um meio de mitigar as desigualdades para o encontro de soluções justas e que a lei é um instrumento para garantir a igualdade de todos.

Deve, agora, ser colocada em debate a qualidade ética do Advogado Trabalhista.

3. Qualidades éticas do advogado trabalhista

3.1. Evidentemente todas as virtudes éticas exigidas do advogado, em geral, bem se aplicam aos advogados trabalhistas.

Hoje, isso é até mais evidente, já que a começar da Constituição de 1988 e, muito especialmente a partir da Emenda Constitucional n. 45/2004, o advogado não lida mais com o trabalho com a marca pejorativa da escravidão, pois seu labor vincula-se, como demonstrado, com Direitos Fundamentais, assim definidos pela Carta de 1988.

Mas uma recomendação específica para o advogado trabalhista está no art. 23, que afirma:

Art. 23: É defeso ao advogado funcionar no mesmo processo, simultaneamente, como preposto do empregador ou cliente.

No passado, era muito comum o advogado da empresa funcionar também como preposto, numa reclamação trabalhista, o que tornava impossível, quase sempre, manter o padrão ético da advocacia.

Em tais circunstâncias, o advogado acabava ferindo o art. 4º do Código de Ética, que determina que o advogado deva zelar pela sua liberdade e independência.

3.2. Além do conhecimento jurídico, o advogado trabalhista deve desenvolver a técnica da conciliação, pois o espírito conciliador está na própria estrutura da Justiça do Trabalho, desde sua criação em 1941. Como acima já destacado, é dever ético do advogado procurar a conciliação, mas na Justiça do Trabalho a procura da conciliação é uma obrigação legal.

Como no processo do trabalho os atos são concentrados na audiência, outra virtude a ser cultivada pelo advogado é a da cordialidade para que, como está no ensinamento de Couture, o processo seja um método de debate, no qual deve vencer o mais hábil ao esgrimir os melhores argumentos, que não depende dos gritos, normalmente instrumento de quem não tem razão.

Conclusão

Para terminar, acrescento esta lição de Fábio Konder Comparato:

> O homem justo é aquele que, além de não cometer injustiças, pratica ações justas. A interface desse princípio ético explica a união indissolúvel das duas grandes categorias de direitos humanos: a dos direitos e liberdades individuais, e a dos direitos econômicos e sociais. Não é possível separá-las nem, menos ainda, recusar a aplicação de uma delas, sem negar outra, destruindo com isso, completamente, o princípio da justiça.
>
> Mas há ainda uma outra espécie de justiça, (...) a equidade. Consiste na correção do que há de excessivamente genérico na norma legal. Por isso, a equidade tem sido qualificada como a justiça do caso concreto. Toda lei (*nómos*), frisou Aristóteles, tem um enunciado necessariamente geral, pois o legislador leva em consideração, tão só, os casos mais frequentes. Nesse sentido, a lei se distingue do decreto (...), que atende a situações específicas e concretas. Ao surgir um caso não incluído de modo explícito no texto da lei, é de justiça interpretá-la num sentido mais preciso e concreto, a fim de estender a norma genérica à hipótese em questão, atendendo-se, assim, mais ao espírito do que à letra da lei.
>
> Aliás, o apego exclusivo às exterioridades, ou à mera expressão formal da norma ética, conduz, fatalmente, à própria negação da justiça. Da

mesma forma, a sacralização das palavras nas quais é expresso um mandamento religioso pode torná-lo absurdo e odioso, produzindo resultados práticos totalmente opostos ao espírito de santidade que o anima.

Um dos maiores méritos da sabedoria grega consistiu, justamente, em apresentar a moderação ou o bom-senso (...) como virtude suprema. No frontispício do templo de Apolo, em Delfos, uma das inscrições célebres era: nada em excesso. Aquele que exerce o seu direito sem moderação acaba por perdê-lo. (*Ética*. São Paulo: Cia. das Letras, 2006. p. 528/529).

Com estes rápidos apontamentos, que permearão o debate de todos os temas desta histórica promoção da AASP, agradeço a honra que me foi concedida de poder fazer esta abertura.

LITIGÂNCIA DE MÁ-FÉ

Roberto Parahyba de Arruda Pinto (*)

I) INTRODUÇÃO — A VALORAÇÃO DA ÉTICA PROCESSUAL

Nessa introdução faremos um brevíssimo escorço histórico acerca da positivação do dever de lealdade e da litigância de má-fé no âmbito do direito processual, para termos presente no espírito a monumental importância que o tema objeto do presente capítulo assume na atualidade, como pressuposto fundamental, tanto para que o processo atinja sua finalidade primordial (justa composição da lide, na clássica definição de Carnelutti), como para a preservação da própria respeitabilidade do Poder Judiciário. Para tanto, não precisaremos retroceder muito no tempo.

A normatização do dever de lealdade processual (o qual será analisado mais detidamente no item seguinte), verificou-se somente a partir da segunda metade do século XIX[(1)], a partir do momento que o processo passou a ser visto sob a prisma da efetividade, visão que se assentou com o movimento processualista alcunhado pela doutrina de "instrumentalista", ou de "acesso à justiça". Esse concertado movimento promoveu uma valorização do processo como instrumento social, com o consequente estabelecimento de certos padrões de comportamento processual, que visam à idoneidade da função jurisdicional.

A doutrina identifica três grandes momentos da evolução metodológica do direito processual de tradição romano-germânica, quais sejam: o sincretismo, o conceitualismo e o instrumentalismo.

(*) Advogado. Diretor Cultural da Associação dos Advogados de São Paulo.
(1) Marcado pelo advento do Estado Social, pela superação dos excessos do individualismo e pelo início da maior interferência do Estado nas relações entre os particulares mediante a criação de normas de ordem pública destinadas a restringir a autonomia da vontade das partes para proteger o lado mais fraco da relação jurídica.

O sincretismo estendeu-se desde o direito romano até a segunda metade do século XIX, assim denominado diante do aspecto mais característico de sua abordagem, qual seja: a ausência de diferenciação das relações jurídicas de direito material e processual. A ação era vista como um direito imanente ao direito material, e o processo dizia-se como sendo o direito armado para a guerra.

Posteriormente, com o conceitualismo, a ação passa a ser considerada como um direito autônomo, um direito à tutela jurídica dirigida contra o Estado (sujeito passivo), e não contra o adversário, caracterizada a relação de direito processual como de direito público, distinta da do direito material. O Direito Processual emerge como ramo autônomo da ciência jurídica, marcado por um método formalista e individualista, com acentuada ênfase ao princípio dispositivo, que repugnava qualquer interferência na liberdade das partes[2].

Na fase conceitualista, que perdurou por apenas um século, foram configurados (ou conceituados) os institutos fundamentais que compõem a estrutura da ciência processual. Entretanto, confinados na dimensão estritamente técnica, os processualistas descuraram da natureza e da finalidade do processo, visto como um fim em si mesmo, e não como instrumento sobretudo ético de aplicação do direito material.

A crise de efetividade, provocada pelo descolamento do processo com o direito material, insuflou o advento da citada fase instrumentalista. O processualista passa a se preocupar não apenas com os aspectos formais, como também com a eficácia social do processo, reconhecendo a aderência do processo à realidade sociojurídica subjacente[3].

Como é sabido, conforme o ângulo de visão sobre determinado objeto, têm-se diferentes conclusões sobre seu significado e finalidade. Antes da fase instrumentalista, o processualista tinha sua visão ofuscada pelo brilho de seu objeto de estudo (o processo), com alcance adstrito aos elementos constitutivos do processo, deixando de lado o principal, por falta de projeção para o mundo exterior. Essa mudança de enfoque restou celebrizada por Mauro Cappelletti, ao pugnar pela necessidade de se vislumbrar o direito não só pela perspectiva de seus produtores e dos produtos por ele criados, mas também, e principalmente, pela perspectiva dos "consumidores" do direito e da justiça, que são seus usuários[4].

Essa nova perspectiva, aberta à crítica externa, trouxe de roldão a reflexão axiológica, acerca da finalidade do processo como instrumento de efetivação do

---

(2) Liberdade duramente conquistada pela luta política e revoluções da burguesia conta o Estado Absolutista, influenciadas pelo Iluminismo, e que levaram ao triunfo do Estado de Direito.
(3) Neste sentido preleciona Kazuo Watanable: "do conceptualismo e das abstrações dogmáticas que caracterizam a ciência processual e que lhe deram foros de ciência autônoma, partem hoje os processualistas para a busca de um instrumentalismo mais efetivo do processo, dentro de uma ótica jurídica mais abrangente e mais penetrante de toda a problemática sociojurídica". *Da cogniçãno processo civil*, p. 20.
(4) CAPPELLETTI, Mauro. Problemas de reforma do processo nas sociedades contemporâneas. *Revista de Processo*, v. 65, p. 127/143.

direito material. Hodiernamente, a preocupação central é com a efetividade do processo em dotar o sistema processual de uma tutela tempestiva, célere, ao mesmo tempo qualificada e produtora de efeitos concretos.

Ao mesmo tempo, a reflexão axiológica, valorativa, desvelou a concepção do processo como um instrumento ético. A efetividade desponta como o valor dominante, ou valor-fim, mas umbilicalmente atada à lealdade processual, que figura então como o valor-meio, valor-subordinado, cuja observância no processo é fundamental para que este alcance sua finalidade instrumental.

Nesse sentido, são ilustrativas as palavras de Valentino Aparecido de Oliveira:

> Deve-se à perspectiva instrumentalista, pois, o sentimento gerado no processualista de que o processo deve servir como verdadeiro instrumento de tutela do direito material. Mas para alcançar esse grau de desenvolvimento, foi necessário que se aclarasse a importância no processo do valor da lealdade processual.
>
> E que, deveras encantado com o princípio dispositivo, o processualista entendia que os litigantes tinham o direito de fazer, na defesa de seus interesses, declarações a seu arbítrio, ainda que fossem contrárias à verdade. E malgrado tivesse o processualista entrevisto, desde cedo, a importância de se dotar o processo de mecanismos de controle ético, como, por exemplo, o dever de dizer a verdade, entendia-o resistente a tal, visto que a adoção desse mecanismo conflitaria, na visão da doutrina clássica, com o princípio dispositivo; e, como se dava a esse princípio momentosa prevalência, sucedia que os deveres de conteúdo ético não podiam ter uma aplicação concreta no âmbito do processo civil.[5]

Para que a caracterização do processo como instrumento sobretudo ético não permanecesse no âmbito meramente abstrato, conceitual e retórico, o sistema vigente o dotou (o processo) de mecanismos de controle ético, dentre os quais se destacam o dever de lealdade processual e o instituto da litigância de má-fé.

II) DO DEVER DA LEALDADE PROCESSUAL

O processo judicial pode ser identificado como uma espécie de competição, o que torna ainda mais evidente a necessidade de se impor aos sujeitos que nele atuam certos limites de conduta, sem os quais restaria comprometida a consecução do seu fim precípuo, que é o da pacificação social. "A caracterização do juiz como árbitro dos interesses em conflito evoca a consideração da dialética processual como um jogo. Mera analogia, que até amesquinha a atividade jurisdicional. Quando

---

(5) ANDRADE, Valentino Aparecido. *Litigância de má-fé*. São Paulo: Dialética, 2004. p. 27.

muito, serve para evidenciar que o processo se assemelha a um jogo, porque, como o jogo, é submisso a regras"[6].

Nesse sentido, Enrico Tulio Liebman[7] destaca que: "embora no processo se trave uma luta em que cada um se vale livremente das armas disponíveis, essa liberdade encontra limites no dever de respeitar as regras do jogo, e estas exigem que os contendores se respeitem reciprocamente na sua qualidade de contraditores em juízo, segundo o princípio da igualdade das suas respectivas posições".

De igual modo, ilustra o emérito processualista brasileiro José Carlos Barbosa Moreira que, a despeito de se admitir às partes, no processo, o recurso à habilidade na escolha e na realização das táticas julgadas mais eficazes para a obtenção do resultado vantajoso, sobrepairam exigências éticas e sociais que são inerentes à significação do processo como instrumento de função essencial ao Estado[8].

Esses limites de conduta formam o conteúdo do dever de lealdade processual, o qual extrapola os interesses das partes, funcionando como um mecanismo apto ao controle moral dos atos processuais.

Como o processo é um conflito de interesses e, conforme preleciona Couture, "como o sistema da lei confere às partes a função de recíproca contradição", é indispensável que seja conferida aos litigantes uma liberdade de atuação, a dar-lhes o poder de determinar os limites essenciais da decisão, nomeadamente quanto à causa de pedir e ao pedido. Eis o campo natural de atuação do princípio dispositivo no processo. Se, porém, a liberdade é condição essencial de todo e qualquer direito, o certo é que seria levar muito longe as consequências desse princípio, pretender que o direito pudesse ser exercido como aprouvesse a seu titular, causasse ou não prejuízo a outrem. Daí que a liberdade, que é ditada pelo princípio dispositivo, não pode ser absoluta, como não o é, submetida que está ao regramento legal, que estabelece deveres, dentre os quais o da lealdade processual, de natureza ético-jurídica, cuja violação caracteriza a figura da litigância de má-fé[9].

Admitir-se um processo sem a presença de certos limites seria comprometer seu funcionamento. Daí porque a superação do individualismo predominante e a valorização do processo como instrumento social determinaram o estabelecimento de padrões de comportamento às partes.

Mesmo no Código de Processo Civil em vigor, de 1973, marcado pelo signo do individualismo, a preocupação com a ética se fez claramente presente, consoante explicitado na seguinte passagem da Exposição de Motivos, de Alfredo Buzaid:

---

(6) BORGES, Jorge Souto Maior. *O contraditório no processo judicial (uma visão dialética).* São Paulo: Malheiros, 1996. p. 71/72.
(7) LIEBMAN, Enrico Tullio. *Manual de direito processual civil.* 2. ed. Tradução Cândido Rangel Dinamarco. Rio de Janeiro: Forense, 1985.
(8) MOREIRA, José Carlos Barbosa. A responsabilidade das partes por dano processual. *Revista de Processo,* v. 10, p. 15.
(9) ANDRADE, Valentino Aparecido. *Op. cit.,* p. 82.

Posto que o processo civil seja, de sua índole, eminentemente dialético, é reprovável que as partes se sirvam deles, faltando ao dever da verdade, agindo com deslealdade e empregando artifícios fraudulentos, porque tal conduta não se compadece com a dignidade de um instrumento que o Estado põe à disposição dos contendores para atuação do direito e realização da Justiça.

Ao comentar a preocupação ética do Código de Processo Civil de 1974, Alcides de Mendonça Lima aponta a existência de várias normas de caráter repressivo e sancionador, principalmente para as partes, mas abrangendo, igualmente, a "todos quantos intervenham nos autos", aperfeiçoando o princípio da probidade, "como imperativo de alto sentido social, pelo que a vida forense representa como fonte do respeito, do prestígio, da autoridade e da confiança que o Poder Judiciário deve incutir no espírito da coletividade"[10].

De fato, o processo não pode ser útil, se não for honesto. Pode-se, sem receio, amplificar essa assertiva, para dizer que nada pode ser útil desde que não seja honesto.

A atitude desleal no processo prejudica não somente a parte adversa, como também a própria tutela jurisdicional, com o dispêndio de tempo, recursos e diligências para a realização de procedimentos provocados desonestamente. Há de se ter como premissa maior que um processo, para ser efetivo e justo, deve ser um processo ético.

Na atual fase instrumentalista, abordada no item anterior, instaura-se uma nova evolução histórica da disciplina processual, com a prevalência da concepção ética do processo, ou seja, com a boa-fé funcionando como princípio imanente do processo.

A lealdade processual, portanto, representa igualmente um princípio, derivado da própria boa-fé, além de um dever, indicativo de um limite de conduta que deve ser observado por todos aqueles que de qualquer forma participam do processo, cuja violação, frise-se, caracteriza fundamentalmente a litigância de má-fé.

III) A LITIGÂNCIA DE MÁ-FÉ

Ao litigante ímprobo, as sanções a serem aplicadas estão espalhadas pelo Código de Processo Civil, elencadas, em grande parte, no Capítulo II, "DOS DEVERES DAS PARTES E DE SEUS PROCURADORES", notadamente nos arts. 14 e seguintes, subsidiariamente aplicáveis ao processo trabalhista. Aliás, a responsabilidade processual da parte e do advogado deve ser analisada de forma diferenciada, como no item subsequente.

---

(10) *Apud* IOCOHAMA, Celso Hiroshi. *Litigância de má-fé e lealdade processual*. 1. ed. São Paulo: Juruá, 2009.

As hipóteses de litigância de má-fé, de imposição de responsabilidades decorrentes de dano processual, estão previstas em lei, não cabendo interpretação extensiva.

Advirta-se que não é deletério, como pode parecer a primeira vista, a delimitação no plano do direito positivo das hipóteses configuradoras da litigância de má-fé. Por se tratar de conceito vago e subjetivo (diante da exigência da presença do dolo) o instituto da litigância de má-fé é, *per si*, aberto a diversas leituras, concedendo ao juiz ampla margem de interpretação.

Ademais, diante da presunção geral de boa-fé daquele que vai a juízo litigar, uma conduta só pode dizer-se abusiva caso haja dispositivo legal que a preveja expressamente, sem o que se impõe a adoção da referida presunção. Mormente em se considerando a advertência que os processualistas de ordinário fazem, enfatizando um natural caráter dialético do processo, a reclamar do juiz a prudência necessária a não suprimir o contraditório a pretexto de prestigiar as regras de controle moral dos atos dos litigantes.

Estabelecidos os deveres gerais no art. 14, o art. 17 do mesmo Diploma Processual Civil (de induvidosa aplicação ao processo do trabalho), apresenta o rol das hipóteses configuradoras da litigância de má-fé, *verbis*:

Art. 17. Reputa-se litigante de má-fé aquele que:

I — deduzir pretensão ou defesa contra texto expresso de lei ou fato incontroverso;

II — alterar a verdade dos fatos;

III — usar do processo para conseguir objetivo ilegal;

IV — opuser resistência injustificada ao andamento do processo;

V — proceder de modo temerário em qualquer incidente ou ato do processo;

VI — provocar incidentes manifestamente infundados;

VII — interpuser recurso com intuito manifestamente protelatório.

Passamos agora a analisar, de forma destacada, cada caso de litigância de má-fé tipificado no dispositivo legal supratranscrito.

a) A DEDUÇÃO DE PRETENSÃO OU DEFESA CONTRA TEXTO EXPRESSO DE LEI OU FATO INCONTROVERSO

É evidente que o texto legal em comento deve ser interpretado com reservas. Afinal, o Direito permite inúmeras discussões, mesmo sobre a própria literalidade da lei. Muitas vezes o intérprete corre o risco de estancar sua linha de raciocínio na interpretação literal. Embora o espírito da norma deva ser pesquisado a partir de sua letra, cumpre evitar o excesso de apego ao texto, que pode conduzir à injustiça, à fraude e até ao ridículo[11].

Calha transcrever as pertinentes observações feitas por Paulo Luiz Netto Lobo[12] a propósito do disposto no inciso I, do art. 17, do CPC:

> São presunções de boa-fé, e até mesmo diretrizes que recomendam o afastamento da literalidade da lei ou de reação a ela, quando o advogado estiver convencido de sua inconstitucionalidade, de sua inerente injustiça ou quando a jurisprudência impregná-la de sentidos diferentes. O combate à lei inconstitucional ou injusta não é apenas um direito do advogado, é um dever.
>
> A lei é injusta quando fere os parâmetros admitidos pela consciência jurídica da justiça comutativa, ou justiça distributiva ou da justiça social. A justiça social (que tem a ver com a superação das desigualdades sociais ou regionais) foi elevada a princípio estruturante do Estatuto Democrático de Direito, da sociedade e da atividade econômica, pela Constituição Brasileira (arts. 3º e 170).

Neste sentido, atento é o Estatuto da Advocacia e da Ordem dos Advogados do Brasil (Lei n. 8.906/1994), quando estabelece como infração disciplinar, em seu art. 34, inciso VI, "advogar contra literal disposição de lei", presumindo-se, entretanto, "a boa-fé quando fundamentado na inconstitucionalidade, na injustiça da lei ou em pronunciamento judicial anterior".

De qualquer modo, aquele que deduz afirmações contra literal disposição de lei, deve fazê-lo de forma fundamentada, sob pena de caracterização da sua litigância de má-fé.

B) Alterar a verdade dos fatos

Para que se caracterize a violação do dever de veracidade, a alteração dos fatos há de ser intencional ou dolosa. Vale dizer, a mera desconformidade objetiva entre a afirmação e a verdade não configura a litigância de má-fé.

Aliás, é nesse contexto que se deve colocar a questão da verdade subjetiva, indicando que não será todo descompasso entre a manifestação da parte e a realidade objeto dessa mesma manifestação que se configurará a violação do dever de veracidade, senão quando a divergência resultar de dolo do litigante.

---

(11) Luís Roberto Barroso cita, em nota de rodapé na p. 132 de seu livro, *Interpretação e Aplicação da Constituição*, passagem que qualifica como "deliciosamente espiritual", em que o ex-Ministro Luiz Gallotti, do Supremo Tribunal Federal, ao julgar recurso extraordinário naquela Corte, assinalou: "De todas, a interpretação literal é a pior. Foi por ela que Clélia, na Chartreuse de Parme, de Stendhal, havendo feito um voto a Nossa Senhora de que não mais veria seu amante Fabrício, passou a recebê-lo na mais absoluta escuridão, supondo que assim estaria cumprindo o compromisso".

(12) LOBO, Paulo Luiz Netto. *Comentários ao estatuto da advocacia e da OAB*. 3. ed. São Paulo: Saraiva, p. 152.

A alteração deliberada da verdade envolve a discussão acerca da própria existência de uma verdade substancial ou absoluta (ou ainda "verdade verdadeira", para empregar pleonasmo consagrado pelo uso). Tais questões, que transcendem a esfera jurídica, foram muito bem postas por Piero Calamandrei, no virtuosismo que lhe era peculiar, em sua clássica obra *Eles os Juízes vistos por nós os advogados*, cuja (re)leitura é sempre prazerosa:

> (...) a querela entre os advogados e a verdade é tão antiga quanto a que existe entre o diabo e a água benta. E, entre as faceias costumeiras que circulam sobre a mentira profissional dos advogados, ouve-se fazer seriamente esta espécie de raciocínio: em todo o processo há dois advogados, um que diz branco e outro que diz preto. Verdadeiros, os dois não podem ser, já que sustentam teses contrárias; logo, um deles sustenta a mentira. Isso autorizaria considerar que cinquenta por cento dos advogados são uns mentirosos; mas, como o mesmo advogado que tem razão numa causa não tem em outra, isso quer dizer que não há um que não esteja disposto a sustentar no momento oportuno causas infundadas, ou seja, ora um ora outro, todos são mentirosos. Esse raciocínio ignora que a verdade tem três dimensões e que ela poderá mostrar-se diferente a quem a observar de diferentes ângulos visuais. No processo, os dois advogados, embora sustentado teses opostas, podem estar, e quase sempre estão, de boa-fé, pois cada um representa a verdade como a vê, colocando-se no lugar do seu cliente. Numa galeria de Londres há um famoso quadro do pintor Champaigne, em que o cardeal Richelieu é retratado em três poses diferentes: no centro da tela é visto de frente, nos dois lados é retratado de perfil, olhando para a figura central. O modelo é um só, mas na tela parecem conversar três pessoas diferentes, a tal ponto é diferente a expressão cortante das duas meias faces laterais e, mais ainda, o caráter tranquilo que resulta, no retrato do centro, da síntese dos dois perfis. Assim é no processo. Os advogados indagam a verdade de perfil, cada um aguçando o olhar por seu lado; somente o juiz, que está sentado no centro, a encara, sereno, de frente (...) ponham dois pintores diante de uma mesma paisagem, um ao lado do outro, cada um com seu cavalete, e voltem uma hora depois para ver o que cada um traçou em sua tela. Verão duas paisagens absolutamente diferentes, a ponto de parecer impossível que o modelo tenha sido o mesmo. Dir-se-ia, nesse caso, que um dos dois traiu a verdade?

Segundo ainda os ensinamentos de Piero Calamandrei, quando se diz que um fato é verdadeiro o que se está querendo dizer é que a consciência de quem emitiu o juízo atingiu o grau máximo de verossimilhança, respeitados os meios disponíveis e limitados de cognição de que dispõe o sujeito, dando-lhe certeza **subjetiva** de que tal fato ocorreu[13].

---

(13) *Apud* VALLE, Maurício Dalri Timm. Livre apreciação da prova. *Revista Jus Navigandi*.

O caráter subjetivo da verdade foi objeto de um belíssimo poema por Carlos Drummond de Andrade, intitulado *Verdade:*

> A porta da verdade estava aberta,
> mas só deixava passar
> meia pessoa de cada vez.
> Assim não era possível atingir toda a verdade,
> porque a meia pessoa que entrava
> só trazia o perfil de meia verdade.
> E sua segunda metade
> voltava igualmente com meio perfil.
> E os meios perfis não coincidiam.
> Arrebentaram a porta. Derrubaram a porta.
> Chegaram ao lugar luminoso
> onde a verdade esplendia seus fogos.
> Era dividida em metades
> diferentes uma da outra.
> Chegou-se a discutir qual a metade mais bela.
> Nenhuma das duas era totalmente bela.
> E carecia optar. Cada um optou conforme
> seu capricho, sua ilusão, sua miopia.

A premissa de que a verdade é sempre de natureza subjetiva não autoriza a conclusão de que seria impossível a aplicação de qualquer sanção relativa à alteração da verdade dos fatos no direito processual pátrio.

Como adverte Valentino Aparecido de Andrade[14]: "Entender-se que a verdade é sempre de natureza subjetiva, como afirma a doutrina tradicional, é aceitar a conclusão de que se o litigante crê na afirmação que faz acerca de um fato, a inveracidade não existiu. E como o Direito não consegue captar o elemento subjetivo puro, resultaria impossível acoimar-se qualquer conduta que violasse o dever de dizer a verdade, porque bastaria ao litigante afirmar que acreditava na verdade que no processo manifestou, e o juiz, nessas circunstâncias, teria que respeitar a manifestação do litigante, ainda que contrária à verdade que no processo se apurou". Tal posicionamento transmudaria o processo em instrumento de injustiça, ou seja, conduziria ao absurdo.

Fácil é denotar o objetivo prático da regra inserta no inciso I, do art. 17, do CPC, para que a parte não minta, conscientemente (intencionalmente), no processo. E ainda que a palavra do inquinado pela litigância de má-fé não seja mesmo o elemento mais adequado para avaliar sua consciência pela mentira, as circunstâncias que envolvem sua(s) afirmação(ões) inverídica(s) serão os parâmetros para se concluir pelo seu comportamento inidôneo, consoante arremata, com propriedade, Arruda Alvim:

---

(14) ANDRADE, Valentino Aparecido. *Op. cit.,* p. 94.

crença subjetiva na verdade, em não que, no processo, se esteja a exigir a verdade absoluta, sob pena de inocorrente esta última, incidir a parte na pecha de litigante de má-fé, porque teria faltado com o dever de dizer a verdade. O que se quer significar com isto é que, a má-fé revelar-se-á quando ficar evidente que a parte sabia que sua afirmação não correspondia à verdade... Diz-se, com expressividade, que incide inexoravelmente a regra quando a parte fica azul com o que ela mesmo disse, ou seja, a evidência da mentira. Em outra expressão, trata-se da proibição de deixar de dizer a verdade, quanto esta é sabida.[15]

c) O uso do processo para conseguir objetivo ilegal

O dispositivo em comento visa impedir o resultado ilícito do processo, e pode ser aplicado tanto para uma das partes isoladamente, como para ambas, quando praticam em conjunto ato com intuito fraudulento. É incontrastável sua aplicação em lide simulada (art. 129 do CPC) para prejudicar terceiros, como, por exemplo, o ajuizamento de ação trabalhista por sócio oculto para se obter a penhora e adjudicação fraudulentas do único bem de sua empresa, para deixá-lo de fora da execução de outras ações legitimamente ajuizadas por reais e efetivos credores trabalhistas da empresa (sem prejuízo, obviamente, da aplicação de outras sanções, inclusive na esfera criminal).

Aliás, a simulação de reclamatórias trabalhistas para eliminar o risco de futura e real ação trabalhista, em que o empregador ilude o empregado e promove o ajuizamento de ação simulada e efetua acordo para ser homologado judicialmente, pode ser tipificada como crime[16], desde que não exista a concordância do empregado.

Ressalte-se, que Subseção II Especializada em Dissídios Individuais do Tribunal Superior do Trabalho adota o entendimento de que o mero desfazimento de acordo homologado em lide simulada para a quitação do objeto do contrato de trabalho mantido entre as partes, constitui sanção suficiente em relação ao procedimento adotado, e que, portanto, não é o caso de litigância de má-fé, consoante ilustram as ementas dos Acórdãos abaixo transcritos:

> O simples desfazimento do acordo homologado já é sanção suficiente em relação ao procedimento adotado, razão pela qual entendo não ser o caso de aplicação da multa de litigância de má-fé. (TST-ROAR-90/2003-000-24-00, Min. Ives Gandra Martins, DJ 17.3.2006)

---

(15) *Apud* IOCOHAMA, Celso Hiroshi. *Op. cit.*, p. 178.
(16) O art. 203 do Código Penal prevê a hipótese de crime chamada Frustração de Direito Assegurado por Lei Trabalhista, com a seguinte redação: "Art. 203. Frustrar, mediante fraude ou violência, direito assegurado pela legislação do trabalho: Pena — detenção de um ano a dois anos, e multa, além da pena correspondente à violência."

Esta Subseção Especializada tem adotado o entendimento de que o fato de ter sido reconhecida a nulidade do acordo homologado, em face de colusão entre as partes, é sanção suficiente com relação ao procedimento adotado, razão pela qual não é o caso de aplicação da multa de litigância de má-fé. (TST-ROAR-187/2005-000-24-00, Min. Pedro Paulo Manus, DJ18.3.2006)

d) A OPOSIÇÃO DE RESISTÊNCIA INJUSTIFICADA AO ANDAMENTO DO PROCESSO

De igual modo, deve estar configurada a intenção da parte em impedir o andamento do processo. Como, por exemplo, afirmar ao Juízo de primeira instância no início da assentada que teria convidado determinada testemunha para comparecer à audiência sem, de fato, tê-lo feito, somente com o intuito de promover o adiamento da audiência, com fulcro no art. 825 da CLT.

A Subseção II Especializada em Dissídios Individuais do Tribunal Superior do Trabalho, em Acórdão relatado pelo Ministro Alberto Luiz Bresciani de Fontan Pereira (Processo n. TST-RO-188400-36.1998.5.01.0221), aplicou a multa por litigância de má-fé à reclamada por oposição de resistência injustificada ao andamento do processo, por retenção indevida dos autos para restauração (os autos originais foram destruídos em incêndio ocorrido nas dependências do TRT da 1ª Região em 8.2.2002), pelo período total de sete meses, sem que houvesse razão plausível apta a amparar essa retenção[17].

e) PROCEDER DE MODO TEMERÁRIO EM QUALQUER INCIDENTE OU ATO DO PROCESSO

Sobre o inciso V do art. 17 do Código de Processo Civil, José Carlos Barbosa Moreira esclarece que "esta figura é de índole puramente formal, não dependendo de ter ou não razão (na causa ou no próprio incidente) o litigante, mas apenas da maneira por que ele se comporta, citando, ainda, os seguintes exemplos: é temerário o procedimento inconsiderado, afoito, imprudente, precipitado, como o da parte que procura frustrar o normal desenvolvimento do contraditório; promove o cumprimento ou a execução de providência a seu favor antes do momento oportuno, ou *in genere* sem a cabal satisfação dos pressupostos legais; escolhe o meio mais vexatório e danoso para o outro litigante, a despeito de poder atingir por forma diversa o mesmo resultado".[18]

---

(17) Ementa: "LITIGÂNCIA DE MÁ-FÉ. CARACTERIZAÇÃO. RETENÇÃO INJUSTIFICADA DOS AUTOS PELA RECLAMADA. A retenção injustificada dos autos de restauração pela reclamada, por um período de sete meses, autoriza sua condenação ao pagamento da multa por litigância de má-fé, em favor do autor, no importe de 1% sobre o valor da causa, caracterizando conduta tipificada no art. 17, IV, do CPC.
(18) MOREIRA, José Carlos Barbosa. A responsabilidade das partes por dano processual. *Revista de Processo*, v. 10, abr. 1978.

f) Provocar incidentes manifestamente infundados

Nesse caso, a expressão "manifestamente" indica que a ausência de fundamento para o incidente é evidente e de tal modo que não há necessidade de se perquirir sobre o elemento subjetivo, consistente na intenção de se tê-lo provocado. Objetiva evitar que a parte, desnecessariamente, retarde a marcha processual.

g) A interposição de recurso com intuito manifestamente protelatório

A interposição de recurso com intuito manifestamente protelatório deve ser analisada com extrema prudência pelo magistrado, vez que a interposição de recursos legalmente admitidos não caracteriza, a princípio, litigância de má-fé.

A parte vencida tem o direito de ver suas razões apreciadas pela instância superior, mesmo na hipótese de mera reiteração das alegações constante da inicial ou da contestação. Mais do que isso, a argumentação bisonha ou inconsistente, por si só, não configura a litigância de má-fé.

Também não pode ser olvidado na tipificação da litigância de má-fé por interposição de recurso com intuito manifestamente protelatório que aflora tanto na doutrina como na jurisprudência a responsabilização civil do advogado pela perda de uma chance, em que a não interposição de recurso cabível configura a hipótese mais caricata.

Lembre-se, ainda, as preclaras observações de Ovídio Batista da Silva: "Tem-se dito que o instituto dos recursos, em direito processual, responde a uma exigência psicológica do ser humano, refletida em sua natural e compreensível inconformidade com as decisões judiciais que lhe sejam desfavoráveis. Não resta dúvida de que este sentimento é decisivo para explicar a criação e permanência, historicamente universal, do instituto dos recursos. Mas não se pode perder de vista que o sentimento, em que se busca fundamentar os recursos, resume-se a compreensível segurança de que as partes podem gozar quando sabem que o Juiz da causa terá sempre sua decisão sujeita ao julgamento de outro magistrado, do mesmo nível ou de nível superior, o que o tornará mais responsável e o obrigará a melhor fundamentar seu julgamento".

As propostas de reformas processuais, de resto, têm caminhado precisamente no sentido de restringir a utilização de recursos, como a recentemente apresentada pelo Ministro Cezar Peluso, Presidente do Supremo Tribunal Federal. Olvidando-se, contudo, que a morosidade também é, em grande parte, derivada da ausência de uma adequada racionalização dos serviços judiciários. Daí porque é mais cômodo e mais barato fazer tábua rasa do que é, de fato, necessário para dotar a máquina judiciária de uma eficiente estrutura, e, assim, impor desarrazoadas condições como forma de inibir o exercício do direito do recurso e do exercício do amplo direito de defesa, constitucionalmente assegurados.

Evidentemente, o comportamento de procrastinar o resultado do processo, de retardar, por má-fé ou abuso, a prestação jurisdicional, deve não apenas ser evitado, como punido. O mesmo se diga em relação à alteração intencional da verdade dos fatos em juízo.

Advirta-se da necessidade de se fazer uma diferenciação em relação aos embargos declaratórios protelatórios, os quais não implicam na sanção por litigância de má-fé, mas na aplicação da multa expressamente prevista para essa hipótese específica, no art. 535 do Código de Processo Civil[19].

A norma específica (art. 538, parágrafo único, do CPC) prevalece sobre a geral (art. 17, VII), segundo o conhecido critério hermenêutico da especialidade.

Afigura-se, portanto, totalmente descabida e antijurídica a dupla punição pela mesma conduta processual reprovável (apresentação de embargos de declaração protelatórios), desafortunadamente, ainda encontradiça na jurisprudência trabalhista.

Enquanto a penalidade cabível na específica hipótese de oposição de embargos de declaração protelatórios deverá ser apenas a prevista no referido parágrafo único do art. 538 do CPC, que não fez ressalva expressa à possibilidade de cumulação de penalidades, razão pela qual se deve entendê-la vedada, especialmente ao se considerar que, o entendimento contrário, ocasiona verdadeiro *bis in idem* (duas multas sendo aplicadas pelo mesmo fato).

O alento é que o Tribunal Superior do Trabalho vem se inclinado para o entendimento de que, no caso de embargos de declaração manifestamente protelatórios, deve ser afastada a aplicação cumulativa dos arts. 18 e 538, parágrafo único, do CPC, consoante se verifica pelas ementas dos Acórdãos abaixo transcritas:

> RECURSO DE REVISTA DA RECLAMADA. HIPOTECA JUDICIÁRIA. 1 — Nos termos do art. 466, *caput*, do CPC, "a sentença que condenar o réu no pagamento de uma prestação, consistente em dinheiro ou em coisa, valerá como título constitutivo de hipoteca judiciária, cuja inscrição será ordenada pelo juiz na forma prescrita na Lei de Registros Públicos". E, de acordo com o parágrafo único do referido dispositivo legal, "a sentença condenatória produz hipoteca judiciária: I — embora a condenação seja genérica; II — pendente arresto de bens do devedor; III — ainda quando o credor possa promover a execução provisória da sentença". 2 — A jurisprudência predominante nesta Corte Superior adota o entendimento de que o art. 466 do CPC

---

(19) "Art. 538. Os embargos de declaração interrompem o prazo para a interposição de outros recursos, por qualquer das partes. Parágrafo único. Quando manifestamente protelatórios os embargos, o juiz ou o tribunal, declarando que o são, condenará o embargante a pagar ao embargado multa não excedente de 1% (um por cento) sobre o valor da causa. Na reiteração de embargos protelatórios, a multa é elevada a até 10% (dez por cento), ficando condicionada a interposição de qualquer outro recurso ao depósito do valor respectivo."

se aplica ao processo do trabalho, com o qual é compatível (art. 769 da CLT). Precedentes. 3 — Recurso de revista de que não se conhece. EMBARGOS DE DECLARAÇÃO OPOSTOS CONTRA O ACÓRDÃO DE RECURSO ORDINÁRIO. INTUITO MANIFESTAMENTE PROTELATÓRIO. ARTS. 18 E 538, PARÁGRAFO ÚNICO, DO CPC. APLICAÇÃO CUMULATIVA DE MULTAS E INDENIZAÇÃO. 1 — Conforme o art. 17, *caput* e VII, do CPC, considera-se litigante de má-fé aquele que apresenta recurso com intuito manifestamente protelatório. 2 — Para os recursos em geral, manifestamente protelatórios, o art. 18 do CPC prevê o pagamento de multa não excedente a um por cento sobre o valor da causa e de indenização à parte contrária, enquanto para os embargos de declaração em particular, manifestamente protelatórios, o art. 538, parágrafo único, do CPC estabelece o pagamento de multa não excedente de um por cento sobre o valor da causa. 3 — Tendo em vista que a norma específica deve prevalecer sobre a norma geral, e, ainda, levando-se em conta que não pode haver dupla punição pela mesma conduta processual reprovável, a jurisprudência desta Corte Superior vem se inclinado para o entendimento de que, no caso de embargos de declaração manifestamente protelatórios, deve ser afastada a aplicação cumulativa dos arts. 18 e 538, parágrafo único, do CPC. 4 — Em princípio, a aplicação do art. 18 do CPC tem lugar quando, além do intuito manifestamente protelatório (arts. 17, VII, e 538, parágrafo único, do CPC), ocorre outra conduta processual reprovável da parte (art. 17, I a VI, do CPC), como é exemplo a oposição de sucessivos embargos de declaração infundados, com a finalidade de resistir injustificadamente ao andamento do processo, o que não é o caso dos autos. 5 — Recurso de revista a que se dá provimento parcial, quanto ao tema. (Processo: RR n. 11200-06.2006. 5.03.0092 Data de Julgamento: 30.6.2010, Relatora Ministra: Kátia Magalhães Arruda, 5ª Turma, Data de Publicação: DEJT 6.8.2010).

EMBARGOS DE DECLARAÇÃO PROCRASTINATÓRIOS. LITIGÂNCIA. Embargos de declaração protelatórios —, em prestígio ao princípio do *ne bis in idem*. Logo, a interposição de embargos de declaração meramente protelatórios desafia somente a aplicação da multa específica do art. 538, parágrafo único, do CPC. (RR n. 1343/2004-034-02-00, DJ 28.11.2008, Relator Ministro Vieira de Mello Filho).

LITIGÂNCIA DE MÁ-FÉ. MULTAS E INDENIZAÇÃO. Opostos embargos de declaração protelatórios e aplicada a penalidade específica contida no art. 538 do CPC, não há falar em incidência cumulativa da multa genérica prevista no art. 18 do mesmo diploma legal. Precedentes da Corte. (RR n. 46/2006-094-03-00, DEJT 15.5.2009, Ministra Rosa Maria Weber).

EMBARGOS DE DECLARAÇÃO. INTUITO PROTELATÓRIO. MULTA. LITIGÂNCIA DE MÁ-FÉ. ART. 18 DO CPC. 1. Em embargos de declaração meramente protelatórios, afronta o art. 18 do Código de Processo Civil a imposição de multa por litigância de má-fé em 20% sobre o valor da causa, haja vista o limite legal de apenas um por cento do valor da causa, em virtude de preceito legal específico (art. 538, parágrafo único). 2. Embargos conhecidos e parcialmente providos para restringir a multa imposta no julgamento dos embargos de declaração a 1% sobre o valor atualizado atribuído à causa. (RR n. 457743/1998, DJ 20.5.2005, Ministro João Oreste Dalazen).

EMBARGOS DE DECLARAÇÃO REPUTADOS PROTELATÓRIOS. APLICAÇÃO DA MULTA DE 1% SOBRE O VALOR DA CAUSA CONCOMITANTE COM MULTA POR LITIGÂNCIA

DE MÁ-FÉ. 1. Uma vez constatada a utilização imprópria dos embargos de declaração, visando alcançar resultado que não se compadece com a sua finalidade, resulta inviável a revisão do juízo de valor externado pela Turma quanto à caracterização do intuito procrastinatório da parte no seu manejo. Violação do art. 538, parágrafo único, do Código de Processo Civil que não se reconhece. 2. No que concerne à aplicação da multa por litigância de má-fé, verifica-se que a penalidade prevista no art. 18 do CPC pressupõe a existência de componente subjetivo, traduzido no deliberado intuito de praticar deslealdade processual, com o escopo de obter vantagem indevida. Entende-se que a improbidade processual deve mostrar-se tão clara, de modo que o julgador veja-se compelido a tomar providências severas para reprimir a conduta. 3. No caso em exame, contudo, a cominação da pena não decorreu da demonstração inequívoca do dolo. A aplicação da indenização prevista no precitado art. 18, pela própria natureza do instituto e porque mais gravosa, demanda maior rigor na avaliação do aspecto subjetivo que motivou a prática do ato. Tem-se, assim, que a improcedência do argumento apresentado pela parte em sede de embargos de declaração não se afigura fundamento suficiente para caracterizar a má-fé da recorrente e amparar a condenação ao pagamento de indenização de 20% sobre o valor da causa. 4. Embargos conhecidos em parte e providos para absolver a reclamada do pagamento de indenização de 20% sobre o valor da causa em favor dos reclamantes, a título de litigância de má-fé. (E-ED-AG-RR-651/2003-002-10-00, DJ 7.3.2008, Ministro Lélio Bentes).

Como é sabido, os magistrados recebem com reserva a apresentação de embargos de declaração, alegando, muitas vezes, que se trata apenas do exercício de um direito, e não de uma crítica, velada ou explícita, à decisão judicial, consoante adverte, com percuciência, Manoel Antonio Teixeira Filho (*Revista LTr* 62-07/873): "Quanto aos embargos de declaração, cabe, para já, uma advertência: os órgãos jurisdicionais passaram a disseminar, a mancheias (como diriam Castro Alves e Coelho Neto), multas, por interpretarem o oferecimento desses embargos como uma crítica à sentença ou ao acórdão, sem terem a sensibilidade suficiente para perceber que, na maioria dos casos, as partes foram compelidas pela Súmula n. 297 do TST, a ingressar com embargos de declaração, visando ao denominado prequestionamento (neologismo consagrado)".

Em vários Tribunais Regionais do Trabalho vêm causando espécie (para dizer o mínimo) a proliferação de decisões judiciais, tanto em primeira como em segunda instância, em que consta prévia advertência às partes de que eventual apresentação de embargos de declaração meramente protelatórios acarretará a aplicação das penalidades previstas em lei. Trata-se de admoestação absolutamente desnecessária, revestida de indisfarçável caráter intimidante, que inibe e constrange a utilização dessa importante garantia processual. Pressupõe, ademais, a prática generalizada de atos temerários por parte dos patronos das partes, deslustrando o múnus público do exercício da advocacia, ao mesmo tempo em que insinua a perfeição da judicatura.

Os advogados militantes na Justiça do Trabalho, notadamente da 2ª Região, seguramente, já se depararam com tal advertência, inclusive porque não representa nenhuma novidade. Recentemente, o que surpreende é sua disseminação.

Diante de queixas apresentadas por associados, no ano de 2007, a Associação dos Advogados de São Paulo — AASP expediu Ofício ao então Corregedor do TRT da 2ª Região, Desembargador Décio Sebastião Daidone, solicitando providências a respeito de determinada decisão judicial em que pululava a advertência sobre a aplicação de penalidades no caso de futura apresentação de embargos declaratórios fora das hipóteses legais. Na oportunidade, a AASP obteve a seguinte resposta do Corregedor, hoje Presidente do TRT da 2ª Região: "Em atenção ao Ofício n. ..., informo que estamos recomendando ao Magistrado que, de fato, não há necessidade de advertência da aplicação da penalidade quando da interposição de embargos de declaração protelatórios, posto que previsto na legislação e, portanto, de conhecimento dos operadores do direito".

Posteriormente, foram expedidos outros ofícios com o mesmo teor (citando, obviamente, a decisão da Corregedoria). Porém, as medidas adotadas pela AASP não surtiram o efeito desejado, vez que a advertência em comento permanece mais encontradiça do que nunca. Quiçá, porque os embargos de declaração constituam a garantia processual que mais incita a humildade do julgador, em não interpretá-los como uma crítica, velada ou explícita, à sua decisão, deixando de se espezinhar com o que se cuida apenas do exercício de um direito.

Evidentemente, não ignoramos que também existe a má utilização dos embargos de declaração, com o intuito meramente procrastinatório, a justificar a previsão legal da multa sancionadora no caso de distorção do emprego desse precioso remédio processual. A patologia, entretanto, não autoriza ou justifica a prévia e genérica admoestação pelo juiz em sua decisão, de que aplicará as penalidades cabíveis no caso de aviamento de embargos protelatórios, atentatória à dignidade da classe dos advogados, como um todo. Além disso, desconsidera a conhecida exortação de Calamandrei, de que: "O Juiz que falta ao respeito para com o advogado e, também, o advogado que não tem deferência para com o juiz, ignoram que advocacia e magistratura obedecem à lei dos vasos comunicantes: não se pode baixar o nível de uma, sem que o nível da outra desça na mesma medida".

IV) O ADVOGADO E A LITIGÂNCIA DE MÁ-FÉ

Por fim, analisaremos a possibilidade de se punir o advogado pela litigância de má-fé.

Segundo a lei brasileira, os advogados não são os destinatários das normas que regulam o instituto da litigância de má-fé. E nem poderiam, porque não ostentam a condição de litigantes, mas representam aqueles que litigam.

Mais especificamente, dispõem os arts. 14 e 16 do Código de Processo Civil que é da responsabilidade da "parte" a reparação decorrente da litigância de má-fé, como se verifica mediante simples leitura:

Art. 14. São deveres das partes e de todos aqueles que de qualquer forma participam do processo: II — proceder com lealdade e boa-fé.

Parágrafo único. Ressalvados os advogados que se sujeitam exclusivamente aos estatutos da OAB, a violação do disposto no inciso V deste artigo constitui ato atentatório ao exercício da jurisdição, podendo o juiz, sem prejuízo das sanções criminais, civis e processuais cabíveis, aplicar ao responsável multa em montante a ser fixado de acordo com a gravidade da conduta e não superior a vinte por cento do valor da causa; não sendo paga no prazo estabelecido, contado do trânsito em julgado da decisão final da causa, a multa será inscrita sempre como dívida ativa da União ou do Estado.

Art. 16. Responde por perdas e danos aquele que pleitear de má-fé como autor, réu ou interveniente. (artigo inserido no capítulo de "responsabilidade das partes")

Portanto, ainda que o art. 14 imponha o dever de lealdade ao procurador, vê-se que o Código de Processo Civil deixa de puni-lo diante da litigância de má-fé, atribuindo somente à parte a respectiva punição.

Aos advogados falta condição imprescindível à caracterização de litigância de má-fé, qual seja: a condição de litigante, como sublinha Cândido Rangel Dinamarco: "aqueles que não litigam, pela simples razão de que não são litigantes, não podem ser considerados como litigantes de má-fé".

Assim, para a caracterização da litigância de má-fé, há que se distinguir a relação jurídica processual que vincula as partes e o Estado-juiz, que é uma relação de direito público, da relação de direito material, que envolve a parte e seu advogado.

Acrescente-se que a Lei n. 8.906/1994 do Estatuto da Advocacia e a Ordem dos Advogados do Brasil, indica a necessidade de se apurar, em ação própria, a responsabilidade solidária do advogado em lide temerária, consoante se verifica de seu art. 32, *verbis*:

> O advogado é responsável pelos atos que, no exercício profissional, praticar com dolo ou culpa.
>
> Parágrafo único. Em caso de lide temerária, o advogado será solidariamente responsável com seu cliente, desde que coligado com este para lesar a parte contrária, o que será apurado em ação própria.

O advogado pode — e deve — ser responsabilizado, mas na seara própria, como determina o art. 32 do Estatuto da OAB, assegurando-lhe o direito de defesa, e não diretamente nos autos em que atua representando os interesses de seu cliente.

Neste sentido, preleciona Valter Ferreira Maia[20]:

---

(20) MAIA, Valter Ferreira. *Litigância de má-fé no código de processo civil*. Rio de Janeiro: Forense, 2002.

Quanto ao patrono do autor, do réu ou do interveniente, a responsabilidade por atos de litigância praticados não o atinge, pois sobre ele não se dá a incidência do art. 16 do Código de Processo Civil.

Com efeito, ainda que o ato de má-fé praticado exclusivamente pelo patrono, se atribui à responsabilidade à parte ou ao interveniente que o contratou por força da *culpa in eligendo*.

Nesse ponto, pode-se questionar a hipótese em que o patrono excede os poderes do mandato e atua de má-fé, mas, mesmo nessa hipótese, a parte que o constitui será a única condenada em litigância de má-fé, pois, ademais, o adversário em nada participou de tal escolha. Além disso, permanece presente a possibilidade de regresso da parte condenada em litigância de má-fé contra seu patrono quando a este, atualmente, se atribuir o ato de má-fé.

Como se sabe, não de admite ao intérprete acrescer palavras no texto legal, de tal sorte que, pelo teor do referido art. 16, se a parte for reputada litigante de má-fé por conduta de seu patrono, será condenada e terá de indenizar a parte contrária pelos danos sofridos, além da multa que também lhe será imposta pelo art. 18 do Código de Processo Civil.

Partindo dos pressupostos acima delineados, Clito Fornaciari realça a absurdidade de algumas decisões que estavam sendo proferidas na Justiça do Trabalho, condenando solidariamente o advogado por litigância de má-fé[21]:

> (...) traçada a linha divisória entre a simples litigância de má-fé, que justifica a punição no processo da parte e somente desta, e da lide temerária, que carreia responsabilidade solidária ao advogado, pode-se concluir que são verdadeiramente absurdas as decisões responsabilizando, na Justiça do Trabalho, advogados, posto que infringem o sagrado direito de defesa de quem sequer é parte, a competência do Juízo, o princípio dispositivo e as regras do art. 17 e seguintes do CPC, que têm como destinatário somente a parte e não o seu patrono, e do parágrafo único do art. 32 do Estatuto da Advocacia, que, como norma de exceção à regra geral de responsabilização da parte, deve ser interpretada restritivamente.

Atualmente, prevalece o entendimento, tanto no Tribunal Superior do Trabalho, como no Superior Tribunal de Justiça, acerca da impossibilidade de condenação solidária do advogado em litigância de má-fé, aqui representados pelos Acórdãos cujas ementas são a seguir transcritas:

LITIGÂNCIA DE MÁ-FÉ E INDENIZAÇÃO À PARTE CONTRÁRIA. A Corte Regional manteve a sentença em que se condenou o Reclamante ao pagamento de multa por

---

(21) FORNACIARI JR., Clito. O advogado e a litigância de má-fé. *Jornal Síntese*, n. 37, p. 13, mar. 2000.

litigância de má-fé e indenização à parte contrária. Constata-se que o Tribunal Regional não examinou a matéria sob o enfoque dos arts. 5º, XXXV e LV, da Constituição Federal, 333 do CPC e 818 da CLT, motivo por que não há violação dos referidos dispositivos (Súmula n. 297/TST). Por outro lado, ao afirmar que em nenhum momento agiu com má-fé, o Recorrente aponta violação dos arts. 17 e 18 do CPC, bem como divergência jurisprudencial a partir de premissa fática diversa da consignada pela Corte Regional. Assim, a revisão na forma postulada pelo Recorrente, exige o reexame de fatos e provas, vedado nesta fase recursal, nos termos da Súmula n. 126/TST. Recurso de revista de que não se conhece. CONDENAÇÃO SOLIDÁRIA DOS PROCURADORES DO RECLAMANTE. O Tribunal Regional manteve a condenação solidária imposta aos procuradores do Reclamante, pelo pagamento da multa por litigância de má-fé, bem como indenização à parte contrária. Nos termos do disposto no art. 32 da Lei n. 8.906/1994, somente mediante ação própria pode-se cogitar de condenação solidária do *advogado com seu cliente, em virtude de lide temerária. Além disso, há a exigência de que o procurador esteja coligado com seu cliente e que ambos possuam o objetivo de causar prejuízo à parte contrária. Dessa forma, ao condenar solidariamente os advogados do Reclamante ao pagamento de multa por litigância de má-fé e indenização à parte contrária, a Corte Regional deixou de observar o disposto no parágrafo único do art. 32 da Lei n. 8.906/1994. Recurso de que se conhece e a que se dá provimento.*

(Processo: RR n. 100400-37.2007.5.03.0044 Data de Julgamento: 22.6.2011, Relator Ministro: Fernando Eizo Ono, 4ª Turma, Data de Publicação: DEJT 1.7.2011).

PROCESSUAL CIVIL — RECURSO ESPECIAL — VIOLAÇÃO DO ART. 535 DO CPC NÃO CARACTERIZADA — LITIGÂNCIA DE MÁ-FÉ. CONDENAÇÃO DO ADVOGADO. IMPOSSIBILIDADE.

1. Não ocorre ofensa ao art. 535, II, do CPC, se o Tribunal de origem decide, fundamentadamente, as questões essenciais ao julgamento da lide.

2. O ressarcimento dos danos eventualmente causados pela conduta do advogado deverá ser verificado em ação própria, não cabendo, nos próprios autos do processo em que fora praticada a alegada conduta de má-fé ou temerária, a condenação do advogado nas penas a que se refere o art. 18 do Código de Processo Civil.

3. Recurso especial conhecido e parcialmente provido para afastar da sentença a condenação do advogado do recorrente nas penalidades do art. 18 do CPC.

(REsp 1.194.683/MG, Rel. Min. Eliana Calmon, Segunda Turma, julgado em 17.8.2010, DJe 26.8.2010.)

Evidentemente, a não imputação direta de responsabilidade processual ao advogado não o exime de responder pelo prejuízo. Não apenas o de sofrer ação de regresso de seu constituinte, como também punição disciplinar pelo seu órgão de classe. Quando se condena a parte, de modo indireto pune-se o advogado, que terá que prestar contas da sanção sofrida, especialmente se ela decorrer do seu inidôneo comportamento profissional.

BIBLIOGRAFIA

ANDRADE, Valentino Aparecido. *Litigância de má-fé*. São Paulo: Dialética, 2004.

BARROSO, Luis Roberto. *Interpretação e aplicação da Constituição*. São Paulo: Saraiva, 1996.

BORGES, Jorge Souto Maior. *O contraditório no processo judicial (uma visão dialética)*. São Paulo: Malheiros, 1996.

CAPPELLETTI, Mauro. Problemas de reforma do processo nas sociedades contemporâneas. *Revista do Processo*, v. 61, p. 127-143.

CALAMANDREI, Piero. *Eles, os juízes, vistos por um advogado*. São Paulo: Martins Fontes, 2000.

DINAMARCO, Cândido Rangel. *A instrumentalidade do processo*. São Paulo: Malheiros, 1993.

FORNACIARI JR., Clito. O advogado e a litigância de má-fé. *Jornal Síntese*, n. 37, mar. 2000.

IOCOHAMA, Celso Hiroshi. *Litigância de má-fé e lealdade processual*. 1. ed. São Paulo: Juruá, 2009.

LIEBMAN, Enrico Tullio. *Manual de direito processual civil*. 2. ed. Tradução Cândido Rangel Dinamarco. Rio de Janeiro: Forense.,1985.

LAURINO, Salvador Franco de Lima. *Tutela jurisdicional*. Cumprimento dos deveres de fazer e não fazer. Campus: Elsevier, 2009.

LOBO, Paulo Luiz Netto. *Comentários ao estatuto da advocacia e da OAB*. 3. ed. São Paulo: Saraiva.

MAIA, Valter Ferreira. *Litigância de má-fé no código de processo civil*. Rio de Janeiro: Forense, 2002.

MOREIRA, José Carlos Barbosa. A responsabilidade das partes por dano processual. *Revista de Processo*, v. 10.

SOLTANOVITCH, Renata. *Responsabilidade processual*. São Paulo: Scortecci, 2010.

VALLE, Maurício Dalri Timm. Livre apreciação da prova. *Revista Jus Navigandi*.

WATANABE, Kazuo. *Da cognição no processo civil*. São Paulo: Bookseller, 2000.

A NOVA COMPETÊNCIA DA JUSTIÇA DO TRABALHO — RELAÇÃO DE TRABALHO E RELAÇÃO DE EMPREGO

Cláudia José Abud [*]

O presente estudo tem por objeto a análise do inciso I do art. 114 da Constituição Federal de 1988, com a alteração dada pela Emenda Constitucional n. 45, publicada no Diário Oficial de 31.12.2004.

Não trataremos dos demais incisos do texto constitucional em referência, posto que cada um dos incisos assim como os §§ 2º e 3º do art. 114 da CF merecem estudo específico, em face de sua complexidade.

Assim, estudaremos a alteração dada pela EC n. 45/2004 no que diz respeito à relação de trabalho.

Para melhor compreensão do tema e para fins comparativos, transcreveremos o art. 114 da Carta Magna, antes e depois da EC n. 45/2004:

A redação antiga era a seguinte:

Art. 114. Compete à Justiça do Trabalho conciliar e julgar os dissídios individuais e coletivos entre trabalhadores e empregadores, abrangidos os entes de direito público externo e da administração pública direta e indireta dos Municípios, do Distrito Federal, dos Estados e da União, e, na forma da lei, outras controvérsias decorrentes da relação de trabalho, bem como os litígios que tenham origem no cumprimento de suas próprias sentenças, inclusive coletivas.

Com a Emenda Constitucional n. 45/2004, o dispositivo Constitucional em referência passou a ter a seguinte redação:

---

[*] Advogada, Mestre e Doutora em Direito do Trabalho pela PUC/SP, 1ª Secretária da Associação dos Advogados Trabalhistas de São Paulo, Professora Universitária.

Art. 114. Compete à Justiça do Trabalho processar e julgar:

I — as ações oriundas da relação de trabalho, abrangidos os entes de direito público externo e da administração pública direta e indireta da União, dos Estados, do Distrito Federal e dos Municípios.

Observamos, dessa maneira, que com o advento da Emenda Constitucional n. 45/2004, a competência da Justiça do Trabalho foi ampliada, de maneira que ela passou a processar e julgar as ações oriundas, não apenas da relação de emprego, como também da relação de trabalho.

Portanto, para fins de incidência do direito processual do trabalho, é necessário compreender a extensão dos termos *relação de trabalho* e *relação de emprego*.

Não é novidade que a relação de trabalho é o gênero, do qual a relação de emprego é a espécie. Assim, por interpretação lógica da nova norma constitucional, infere-se que a Justiça do Trabalho continua competente para solucionar os conflitos decorrentes da relação de emprego conceituada nos arts. 2º e 3º da CLT.

Mas isso não diz tudo. Qual seria o conceito de relação de trabalho? Como enquadrar as relações estatutárias? E as relações de consumo? E os trabalhadores autônomo e eventual? As dificuldades são grandes porque o trabalho nos acompanha em quase todos os momentos de nossas vidas.[1]

Para Carlos Henrique Bezerra Leite "relação de trabalho é aquela que diz respeito a toda e qualquer atividade humana em que haja prestação de trabalho, como a relação de trabalho: autônomo, eventual, de empreitada, avulso, cooperado, doméstico, de representação comercial, temporário, sob a forma de estágio etc. Há, pois, a relação de trabalho pela presença de três elementos: o prestador do serviço, o trabalho (subordinado ou não) e o tomador de serviço".[2]

Wagner D. Giglio e Cláudia Giglio Veltri Côrrea entendem que "relação de trabalho consiste no vínculo resultante da prestação pessoal de serviços em proveito de outrem, pessoa física ou jurídica".[3] E completam: "Contudo, nem todo trabalho humano é objeto de regulamentação pelo Direito: aquele que não é feito em proveito de outrem, mas é executado em exclusivo benefício do próprio trabalhador, como o conserto de uma torneira de sua moradia, ou a do colecionador que prega selos em álbuns para sua recreação, não é realizado em decorrência de qualquer vínculo, e portanto não é objeto das normas trabalhistas".[4]

Por fim, para Amauri Mascaro Nascimento, "...será de trabalho toda a relação jurídica cujo objeto residir na 'atividade profissional e pessoal' de pessoa física para outrem, o que abrangerá não apenas as relações de emprego mas outras relações

---

(1) VIANA, Márcio Túlio. *LTr* n. 69-06/683.
(2) *Curso de direito processual do trabalho*. 8. ed. São Paulo: LTr, 2010. p. 199.
(3) *Direito processual do trabalho*. 16. ed. São Paulo: Saraiva, p. 37.
(4) *Ibidem*, p.38.

jurídicas ou contratos de atividade profissional de trabalhadores, embora a outro título".[5]

Assim, de início, podemos afirmar que a Justiça do Trabalho é competente para solucionar conflitos em que o prestador de serviços é pessoa física e o tomador, pessoa física ou jurídica. Não é a Justiça Especializada competente para processar e julgar os dissídios individuais, mesmo decorrentes da relação de trabalho, quando as partes são pessoas jurídicas.

Além do mais, é importante diferenciar as **relações de trabalho** das **relações de consumo**. Segundo o Código de Defesa do Consumidor, Lei n. 8.078/1990, consumidor (art. 2º) é toda pessoa física ou jurídica que adquire ou utiliza o produto ou serviço como destinatário final. Fornecedor (art. 3º) é toda pessoa física ou jurídica, pública ou privada, nacional ou estrangeira, bem como os entes despersonalizados, que desenvolvem atividade de produção, montagem, criação, construção, transformação, importação, exportação, distribuição ou comercialização de produtos ou *prestação de serviços*. Importante ressaltar que, para a relação de trabalho, o trabalhador deve ser pessoa física e o tomador de serviços não pode ser o usuário final, mas, sim, mero utilizador da energia de trabalho para consecução da sua finalidade social, ainda que seja, o tomador, pessoa física ou ente despersonalizado.

Portanto, a Justiça do Trabalho passou também a decidir os conflitos entre trabalhadores autônomos e tomadores de serviços, aplicando a legislação civil. O juiz do trabalho será levado a pronunciar-se sobre: contratos de locação de serviços; contratos de empreitada; contratos de mandato, representação comercial etc. Como dito anteriormente, o tomador de serviços **não pode ser o usuário final**, pois caso contrário será uma relação de consumo, regulada por lei especial — arts. 2º e 3º da Lei n. 8.078/1990 — e, portanto, da competência da Justiça Comum.

Dessa forma, não são da competência da Justiça do Trabalho as relações entre: cliente e advogado[6][7]; paciente e médico; cliente e motorista de táxi; cliente e arquiteto; cliente e corretor de imóveis autônomo; cliente e corretor de seguros autônomo etc. São da competência da Justiça do Trabalho: advogado e escritório de advocacia; médico e hospital; motorista de táxi e empresa que explora a atividade; arquiteto e empresa de reformas, corretor de imóveis e empresa de corretagem;

---

(5) *Curso de direito processual do trabalho*. 23. ed. São Paulo: Saraiva, p. 219.

(6) INCOMPETÊNCIA DA JUSTIÇA DO TRABALHO. AÇÃO DE COBRANÇA DE HONORÁRIOS ADVOCATÍCIOS. Esta Corte Superior, por meio da SBDI-1, vem reiteradamente decidindo que a expressão — relação de trabalho — constante do inciso I do art. 114 da Constituição Federal não abarca as relações de consumo de que deriva a cobrança de honorários advocatícios, por tratar-se de pleito de natureza estritamente civil e, pois, afeta à competência da Justiça Comum. Precedentes. Recurso de revista não conhecido. Processo: RR n. 86300-14.2009.5.03.0107. Data de Julgamento: 10.8.2011, Relator Ministro: Augusto César Leite de Carvalho, 6ª Turma. Data de Publicação: DEJT 19.8.2011.

(7) O STJ editou a Súmula n. 363, *in verbis*: "Compete à Justiça Estadual processar e julgar a ação de cobrança ajuizada por profissional liberal contra cliente".

corretor de seguros e seguradora. É importante registrar que há posicionamento doutrinário contrário, entendendo que as relações de consumo não estão abrangidas pelo inciso I, do art. 114 da Carta Magna. Márcio Túlio Viana entende que relações de consumo são da competência da Justiça do Trabalho (*LTr* 69-06/683). Cláudio Armando Couce de Menezes preconiza que caberá à Justiça do Trabalho apreciar todas as relações de trabalho, incluídas as de consumo, que envolvam prestação de serviços, conjugada com dependência econômica, pessoalidade e permanência da atividade profissional.

Ressalta-se, por importante, que havendo conflito quanto à competência da Justiça do Trabalho ou da Justiça comum, a questão será dirimida pelo Superior Tribunal de Justiça, nos termos do art. 105, I, "d" da Constituição Federal. Diante do exposto, a partir da EC n. 45/2004, a Justiça do Trabalho passa a solucionar os seguintes conflitos relativos às relações de trabalho e emprego: **Empregado Urbano** — CLT art. 3º; **Trabalhador Rural** — Lei n. 5.889/1973, art. 2º e art. 7º da CF/1988 (equiparação dos trabalhadores urbanos e rurais) — aquele que presta serviços a empregador rural; **Trabalhador Doméstico** — Lei n. 5.859/1972, art.1º e parágrafo único do art. 7º da CF/1988 — aquele que presta serviços de natureza não eventual e finalidade não lucrativa a pessoa ou família, no âmbito residencial desta; **Trabalhador Temporário** — Lei n. 6.019/1974, art. 2º (conceito) e art. 19 — aquele que é empregado da empresa prestadora de serviços e tem um contrato de natureza civil com a empresa tomadora dos serviços; **Trabalhador Avulso** — CLT art. 643/652, V e CF art. 7º, XXXIV da CF/1988 — aquele que presta serviços por intermédio do Sindicato; **Trabalhador Eventual** — Após Emenda Constitucional n. 45, a competência não é mais da Justiça Comum, mas sim da Justiça do Trabalho. Além disso, o trabalhador poderia demandar na Justiça do Trabalho em se tratando de pequeno empreiteiro operário ou artífice, nos termos do art. 652, III, da CLT e **Trabalhador Autônomo**. Interessante observar que, até a promulgação da Emenda Constitucional n. 45, um representante comercial só poderia propor reclamação trabalhista para pedir o reconhecimento do vínculo empregatício. Se a Justiça do Trabalho entendesse que o autor não era empregado, julgava a reclamação improcedente. Atualmente, o representante comercial pode ingressar com ação na Justiça do Trabalho e pleitear apenas o reconhecimento do vínculo empregatício, ou o cumprimento do contrato de representante comercial, ou, ainda, as duas pretensões, em caráter sucessivo, nos termos do art. 289 do CPC: a) reconhecimento da relação de emprego; e, se rejeitado esse pedido, b) o cumprimento de obrigações previstas no contrato de representação comercial. No tocante ao trabalhador presidiário, o Tribunal Superior do Trabalho entendeu que se trata de relação essencialmente vinculada ao Direito Penal. Com este fundamento, a Sexta Turma do Tribunal Superior do Trabalho declarou a incompetência da Justiça do Trabalho para julgar ação trabalhista movida por um presidiário de Pernambuco (TST-RR-1072/2007-011-06-40.4).

No que diz respeito ao servidor público estatutário, a Associação dos Juízes Federais ajuizou a ADI n. 3.395 no Supremo Tribunal Federal, em face do inc. I do art. 114, que concedeu liminar, considerando a suspensão de seus efeitos, nos seguintes termos: "Suspendo, *ad referendum*, toda e qualquer interpretação dada ao inc. I do art. 114 da CF, na redação da Emenda Constitucional n. 45 que inclua, na competência da Justiça do Trabalho, a apreciação de causas que sejam instauradas entre o Poder Público e seus servidores, a ele vinculados por típica relação de ordem estatutária ou de caráter jurídico administrativo". (Publicado em 27.1.2005. Min. Nelson Jobim — Presidente).

Assim sendo, tratando-se de empregado público, sujeito ao regime celetista, a competência é da Justiça do Trabalho, porém, em caso de servidor público estatutário, a competência é da Justiça Comum Federal ou Estadual, conforme o órgão para quem preste serviço.

No caso de conversão do regime celetista para estatutário, mantém-se a competência da Justiça do Trabalho relativamente ao período anterior à alteração (STJ Súmula n. 97; TST Orientações SDI ns. 138 e 128).

Em conclusão, o fundamento da competência da Justiça do Trabalho, em razão da matéria e da pessoa, reside no art. 114 da Constituição Federal de 1988. Mas foi com a promulgação da Emenda Constitucional n. 45/2004 que houve significativa ampliação da competência trabalhista. A nova ordem jurídica permite concluir que a Justiça do Trabalho pode julgar toda relação de trabalho de pessoa física para pessoa jurídica ou física, uma vez que o beneficiário pelos serviços prestados não é mais só o empregador, mas também o tomador de serviços.

Assim, não há mais necessidade de lei específica para introduzir na competência da Justiça do Trabalho a apreciação de vários trabalhadores, como avulsos, eventuais, autônomos e temporários, pois o que antes era competência derivada — dependia de lei especial — agora é competência originária compreendida no conceito de relações de trabalho.

Embora ainda haja discussões, na doutrina e jurisprudência, acerca da extensão que o intérprete pode dar à atribuição de competência trabalhista, certo é que, após quase 11 anos da promulgação da EC n. 45, muitos processos decorrentes da relação de trabalho estão sendo solucionados pela Justiça do Trabalho, transmitindo ao jurisdicionado maior segurança jurídica, quer pela certeza da análise de mérito, quer pela maior celeridade, típica do processo trabalhista.

CONSIDERAÇÕES SOBRE O SISTEMA DAS INVALIDADES PROCESSUAIS TRABALHISTAS

Aldacy Rachid Coutinho [*]

Na dogmática processual trabalhista fica evidente que a doutrina perde cada vez mais espaço de referibilidade. A pragmática domina o enfretamento do conhecimento jurídico, projetando-se uma urgente e necessária manumissão da ditatura da jurisprudência. Não por outro motivo, e ciente das possíveis críticas em relação a tal opção, o enfrentamento das difíceis questões que envolvem a teoria das invalidades vem no presente texto empreendido pela tentativa de compreender os atos jurídicos a partir da noção do seu sistema. Trata-se, a bem da verdade, de uma revisão e síntese de um estudo empreendido no passado e publicado pela editora Renovar, por meio de uma obra intitulada *A invalidade processual: um estudo para o processo do trabalho.* Para tornar menos penoso ao leitor (se é que é possível), foram suprimidas citações e referências bibliográficas; no entanto, fica aqui desde logo a todos os leitores o alerta (por dever de lealdade, transparência e reconhecimento públicos) que o conhecimento científico aqui expresso não foi gerado espontaneamente, como que partindo do zero, sendo imprescindível a devida e necessária remissão ao livro em relação a todos os autores que deveriam ter sido referenciados no presente texto, por terem sido partícipes da construção do meu saber, companheiros de ideias que formam meu pensamento. Remeto, portanto, os leitores à obra. Penso, ainda, que um advogado poderá (e certamente irá) buscar em sítios de jurisprudência as mais recentes decisões dos tribunais trabalhistas (úteis, mas nem sempre corretas); no entanto, a capacidade de análise e enquadramento da complexa situação fática que ele enfrentará nas suas argumentações forenses depende sobremaneira do conhecimento adquirido sobre a matéria. Nós, advogados, temos o dever de fomentar a mudança da jurisprudência, instigando os magistrados. Espero que para tanto possa ter de alguma forma contribuído.

---

[*] Advogada. Procuradora do Estado do Paraná. Professora Associada na Universidade Federal do Paraná. Mestre e Doutora pela Universidade Federal do Paraná.

Apesar da complexidade do tema, o sistema das nulidades é exposto na Consolidação das Leis do Trabalho de forma bastante simplificada, nos arts. 794 a 798, com maior destaque para o estabelecimento de situações em que não acarreta a nulidade, ou situações impeditivas da sua decretação ou a extensão dos efeitos, não tendo sido preocupação dos consolidadores explicar e sistematizar o instituto. Não há um tratamento das invalidades, mas regras pertinentes às nulidades processuais.

Na opção para edificação do sistema das nulidades processuais entre judicial ou legalista, rígido ou genérico, a Consolidação das Leis do Trabalho opta pelo da legalidade instrumental misto e genérico, isto é, aquele segundo o qual a disciplina vem prevista em lei (legalista), entretanto não restando a apreciação aberta exclusivamente ao juiz, com previsão de que a nulidade será decretada na dependência do não atingimento do escopo (instrumental), admitindo-se, ainda, nulidades cominadas concomitantemente com as implícitas, em uma perspectiva não casuísta (genérico).

A construção é de um conjunto de regras não enumerativa dos casos de defeituosidades, tomando-se o processo na sua concepção instrumental, não formalista, com vistas sempre a assegurar um procedimento mais célere e eficaz, evitando-se que se torne um entrave para a administração da justiça sem, no entanto, descurar da necessidade de se assegurar a observância das regras do jogo processual. Por certo que tal implica na garantia de um aumento dos poderes e liberdade do juiz, especialmente porquanto assenta o sistema das invalidades em regras atenuantes dos efeitos da inobservância da tipicidade calcada em conceitos abertos como "prejuízo" ou "finalidade". Afinal, o que se almeja é o processo e, segundo Carnelutti, "el proceso es un medio preordenado a un fim. La razón y la función del Código de procedimiento es, en definitiva, la de ensejar cómo se debe conducir uno para alcanzar este fin. Por eso, el legislador construye un modelo, al cual el juez, los asistentes, las partes, deben ajustarse obrando del modo que se les indica".[1]

A hipótese normativa (regras e princípios, critérios de organização, normas de conduta) e o suporte fático (fato) são duas realidades distintas, não sendo possível vislumbrar-se nenhuma relação de precedente ou antecedente lógico necessário entre ambas. Estão mutuamente implicadas. Quando um fato ocorre, não se "concretiza" a hipótese normativa, ou seja, o fato não ocorreu porque presente em uma hipótese normativa. Algum fato ocorreu. Aquele fato eventualmente pode estar descrito em uma hipótese normativa e desde que haja correlação entre os dois antecedentes conclui-se pela incidência e efeitos que são gerados, pois o mundo se transforma. O ato/fato nasce desde logo juridicizado, isto é, o fato jurídico é o que entra, do suporte fático, no mundo jurídico, mediante a incidência da norma jurídica. Essas duas realidades conexas continuarão, entretanto, sendo realidades eventualmente distintas, de sorte a que se possa compreender a questão da eficácia,

---

(1) CARNELUTTI, Francesco. *Lecciones sobre el proceso penal*. Buenos Aires: Bosch, 1950. p. 9.

por exemplo. Por vezes os efeitos decorrentes do ato podem se implicar mutuamente. Afinal, nem sempre a correlação hipótese normativa (-) suporte fático é perfeita.

A tipicidade é exatamente essa perfeita relação de adequação do suporte fático à hipótese normativa, resultando a invalidade da situação de desconformidade com normas imperativas de conduta, ou sejam, normas cogentes (proibitivas, preceptivas ou potestativas) ou normas dispositivas (permissivas ou supletivas). É impossível a violação de normas de mera valoração, assim entendidas as qualificadoras, interpretativas, normas que produzem automaticamente efeitos jurídicos ou normas sobre normas.

Se não há tipicidade é porque o ato praticado não se identifica com a hipótese normativa, sendo portanto irrelevante para o direito ou juridicamente inexistente (atos inexistentes). A inexistência é a ausência total de tipicidade, a ausência daqueles elementos que dão a essência e a vida ao próprio ato, de forma que impede a própria incidência da norma jurídica. **Ato inexistente** é, portanto, o ato a que falta o elemento essencial; um ato que não tem o elemento sem o qual não pode se formar para entrar no mundo do direito e não um ato inválido.

Se a adequação se realizar em relação ao elemento nuclear, já é suficiente para a absorção jurídica do fenômeno; se a adequação ocorrer em relação a todos os elementos da hipótese normativa ele será além de existente ainda válido, podendo ou não ser eficaz (gerar efeitos), dada a realização de elementos subordinantes à geração de efeitos. Da tipicidade em relação aos elementos essenciais decorre a juridicização (ato juridicamente existente). De qualquer sorte pode ocorrer de o ordenamento jurídico criar certas figuras tais como a presunção (com caráter relativo ou de probabilidade) e a ficção (com caráter relativo) em que fatos (supostos) são tratados como juridicamente existentes, com base na experiência e na proximidade com a realidade, atribuindo-se-lhes um determinado sentido ou tendo-os por havido.

Se a tipicidade ou adequação for perfeita quanto a todos os elementos, verificar-se-á a validade; se a adequação não foi perfeita, estar-se-ia diante de hipótese de invalidade (nulidade, anulabilidade ou irregularidade). Assim, conclui-se, a validade é uma situação de total adequação — tipicidade absoluta — da hipótese normativa em relação ao suporte fático. Validade não é a produção ou não dos efeitos próprios do ato (eficácia) ou efeito decorrente da incidência (existência). Se o ato/fato jurídico produzirá ou não os efeitos é questão afeta à eficácia. Se o fato é jurídico, existe no mundo do direito; se é ainda válido, é porque a tipicidade ocorreu quanto a todos os seus elementos, podendo (mas não necessariamente, como sucede na situação de uma cláusula subordinativa dos efeitos ou na situação de invalidade) produzir todos os efeitos a que se destina, sendo então eficaz.

Habitualmente ocorre confusão entre as noções de nulidade e a ineficácia; embora normalmente estejam acompanhadas, entrelaçadas em um único contexto, não conduzem de forma alguma a uma identidade. A ligação talvez resulte em função do desiderato de se evitar que o ato inválido produza efeitos, mediante a aplicação de uma sanção para o descumprimento das previsões da hipótese normativa, que é a ineficácia.

Apesar de ser lugar comum tomar-se a **nulidade processual como uma sanção** que torna ineficaz o ato processual — sob pena de nulidade —, o mais correto é afirmar que a invalidade é uma situação de desconformidade constatada no ato processual em relação aos requisitos e elementos previstos em uma norma jurídica (regra ou princípio) que acarreta uma **tendência à ineficácia** — desde que não estejam presentes fatores impeditivos, ou ainda, se não ministrado nenhum remédio jurídico que tenha sanado o defeito — como forma de garantir a observância dos preceitos jurídicos que estabelecem as condições para sua realização. **A sanção seria, por conseguinte, a própria ineficácia**.

De qualquer sorte, o ato inexistente é aquele que não se perfaz, não completou todo o seu ciclo de formação para existir juridicamente e assim não gera efeitos jurídicos (é ineficaz). Aquele ato que, ante a ausência de um elemento tido como imprescindível, deixa de ser o que se pretendia que fosse. Não se trata, aqui, de uma sanção, mas de uma impossibilidade lógica, a geração de efeitos. Por exemplo, uma sentença proferida por um assessor: aqui falta um elemento essencial, que é o agente que pode/deve praticar o ato processual ou uma petição inicial subscrita por um advogado suspenso na Ordem dos Advogados do Brasil, mesmo tendo a parte capacidade postulatória. Já a sentença proferida pelo juiz, nos autos de um processo eletrônico, impressa e assinada, sem a observância da forma digital, é uma sentença, mas ante o vício de forma, se traduz como inválida.

A acepção jurídica de validade não se identifica com a comum de "valia" ou "capacidade de ser proveitoso", que mais se aproxima da figura jurídica da ineficácia. Valer, na forma transitiva direta é ter como consequência ou resultado (*valeu um presente*), mas na forma intransitiva é mostrar-se apto, capaz. Validade, no âmbito do direito, é a qualidade do ato, diz respeito à observância e presença, em todos os elementos que o compõem, dos requisitos legais, de fundo e/ou de forma. No âmbito da validade, se sujeita o ato jurídico a um controle da presença dos elementos essenciais (existente juridicamente) e à constatação da presença dos outros elementos descritos como condição de possibilidade de geração de efeitos.

O ordenamento pode prever normas de comportamento consideradas favoravelmente (facultativas) e às quais é ligado determinado efeito jurídico. Nesse caso, a ausência de tal comportamento, ou a omissão, quase sempre, será irrelevante; mas não necessariamente, pois se a ação é imposta pelo direito (impositiva), a inércia gera efeitos e a atividade desconforme resultará em invalidade. Trata-se da nulidade por omissão. **Nulidade por omissão** é a invalidade que decorre da ausência de uma conduta exigida por lei e que influi na relação processual ou em atos praticados em sequência no processo, ocasionando efeitos jurídicos de aspecto negativo. Adotando-se uma classificação das normas jurídicas cogentes em proibitivas e preceptivas, poder-se-ia concluir que só haverá nulidade quando a omissão do ato referir-se a uma violação de norma preceptiva. Assim, se determinada conduta é imposta ao destinatário como condição para o atingimento de determinada finalidade, não sendo praticado o ato tido como necessário e essencial, acarretará a omissão uma nulidade. Dentre as possibilidades de sua caracterização encontra-se a ausência de momento oportuno para a conciliação no procedimento, ausência de intimação da prolação da sentença com abertura de prazo para recorrer ou a ausência de possibilidade de apresentação de razões finais pelo juiz.

Imperioso observar, ainda, que nem todo ato ou fato reconhecido pelo ordenamento jurídico comporta perquirição de validade. Poder-se-á estar diante de uma norma que proíbe determinado comportamento, ligando-o ou não a uma determinada consequência jurídica. A infração à norma, ou seja, a atividade contrária a uma regra proibitiva acarretará ilicitude e não invalidade. Nos atos ilícitos, a nulidade seria um contrassenso, tal como se aduzir que o homicídio foi "inválido" ou o furto "anulável". E, ainda, quanto aos fatos jurídicos em sentido estrito, que resultam da juridicização de fenômenos da natureza e os atos-fatos, que são realidades físicas decorrentes da ação humana, estes tampouco permitem, em um raciocínio lógico, a apreciação de deficiência do suporte fático. Nascer ou morrer, por exemplo, são juridicamente relevantes, mas não podem ser analisados sob a ótica da validade ou ilicitude. É impossível concluir-se por uma morte válida ou inválida. Por conseguinte, tão somente os atos jurídicos em que a vontade humana constitui elemento nuclear (atos jurídicos em sentido estrito ou negócios jurídicos) passam pelo crivo da validade, no qual o direito fará a triagem entre o que é perfeito e válido e o que contém vício ou defeito. Tal situação se dá mediante a apreciação de três elementos tidos como suficientes para a existência jurídica: agente, forma e objeto. Quanto à validade, deve-se perquirir acerca da constatação dos "atributos" desses elementos: capacidade para o agente, licitude e possibilidade para o objeto e subsunção da forma à prescrição legal.

A existência de um ato pressupõe a sua manifestação exterior, sendo a forma, enquanto exteriorização da vontade, seu aspecto externo, elemento de existência do ato; daí decorre que poderá influir ainda no aspecto da validade do ato, como nos casos de não atendimento de previsão de comportamento quanto a condições de tempo, lugar e modo de prática do ato, inserta na norma como suficiente e necessária para desencadear efeitos jurídicos processuais. A observância dos modelos preestabelecidos ou arquétipos legais é importante fator de regularidade procedimental, inclusive garantindo às partes o perfeito conhecimento do curso do processo e dos atos que nele se praticam, de sorte a cumprir a sua função no processo, salvaguardando ainda os direitos dos interessados.

O ato é forma e fundo, extrínseco e intrínseco, aspecto exterior e conteúdo. A nulidade, por conseguinte, pode referir-se à infração do modelo que impõe elemento de forma ou de fundo. Dada a estreita relação entre nulidade e forma, constata-se que o maior ou menor rigor na disciplina das invalidades tem pertinência lógica com a disciplina das formas dos atos. A Consolidação das Leis do Trabalho não adota um sistema da legalidade ou relevância das formas, segundo o qual a atuação das partes e do juiz deve obedecer estritamente às formas de conduta previstas nas normas legais. Tampouco adota a liberdade total, com ausência de formas preordenadas, pois levaria certamente à desordem, confusão, incerteza e insegurança no fluir do procedimento. Embora se diga do processo do trabalho ser "informal", adota-se um sistema da instrumentalidade das formas. Os atos e termos processuais não dependem de forma determinada senão quando a lei expressamente o exigir, estatui o art. 154 do Código de Processo Civil: quando a lei prescrever determinada forma, sem cominação de nulidade, o juiz considerará válido o ato, embora realizado de outro modo, se lhe alcançar a finalidade (art. 244, Código de Processo Civil). A Consolidação das Leis do Trabalho não estabelece idêntica ou similar regra, sendo aplicadas subsidiariamente ao processo do trabalho tanto a regra do art. 154 quanto a do art. 244 do Código de Processo Civil.

Nulidade existirá desde logo pela defeituosidade constatada no ato produzido. **Não se confundem a invalidade e a ineficácia**. A invalidade é a situação de inadequação do suporte fático em relação à hipótese normativa e a ineficácia é a não produção de efeitos que, na hipótese de defeituosidade do ato se coloca como uma tendência (possibilidade), dependente da avaliação da situação (não é automática, dependendo sempre seu reconhecimento de um pronunciamento judicial que a decretará), para incidência de princípios impeditivos da aplicação da sanção, da sanabilidade ou, se decretada, da fixação da extensão das consequências em relação a outros atos do procedimento. A declaração de invalidade, pois, diz respeito à inaptidão do ato para produzir certos efeitos jurídicos, um estado de "vulnerabilidade do ato", no que tange à sua ineficácia. Há uma verdadeira "tendência" para a perda da eficácia, em uma "visão dinâmica" do fenômeno da invalidade que completa a visão estática enquanto vício ou defeito.

Os efeitos jurídicos a que o ato se destina, efeitos esses de criação, modificação ou alteração de uma situação jurídica, faculdades e poderes ou de uma relação jurídica e respectivos direitos e deveres. Pressupõe, à evidência, a existência jurídica de um ato. Mister distinguir, inicialmente, a eficácia jurídica (eficácia do fato jurídico e não do suporte fático) da eficácia da norma jurídica. A eficácia desta é a possibilidade de produção dos efeitos a que é destinada, ou seja, é a incidência, quando presentes, da hipótese normativa e do suporte fático, em perfeita adequação. A eficácia do fato jurídico é o que se produz no âmbito do direito e resulta como consequência da juridicização e da inexistência de qualquer circunstância impeditiva dos efeitos que lhe são atribuídos. Eficácia pode ser (a) a aptidão jurídica do ato para produzir os efeitos visados depende de um reconhecimento pelo ordenamento jurídico ou (b) a efetiva produção de efeitos na esfera jurídica própria ou alheia.

Em relação à aptidão jurídica, tem-se que se o ato é inválido ou se é válido e lhe falta algum elemento exterior, o direito não lhe reconhece o poder de produzir o efeito que produziria se fosse válido ou não modal. A inidoneidade a produzir os efeitos diz respeito à sua disponibilidade, ou seja, à inexistência de relação de dependência do ato jurídico a qualquer evento posterior, às vezes estranho à vontade da parte, como a condição suspensiva ou termo inicial e à invalidade. Quando se está diante de uma hipótese em que o ato é jurídico, é válido, mas só poderá gerar os efeitos a que se destina após a ocorrência de um determinado acontecimento, depara-se com uma condição suspensiva, que é a subordinação da produção dos efeitos a que o ato se destina na dependência de um acontecimento futuro e incerto. Com o implemento da condição, os efeitos do ato retroagem ao momento da sua prática. Para tal conceito, é totalmente irrelevante, portanto, a efetiva produção dos efeitos, importando apenas a aptidão para irradiação dos efeitos e atingir a finalidade para a qual foi gerado. Tal concepção acarreta equívocos na medida em que acabam por se confundir a invalidade e a ineficácia.

Melhor seria, então, compreender a eficácia *in concreto* e *a posteriori* em relação à existência jurídica. Eficácia seria não mais a qualidade de produzir os efeitos, mas a efetiva produção destes. Com a constatação de que muitas vezes o ato nulo gera efeitos na prática — inclusive o dito *nulo de pleno direito* — e que o nulo será, inclusive, convalidado pela coisa julgada, máxime quando escoado o prazo para ação rescisória, chega-se a afirmar que não existe ato inválido totalmente ineficaz. Em síntese, a invalidade não se identifica com a ineficácia, que nada mais é do que a efetiva produção dos efeitos próprios do ato, sendo que efeito jurídico é toda e qualquer alteração na situação jurídica em relação à precedente.

O ato ineficaz é conhecido como o que não produz efeitos típicos — podendo eventualmente produzir os atípicos ou indiretos. A nulidade é uma das causas de ineficácia. E assim, diz-se que todo ato nulo é ineficaz; nem todo ato ineficaz é nulo. Note-se que o ato nulo possui sempre pelo menos um efeito, qual seja, o de gerar um pronunciamento jurisdicional sobre a invalidade, determinando a cessação ou supressão dos efeitos ou fazer que o processo caminhe em direção à sua inevitável extinção; se o ato for inicial, tem também o efeito de formar um processo, ainda que inválido e consequentemente ineficaz para a consecução do seu escopo. A sentença que declara a nulidade do processo é plenamente válida como ato extintivo do processo. Fala-se, então, de efeitos que operam internamente no próprio procedimento, fazendo-os avançar em direção a uma sentença e influindo no conteúdo do ato final e os efeitos externos, ou seja, efeitos não meramente processuais, que emanam somente do ato final. Assim, continua, o ato final tem, normalmente, uma eficácia dupla: de um lado eficácia processual, em que completa e encerra o procedimento; por outro lado, uma eficácia substancial, acerca da própria atuação do direito, que variará conforme a natureza do procedimento proferido. Apenas excepcionalmente podem outros atos processuais também emanar efeitos substanciais externos.

Ademais, note-se que a carga de autoridade ínsita a todo ato de provimento jurisdicional (vícios inerentes a ele próprio ou decorrentes do procedimento que o preparou) impedem que resultem na imediata inaptidão a produzir efeitos. Sendo um ato de autoridade pública, regido por normas de direito público, apenas outra autoridade pública ou a mesma é que poderá, considerando o vício, aplicar a "sanção" e com isso retirar a eficácia do ato imperfeito. Mesmo o ato processual suspeito de invalidade continua válido até que seja declarada e decretada a nulidade pelo juiz, cuja decisão opera efeitos *ex tunc*, desconstituindo a eficácia e a própria existência do ato. A necessidade da pronúncia judicial decorre exatamente da presunção ou aparência de validade de atos de direito público. A ineficácia não opera *ex facto*.

O ato inexistente não se encontra como uma das espécies (a mais grave) de invalidade pela defeituosidade, pois a invalidade pressupõe um ato existente. O interessado poderá alegar a inexistência do ato ou do processo a qualquer momento, sempre que se verificar que alguém pretenda tirar proveito do ato. Não há falar-se em efeitos jurídicos para o ato inexistente. O ato inexistente carece de jurisdicionalidade pelo que nenhum efeito jurídico pode exarar: não passa em julgado, não incide a preclusão quanto à sua alegação, não se convalida, não está sujeito à sanatória, não induz litispendência, embora a falta possa ser suprida. Desnecessária é, inclusive, a propositura de ação rescisória, quando se trata de sentença inexistente. Dentre as hipóteses, tem-se a sentença que condena a prestação impossível. Mas é nula a sentença proferida em processo sem citação inicial ou em que o citado já faleceu ou em pessoa diversa do réu no processo. Os exemplos mais constantes fornecidos pela doutrina, nem sempre acolhidos pela jurisprudência, são os de sentença proferida por quem não é juiz, não assinada, não publicada, sem parte decisória ou sem dispositivo, sem fundamentação, sem o nome das partes, onde não mais existe processo ou em relação a quem não foi parte, pronunciada contra pessoa que não existe, proferida por juiz aposentado ou afastado do exercício das funções, proferida sem que haja petição inicial, proferida pelo assessor, por juiz impedido, praticada com absoluta ausência de vontade. Também são apresentados exemplos de inexistência como a falta de capacidade para ser parte, intimação por quem não é oficial de justiça, ato, sentença ou recurso sem assinatura, laudo pericial sem assinatura, julgamento de recurso por órgão de grau inferior quando a competência for do superior, pois o que não houve foi a tramitação específica do próprio recurso, ato das partes praticado extemporaneamente (antes ou depois do prazo, como ocorre quando a sentença antecipada vem disponibilizada pela internet mas as partes, por determinação judicial, devem ser intimadas da prática do ato e recorrem antes da intimação, situação de ciência inequívoca) e ato não previsto pelo ordenamento jurídico ou julgamentos simulados.

O ato irregular não se confunde com o ato inválido. A argumentação da gravidade do vício para explicitar a noção conceitual é falha, eis que não há vício mais grave ou menos grave. Vício é sempre defeituosidade; é qualquer inadequação ao modelo legal. As tentativas de construção de um sentido para a mera irregularidade a partir da inexistência de prejuízo, da desnecessidade ou da impossibilidade de regularização do vício merecem refutação, pois não são regras afetas exclusivamente à irregularidade, senão a todas as hipóteses de invalidade.

Ao contrário da invalidade, o ato irregular não tende à ineficácia, não é de tal monta que implique a perda dos efeitos previstos na norma (sanção de ineficácia). Isto porquanto não há na irregularidade uma imperfeição estrutural; há efetivamente uma inadequação tal qual nos atos inválidos. Mas, a desconformidade com a norma não diz respeito à regra que prevê o ato em si, mas a outra regra que prevê certa conduta do agente produtor do ato. O ato em si é perfeito e válido, já que atende aos requisitos específicos quanto à espécie previstos na norma. Por esse motivo é que o ato irregular emana seus efeitos e não tende à ineficácia. Por esse motivo é que não se lhe pode aplicar os princípios próprios das invalidades, tais como o da finalidade ou do prejuízo.

A irregularidade é o defeito decorrente da execução do ato pelo agente sem atenção aos deveres previstos na norma e não propriamente dos requisitos estabelecidos na hipótese normativa quanto ao conteúdo ou forma do ato, pelo que o defeito não o desfigura tornando-o inválido ou possibilitando a ineficácia. Exatamente por não afetar o ato em si, na sua estrutura, não é necessária a sua correção para que mantenha o ato os efeitos que são previstos. Mas, desde que o ordenamento jurídico almeja a perfeição dos atos praticados, com absoluto atendimento das prescrições, inclusive a que impõe deveres aos agentes, as irregularidades deverão, quando e se possível, ser sanadas. São exemplos citados na doutrina para hipóteses de irregularidade: uso de abreviatura, o equívoco evidente da sentença; inexatidão material ou erro ou lapso de cálculo matemático; confusão de datas; irregularidade na distribuição; erro na grafia do nome das partes; inexistência de procuração acompanhando a petição inicial; incorreção da numeração das folhas dos autos; ausência de rubrica nas folhas dos autos; excesso de prazo (prazo impróprio) para o juiz em suas decisões; demora na realização dos atos processuais; omissão do nome do credor no auto de penhora; sentença excessivamente concisa; citação doutrinária em idioma estrangeiro; espaços em branco, entrelinhas, rasuras ou emendas não ressalvadas.

Nulidades cominadas, expressas ou textuais são as que derivam do desatendimento a uma norma jurídica na qual está prevista, expressamente, a invalidade como consequência para o seu descumprimento. A cominação é exteriorizada por meio de expressões indicativas de proibição, tais como "o ato é nulo" ou "sob pena de nulidade". A opção pela cominação é mera política legislativa respaldada em motivos de ordem pública, não implicando qualquer distinção acerca da natureza do vício, gravidade do defeito ou alteração no efeito que dela pode exsurgir. Nem toda nulidade cominada é absoluta e nem toda nulidade absoluta vem cominada. Não há nenhuma razão lógica, dessumível da análise das normas consolidadas ou das processuais civis, pela qual se possa identificar a nulidade cominada com a nulidade absoluta e a nulidade não cominada com a anulabilidade. Por conseguinte, a identificação das duas expressões não resulta correta.

Aliás, não se adota no sistema das invalidades **o princípio da especificidade**, no sentido de que as nulidades devem estar expressamente enumeradas e cominadas em um texto de lei (*pas de nullité sans texte*), cabendo ao juiz tão só aplicá-las. As nulidades não cominadas são as que resultam também do descumprimento de normas jurídicas processuais, mas não por declaração expressa nela contida, senão porque os atos se subordinam a condições de regularidade genéricas, a serem verificadas em concreto pelo juiz. O sistema processual trabalhista, indiscutivelmente, é formado quase que tão somente por essas nulidades não cominadas, também designadas como nulidades virtuais ou implícitas.

A invalidade implícita, isto é, sem texto cominatório (nulidade não cominada) será então verificada pelo juiz diante da violação de princípios processuais (por exemplo, contraditório ou ampla defesa) e, ainda, se algum objetivo não for cumprido (por exemplo, celeridade ou razoável duração do processo), a quem a doutrina reconhece um "poder discricionário", confrontando o ato praticado e a forma em que se revestiu ou os princípios que possam ter sido malferidos pela atipicidade e decidir se omissões ou violações revelam a falta de um elemento substancial específico.

É comum a ideia de que a disposição legal de presunção absoluta do dano, radical nos seus termos, vai de encontro com o princípio do prejuízo: *nullité sans grief n'opère point; pas de nullité sans grief*. A instrumentalidade do processo e, até mesmo, a busca de celeridade e eficácia, impele para a aceitação da aplicação de princípios impeditivos de decretação de nulidade até mesmo nas nulidades cominadas. De qualquer sorte a adoção de tal posicionamento tem um impacto menor no processo do trabalho ante a previsão restrita de nulidades cominadas.

Argumenta-se por um lado que, se cominada a nulidade, fica impedida a sanação do vício ou a relevação do seu defeito. O fundamento reside no fato de que, se vem cominada a invalidade pela infringência a determinada forma, é porque se presume que o ato não se possa realizar não tendo atendido à forma legal. Repisa-se que a questão diminui de importância prática ante a inexistência de nulidades cominadas na Consolidação das Leis do Trabalho. Outrossim, os tribunais têm aplicado os princípios da finalidade, prejuízo e aproveitamento racional do nulo indistintamente, quer às nulidades cominadas, quer às nulidades não cominadas.

A sanabilidade é expressão que vem sendo utilizada indistintamente tanto para as hipóteses em que o ato que era inválido tem "corrigido" o defeito, como na situação em que, apesar de reconhecida a existência de uma invalidade, não é "declarada". Na primeira hipótese, a retificação, a ratificação, a repetição do ato, bem como a conversão, atuam como "remédios jurídicos" para fazer cessar a invalidade. Na segunda hipótese, o princípio do prejuízo, da finalidade e do aproveitamento, dentre tantos, atuam como "impeditivos de declaração", pressupõem a existência e o reconhecimento de uma invalidade e incidirão sobre nulidades não cominadas. Nesse sentido, a nulidade cominada não poderá ser "sanada", por um lado e, por outro, toda invalidade processual de forma é, a princípio, sanável no sentido de que poderá ser corrigida, desde que subsista ainda o processo, por óbvio.

A Consolidação das Leis do Trabalho menciona a expressão "nulidade de pleno direito", **que deve ser rejeitada como uma tipologia específica e distinta da nulidade** por duas particulares razões: primeiramente, porquanto ao construir um significado semântico a doutrina acaba por identificá-lo à nulidade absoluta, tornando-o um sinônimo e, em segundo lugar, porque se o seu sentido seria o de uma invalidade que independe de manifestação judicial, tal perspectiva não tem espaço na teoria das nulidades processuais ante a necessidade inafastável de uma declaração pelo magistrado para determinar a cessação dos efeitos precários do ato. De qualquer sorte a expressão, a título de curiosidade, advém de uma dicotomia estabelecida em França entre "nulidade de pleno direito" e "nulidade dependente de rescisão" e, ao contrário do que possa deixar transparecer, não reside a distinção entre ambas na desnecessidade de manifestação pelo judiciário ou a impossibilidade de emanar efeitos pelo ato nulo de pleno direito, mas gravita sobre a existência de nulidades cuja prova da infração é literal e a ausência de adequação à hipótese normativa é aparente, nada mais restando ao juiz frente a uma alegação senão declará-la (nulidade de pleno direito) e, ante a constatação da existência de nulidades cujo pronunciamento pressupõe prova do fato que desencadeia, é aceitável doutrinariamente a classificação (nulidade dependente de rescisão). A Consolidação das Leis do Trabalho não estabelece qualquer distinção quanto a tal ordem, nem quanto a efeitos, que se pudesse daí retirar a possibilidade de uma nulidade de pleno direito.

Invalidade é a atipicidade do ato ante a ausência no suporte fático de algum (ou alguns) elementos descritos na hipótese normativa, gerando propensão ou tendência à ineficácia. Um ato processual, nesses termos, não poderá ser mais desconforme ou menos inválido do que outro ato. Do mesmo modo, ausente um ou mais elementos — quaisquer que sejam — estar-se-á diante de um ato simplesmente inválido, não comportando portanto gradação ou classificações de invalidade. Em verdade, todos os atos inválidos são ontologicamente idênticos, isto é, são defeituosos. Assim, ao mencionar-se a nulidade e a anulabilidade, nulidade absoluta ou relativa, ou se se quer ainda a irregularidade (para os que a situam como forma de invalidade), não se estará a cogitar propriamente de tipos distintos de invalidade. Daí porquanto não se admite no âmbito do processo do trabalho um tratamento diferenciado entre atos nulos e anuláveis. De qualquer modo a questão é bastante complexa e polêmica na doutrina, que apresenta uma multiplicidade de possibilidades. Senão vejamos.

Em relação à **classificação das invalidades**, por critérios diversos, quer objetivos ou subjetivos, pode-se identificar hipóteses em que a invalidade gerará uma repulsa menos intensa ou mais radical, que determinará a legitimidade para arguição, a possibilidade ou não de se consolidar o efeito provisório emanado apesar da invalidade, ou de completar-se os elementos faltantes ou desconformes, assim como seus efeitos. E é precisamente esta diferença quanto à intensidade da repulsa que eventualmente se estabeleça em relação aos atos inválidos, isto é, o tratamento deferido, que determinará a necessidade de um discrime entre duas ou mais "espécies" de invalidade. Esses critérios eleitos ora agrupados: (a) ou residem no próprio ato inválido, como no critério civilista, da natureza do vício, pelo que são tidos como subjetivos; (b) ou se assentam em características antecedentes ao ato, relativos à norma violada, como nos critérios da norma, da norma e do interesse, do interesse protegido pela norma ou, por fim, (c) dizem respeito aos efeitos que possam gerar, tal qual no critério da sanabilidade, da norma e da sanabilidade, quando serão tidos como critérios objetivos.

Além disso, no tratamento da invalidade identificam-se diversos critérios segundo os quais poder-se-ia classificar a invalidade em duas (nulidade e anulabilidade ou nulidade absoluta e relativa), três (nulidade, anulabilidade e irregularidade) ou (nulidade absoluta, nulidade relativa, irregularidade) ou (inexistência, nulidade e anulabilidade), em quatro (inexistência, nulidade, anulabilidade e irregularidade) ou até cinco (inexistência, nulidade absoluta, nulidade relativa, anulabilidade e irregularidade). A multiplicidade de critérios ora subjetivos, ora objetivos, bem como a diversidade de nomenclatura das espécies demonstra o quanto a matéria carece, ainda, de uma sistematização. Não há uma essência apreensível de invalidade que possa servir como indicativo de correição no acolhimento de um ou rejeição de outro.

A um, é de se rejeitar o critério civilista, apesar de as normas contidas no direito civil serem "normas gerais", de um "direito comum", com aplicação a outros ramos do direito, pois tal não se dará automaticamente por um processo de pura transposição, mas dependerá de certos "ajustes" às peculiaridades do direito a ser suprido enquanto meio. Assim, dadas as peculiaridades do direito processual, máxime do direito processual do trabalho, resta difícil, senão impossível, acolher as mesmas normas gerais e princípios, tal como se dá igualmente com o direito material do trabalho, para o qual, por exemplo, ao contrário do que ocorre no direito civil, o ato nulo gera efeitos e preclui.

A dois, é de se rechaçar o critério de distinção empregado que identifica a nulidade absoluta, a nulidade relativa e/ou a anulabilidade na qualidade do interesse protegido pela norma cuja violação acarretou a atipicidade do ato, sendo nulidade absoluta a decorrente de transgressão à norma voltada ao interesse público, declarável independentemente da emissão de vontade das partes, tão logo o juiz tomasse conhecimento do ato viciado e a nulidade relativa ou a anulabilidade seria a atipicidade decorrente de infringência à norma estabelecida para a proteção de interesses particulares, decorrendo daí a necessidade de alegação da parte que se sentisse prejudicada com a invalidade do ato. A grande dificuldade em se acolher o critério do interesse da norma está em que toda norma processual é destinada, em um aspecto, a atender a um interesse público, qual seja, a atuação do poder estatal revelado na jurisdição e, em sendo o direito processual externalizado por meio de normas processuais, um direito eminentemente público, sendo óbvio, por consequência, que o interesse visado deva ser, para coerência, eminentemente público. Por outro lado, ainda que de forma indireta, toda norma processual é igualmente voltada ao interesse das partes litigantes. O critério de preponderância não é solução, apenas agregando uma dificuldade a mais, por pressupor o estabelecimento de limites, dentro dos quais se poderá caracterizar determinada atipicidade como sendo uma nulidade absoluta ou uma nulidade relativa.

A três, a classificação da invalidade baseada em um critério duplo — no interesse e na norma — tem como nulidade absoluta aquela decorrente de violação de norma cogente protetiva do interesse público, podendo ser declarada de ofício. Se a norma é voltada para o interesse privado, a nulidade seria relativa ou anulável, cujo vício poderá ser sanado. Ou, então, para aqueles que adotam uma distinção entre nulidade relativa e anulabilidade, a caracterização de uma ou outra espécie de invalidade resulta, então, da natureza da norma: normas cogentes que visam a interesses precipuamente particulares ocasionam nulidades relativas; normas dispositivas voltadas ao interesse das partes geram anulabilidades. Tanto na nulidade relativa quanto na anulabilidade a norma visa ao interesse da parte, pelo que o ato poderá ser sanado. Na anulabilidade, em sendo a norma dispositiva, o ato permanece no poder de disposição da parte, dependendo exclusivamente da sua atuação a decretação da nulidade. A possibilidade da atuação de ofício para decretar a nulidade relativa ou determinar-lhe o saneamento pela ratificação, suprimento ou repetição, decorre exatamente da referida cogência da norma. Normas cogentes são inderrogáveis pela autonomia privada, ou seja, são insuscetíveis de afastamento pela vontade das partes. Sua essência reside exatamente na sua inafastabilidade ou "imperatividade" não sendo permitido ao destinatário da norma regular a situação de forma diversa. Normas dispositivas são as normas cuja "imperatividade" está sujeita, além da realização do suporte fático, à inexistência de disposição das partes no sentido de afastar a incidência da norma, estabelecendo regra diversa da prevista. Mas todas as normas processuais são imperativas e cogentes, permanecendo fora do âmbito de disponibilidade das partes, pois se refere à atuação do poder estatal. Tal critério, então, apenas agrega os problemas insolúveis e as contradições insuperáveis dos critérios da norma e do interesse.

A quatro, o critério da sanabilidade estabelece que a nulidade vicia o ato de maneira insanável, "de pleno direito", sendo que a declaração independe de alegação da parte interessada e a anulabilidade vicia o ato de maneira sanável e, não sendo decretável de ofício, dependerá necessariamente de alegação da parte interessada. Supera-se a anulabilidade pela prescrição ou, ainda, pela prática de outro ato saneador, cujos efeitos retroagirão ao tempo do ato inválido, para torná-lo válido desde o início. A conceituação de uma categoria não pode ser feita a partir dos efeitos que gera, sendo inconcebível a adoção do critério da sanabilidade.

A cinco, o critério da norma e da sanabilidade prevê que a nulidade resta caracterizada quando o ato viciado atenta contra uma norma impositiva, de proteção da ordem pública, tendo sua eficácia subordinada a uma condição suspensiva (sanatória), não podendo ser convalidado, ao passo que a anulabilidade se constitui quando o ato é praticado em desconformidade com uma norma dispositiva, relacionado com interesses privados. Por conceder a norma uma disponibilidade a alguém, só o próprio interessado estaria legitimado a postular a anulação do ato, cuja decisão teria natureza constitutiva. Enquanto o interessado não se manifestar, o ato produzirá todos os seus efeitos, como se válido fosse. A anulabilidade sujeita o ato a uma condição resolutiva. Tal critério tampouco pode ser aceito, pois os atos processuais nulos geram efeitos e podem ser convalidados.

A seis, o critério da natureza do vício pressupõe a distinção entre as espécies de invalidade pela natureza do vício que lhe antecede. A invalidade não se identifica com o vício, mas é dele um efeito. Aqui se concebe a invalidade por meio de uma sistematização bipartida em nulidade/ anulabilidade ou nulidade absoluta/nulidade relativa, basicamente assentada na natureza do vício. Tem o grande mérito de superar a diferenciação pelos efeitos ou consequência e rejeitar critérios como norma ou interesse envolvido. Os vícios de forma geram nulidades relativas, embora se cominadas gerarão nulidades absolutas e os vícios de fundo, ligados às condições da ação, pressupostos processuais positivos de existência e de validade e pressupostos negativos, geram nulidades absolutas. Quanto às nulidades relativas somente as partes podem arguir, havendo a incidência da preclusão pelo escoamento do prazo ou não manifestação na primeira oportunidade. As nulidades absolutas são decretáveis de ofício e/ou a requerimento da parte, não incidindo preclusão para a parte ou para o juiz, salvo se já tiver sido matéria de decisão não impugnada oportunamente. Sem dúvida é a melhor distinção, pelo que deve ser aceita a dicotomia vício de forma/vício de fundo como critério para classificação das invalidades processuais.

O sistema é erigido por princípios que determinam: (a) fatores impeditivos de arguição e declaração, pois se não têm o condão de extirpar a invalidade, ao menos obstam a desconstituição da eficácia provisória do ato, permitindo a convivência com a defeituosidade; (b) meios de salvamento dos atos, espécies de remédios jurídicos para sanar a defeituosidade e tornar válido o ato processual; (c) ou delimitadores da extensão dos efeitos da invalidade.

Dentre os princípios impeditivos, o de maior relevância é o **princípio da convalidação**, genérico, que enuncia o reconhecimento dos efeitos precários do ato defeituoso e a tolerância da atipicidade. Convalidar é restabelecer a eficácia do ato inválido realizado, garantindo-se a geração dos efeitos apesar da desconformidade; o princípio da convalidação é a opção primeira pela preservação da situação jurídica, ainda que o ato praticado seja inválido. Resta indubitável que o ato processual é praticado para que surtam determinados efeitos no âmbito do processo e, para tanto, se deve observar as normas imperativas que estabelecem as condições para a prática do ato. A inobservância torna vulneráveis os efeitos do ato, atuando a possibilidade de aplicação de uma sanção como mecanismo de cogência e pressão para que as regras sejam observadas. Embora mesmo o ato nulo possa e não poucas vezes efetivamente produza efeitos típicos ou secundários, na prática, tais efeitos são precários. No seu propósito de salvaguardar os efeitos produzidos pelos atos, se possível, ainda que inválidos, acolhe-se o princípio da convalidação que rege o sistema das nulidades, determinando a preservação dos efeitos próprios do ato processual praticado já verificado e para o futuro, garantindo-se o atingimento do escopo do processo. Neste sentido, convalescendo o ato, ficará garantida a sua eficácia, anteriormente temporária e precária, não se lhe aplicando a sanção de ineficácia. O ato inválido permanecerá então como um ato convalidado, ou seja, um ato inválido cujos efeitos são resguardados e assegurados como se válido fosse.

A Consolidação das Leis do Trabalho adotou a convalidação como um dos princípios cardeais das nulidades no art. 795. De maneira geral, todo ato inválido pode ser convalidado, inclusive o ato absolutamente nulo, pois a situação de precariedade não pode se prolongar indefinidamente no tempo, gerando uma situação de insegurança. Os princípios do interesse, do prejuízo, da finalidade, do aproveitamento e da preclusão especificam e detalham sua aplicação, com a convalidação não se confundindo, apesar de estarem todos voltados a determinar os critérios segundo os quais se assegura ao ato praticado a manutenção dos seus efeitos.

Por conta do **princípio da finalidade** não se declarará a invalidade para obstar a sua eficácia provisória se o ato atípico por descumprimento da forma prevista no ordenamento legal atingiu a finalidade a que se destinava, pois o atingimento do escopo a que se destina o ato (desde que não tenha causado prejuízo à defesa ou às partes) torna despicienda (não há qualquer benefício) a renovação do ato.

Essa é a regra inserta no art. 244 do Código de Processo Civil, aplicável subsidiariamente ao processo do trabalho. É de se notar, por ora, a referência legislativa à infração da forma, não havendo menção expressa a vícios de fundo, aos quais não se aplica. Não há qualquer restrição à aplicabilidade em relação a nulidades cominadas. A forma não está prevista em lei inutilmente, mas tão somente como garantia de que o escopo colimado será atingido, de sorte que se o objetivo resta assegurado, ainda que de outra forma praticado o ato, não deve o juiz entender insubstituível e indispensável à forma, praticando atos desnecessários e atrasando a entrega definitiva da prestação jurisdicional. O mesmo argumento não pode ser empregado para vícios de fundo, pois situações como a de incompetência material não poderiam estar sujeitas a prorrogação de competência ou a análise de finalidade.

Finalidade não se confunde com prejuízo, sendo tido como atingido o escopo quando se chega ao resultado previsto legalmente como o correspondente à tipologia do ato. Cada ato tem uma finalidade em vista da qual a lei o concebeu, pelo que resta impossível procurar se atingir um determinado resultado com outro tipo de ato que não aquele hábil segundo o ordenamento jurídico. Para além desse resultado imediato previsto em lei, que o qualifica na individualidade por não se apresentar isolado, mas em um contexto onde é um dos degraus que levam à sentença, deve-se levar em consideração também um escopo mediato "formal", isto é, um passo em direção a um fim mais distante que é a formação do ato final de entrega da prestação jurisdicional, encerrando-se o processo, o qual resumirá todo o procedimento e constituirá o seu resultado. Assim, por exemplo, o ato pode ter como escopo preparar a sentença e elaborar o próprio procedimento. Em síntese, o ato processual deve atingir não somente a sua finalidade imediata, processual, mas ainda a possibilitar, enquanto um dos componentes do procedimento, a que o processo possa realizar-se na sua função social, política e jurídica, que por vezes está garantida pela convalidação, nem sempre com a declaração da invalidade e supressão de efeitos passados e não reconhecimento de efeitos futuros.

Pode-se afirmar que o sistema das nulidades gravita em torno da máxima francesa *pas de nullité sans grief* (art. 114, 2ª parte, Código de Processo Civil francês) ou *nullité sans grief n'opère rien*, ou seja, não há nulidade no mero interesse da lei, se do ato não resulta prejuízo. De acentuada importância no sistema das nulidades processuais, sendo inclusive o que maior respaldo encontra nos tribunais, a ponto de alguns julgados condicionarem a própria existência de qualquer nulidade à verificação de um prejuízo, nota-se a opção pela preservação do ato processual praticado por meio do **princípio do prejuízo.** Reflexo e correlato ao princípio da finalidade ou da instrumentalidade das formas, é o seu modo de atuação. Está intimamente ligado com o princípio do legítimo interesse, eis que só detém interesse em arguir a nulidade aquele que sofreu um prejuízo com o ato inválido e, nestes termos, tem a necessidade da declaração para determinar a cessação dos efeitos emanados pelo ato.

Há de se bem entender que a nulidade é a situação de atipicidade do ato, por ausência no suporte fático de um ou mais elementos não nucleares previstos na hipótese de incidência. A ausência ou não de prejuízo diz respeito aos efeitos emanados pelo ato, ou seja, se aquele ato atípico, apesar de sua invalidade, causou, causa ou não prejuízo ao ordenamento jurídico e às partes. Portanto, o prejuízo é algo que não diz respeito à estrutura do ato em si considerado, mas a algo exterior à própria invalidade. Portanto, indicar que não há nulidade sem prejuízo é asseverar que a invalidade que deveria existir não pode subsistir pela ausência desse elemento "prejuízo", sendo que se assim fosse o prejuízo seria um dos elementos previstos na hipótese normativa, subordinante da invalidade. Ou seja, seria como se aquele elemento tivesse o condão de por "ficção legal" preencher o espaço deixado pelos outros elementos ausentes.

É sabido, ainda, que mesmo os atos nulos geram efeitos. Atua o prejuízo, então, como uma vedação dirigida ao juiz para que não declare a invalidade (preexistente à declaração) e suprima os efeitos, deixando o ato desconforme tal como se encontra e garantindo que aqueles efeitos gerados antes precários passem a ser definitivos. Portanto, sem prejuízo, há nulidade com eficácia permanente e preservada.

Na Consolidação das Leis do Trabalho está disposto o princípio do prejuízo ou da transcendência expressamente no art. 794, que assim dispõe: "Nos processos sujeitos à apreciação da Justiça do Trabalho só haverá nulidade quando resultar dos atos inquinados manifesto prejuízo às partes litigantes". Prejuízo servirá, então, de parâmetro para a constatação do interesse da parte em alegar a invalidade, bem como na verificação da consecução da finalidade pelo ato. Cumpre destacar que o art. 794 da Consolidação das Leis do Trabalho estatui que só haverá nulidade quando resultar dos atos inquinados "manifesto prejuízo" "às partes litigantes" e assim posiciona o processo no interesse dos integrantes da relação jurídico-processual. É que as hipóteses de invalidade não se restringem àquelas em que o interesse lesado é o da parte, senão ainda quando o interesse predominante é público e a norma é cogente. A nulidade absoluta, declarada *ex officio*, é acatada pelo legislador, como se depreende do art. 795, § 1º, da Consolidação das Leis do Trabalho, independendo assim de qualquer arguição da parte interessada, excluída a aplicação do princípio do prejuízo.

Diz-se que a parte que alegar o prejuízo deverá prová-lo enquanto certo e irreparável e que não se pode saná-lo senão com o acolhimento da arguição de nulidade. A parte pode provar, ou tentar provar, o prejuízo que entende ter-lhe acometido, ou seja, as defesas de que se viu privada ou as provas que não pode produzir no curso do processo, por exemplo. Mas a prática não se revela tão fácil àqueles que se têm como prejudicados. Prejuízo é um conceito indeterminado normativo, ou seja, aquele cujo conteúdo e extensão são incertos em um grau elevado, sendo necessária uma 'valoração' para aplicação ao caso concreto a ser procedido pelo juiz. Assim, a existência ou não de um "prejuízo" acaba sendo uma porta aberta ao juiz para valorar o ato inválido dentro da realidade processual, que afirmará (ou não) a necessidade ou não da extirpação daquele ato, avaliando-o dentro daquelas circunstâncias concretas que se lhe apresentam no processo. Mas não se pode dizer qualquer coisa de qualquer coisa: é necessário que o juiz assuma esse seu papel de preenchimento semântico e valorativo do conteúdo do "prejuízo", motivando nos autos a sua decisão e revelando o que está por trás da identificação, ou não, dele. Não é suficiente, portanto, afirmar que não é manifesto, ou ainda que não restou evidente. E, ainda, ter como certo que o prejuízo não se confunde com o não atingimento da finalidade, sob pena de consagração de um formalismo exacerbado. O prejuízo que se perquire é o estritamente processual e não o econômico, pertinente à defesa da parte ou é o dano efetivo às partes, conceituado em termos processuais apenas. Mas a Consolidação das Leis do Trabalho trata do prejuízo "manifesto", ou seja, aquele que se exterioriza, manifesta-se objetivamente. Não é suficiente, portanto, o mero elemento subjetivo, interior, o sentir-se prejudicado.

A evidência do prejuízo nas nulidades absolutas é derivada da própria natureza da violação, sendo despicienda qualquer demonstração de prejuízo. Já nas nulidades relativas, o prejuízo precisa ser demonstrado, não sendo desde logo constatado. O prejuízo, nas nulidades absolutas, para os que aceitam, seria como que "presumido".

O **princípio do aproveitamento racional do nulo** se apresenta como corolário do princípio insculpido no art. 248 do Código de Processo Civil, revelando a opção do legislador processual pela conservação dos atos processuais praticados, ainda que em parte. A aplicação da regra *utile per inutile non vitiatur* no âmbito processual visa minimizar os efeitos danosos ao processo e às partes ocasionados pela invalidade. Segundo o princípio, quando o mérito puder ser decidido em favor da parte a quem aproveita a declaração de nulidade, esta não será pronunciada, ou o ato repetido, ou a falta suprida. Dadas as especificidades do processo do trabalho, a abordagem e verificação será procedida pelo juiz no momento da prolação da sentença ou em fase recursal. Resulta da constatação de que entre o interesse da parte em ter a nulidade decretada e os efeitos suprimidos e a circunstância de ser desde logo beneficiária de uma sentença de mérito que lhe é favorável, lhe aproveita mais a última hipótese. Na realidade, a nulidade continuará a existir, somente não mais será pronunciável. Se a invalidade deixa de ser pronunciada, dando-se aplicação ao princípio do aproveitamento racional do nulo, uma vez devolvido em forma de apelo à superior instância, o juiz superior poderá (a) confirmar o julgamento do mérito ou (b) uma vez decidido pela reforma do julgado, tanto poderá acolher a arguição de nulidade e decretar a invalidade do processo ou de atos, quanto converter em diligência para determinar a sua correção ou seu suprimento. O Tribunal não poderá, no entanto, julgar o mérito em favor da parte a que prejudicaria a decretação de nulidade, sem apreciá-la, salvo se lhe parecer que a falta alegada não constitui nulidade ou, embora existente a nulidade, a retificação do ato não possa influir no sentido de modificar a opinião dos juízes sobre a questão de fundo, negando que tenha havido prejuízo.

Segundo o **princípio do interesse,** se a nulidade não é arguida pelo interessado, em tempo oportuno, o ato processual inválido poderá convalescer, sendo então preservados os seus efeitos como inatacáveis. Caso a formalidade tenha sido instituída para garantia de uma determinada parte, não é de se aceitar que a outra parte, por mero capricho, invoque a invalidade, máxime ante a inexistência de necessidade real, pois a atividade jurisdicional não está para assegurar interesses egoísticos das partes envolvidas, senão para materializar um interesse público, estatal. Nesse trilhar, se a nulidade versar sobre interesses públicos, não há de se cogitar acerca da existência de interesse ou legitimidade da parte requerente.

O interesse repousa sempre no binômio necessidade-utilidade, ou seja, na necessidade de uma arguição para obter a manifestação judicial acerca de uma suposta invalidade e na utilidade que esta manifestação poderá trazer à própria parte. A necessidade da arguição reside no fato de que a invalidade tende à ineficácia do ato e para que essa seja determinada, imprescindível um provimento judicial nesse sentido. A existência da invalidade independe de um ato judicial, mas a ineficácia, enquanto decorrente da invalidade e sua sanção, sim. Portanto, se a parte não arguir a invalidade, não pode obter uma manifestação judicial que, reconhecendo-a, obste a produção de efeitos, ainda que precários, do ato desconforme.

A Consolidação das Leis do Trabalho não estabelece expressamente que parte deva ter legítimo interesse para arguir a invalidade. Aliás, seria despiciendo que assim o fizesse, pois o próprio interesse de agir, bem como a legitimidade, são pressupostos necessários a ensejar qualquer manifestação em juízo. Mas, prevê em regra inserta no seu art. 796, letra "b", que a nulidade não será pronunciada quando arguida por quem lhe tiver dado causa, estatuindo uma norma proibitiva genérica, sem restringir aos vícios de forma ou nulidade cominada, dirigida ao julgador e não à parte.

O **princípio da preclusão** limita temporalmente a possibilidade de arguição da nulidade relativa ou anulabilidade pela parte à primeira manifestação em juízo. O processo é um "ser" no tempo. O tempo é ineliminável, no tempo ele se desenvolve, marchando a caminho da obtenção de uma solução para a pretensão das partes. Nessa "marcha adiante", sucessão de passos que se seguem, de uma parte não se admite uma tramitação mais longa que a prevista em lei criando-se novos atos ou fases processuais e, de outra parte, não se permite que, para celeridade, sejam suprimidos atos para apressar a obtenção de um provimento final mais rápido. Por fim, não se permite o retrocesso a fases já ultrapassadas, sob pena de se eternizar a atividade processual. O princípio da preclusão, ligado ao princípio do impulso processual, como instrumento para colocar ordem no procedimento e assegurar o atingimento do objetivo final (entrega da prestação jurisdicional) é a disciplina do tempo do processo.

Preclusão é, em face do dever de lealdade processual das partes e para assegurar a razoável duração do processo, assim, a perda, ou a extinção, ou a consumação de uma faculdade processual ou da apreciação de questões (preclusão *pro judicato*, que impede que o juiz decida novamente questões já decididas), sendo (a) temporal, pelo não exercício no prazo legal; (b) lógica, por incompatibilidade da prática de um ato com outro já anteriormente praticado e (c) consumativa, pelo exaurimento, com a prática do ato.

Na Consolidação das Leis do Trabalho, a regra está estabelecida no art. 795, com previsão do momento para arguição como sendo a primeira vez em que tiverem (as partes) de falar em audiência ou nos autos. Entenda-se: não o momento processualmente previsto para a prática do ato processual, mas a primeira oportunidade em que se manifestarem nos autos. Em se tratando de invalidade de decisões interlocutórias (corolário do princípio da oralidade adotado no processo do trabalho segundo o qual os incidentes do processo serão resolvidos pelo próprio juízo ou Tribunal), conforme a Consolidação das Leis do Trabalho (art. 893, § 1º), a impugnação é diferida. São recorríveis no processo do trabalho, mas somente na oportunidade coincidente com o momento da interposição do recurso (irrecorribilidade em separado das interlocutórias); em relação à nulidade absoluta, não há momento próprio, podendo ser arguida a qualquer momento no processo, desde que antes da formação da coisa julgada no mesmo processo ou até o fluir do prazo para apresentação de ação rescisória em outra relação jurídico processual.

O juiz tem ampla liberdade na direção do processo, mas deve velar pelo andamento rápido das causas, nos termos do art. 765 e, ainda, art. 852-D da Consolidação das Leis do Trabalho. Tão logo verifique a existência da nulidade absoluta ou relativa, independentemente de qualquer manifestação das partes, deverá declarar o ato — ou o processo — inválido, inclusive determinando as diligências cabíveis. Pode-se falar, assim, ainda para o juiz, em um momento próprio para essa declaração. Poderá, entretanto, fazê-lo mesmo posteriormente, até que profira a sentença no processo de conhecimento; após o julgamento, se não houver declaração de invalidade, não mais poderá o juiz alterar a sentença, somente podendo fazê-lo o Tribunal, na hipótese de ter sido interposto o recurso apropriado.

Tem-se admitido, como ainda não poucas vezes tem-se exigido, o "protesto" como condição imprescindível e suficiente para que seja declarada a nulidade (resquício do agravo nos autos do processo), porém, não há qualquer previsão legal para tal conduta. E, ainda, o simples protestar, sem a apresentação dos fundamentos pelos quais o ato é tido como inválido ou a indicação do ato impugnado, com pedido para a decretação da invalidade, resulta de nenhuma valia, não podendo ser tomado como uma arguição capaz de obstar a incidência da preclusão.

A **coisa julgada** consolida o efeito provisório de todo ato inválido, ressalvada a possibilidade de reapreciação no prazo da ação rescisória.

Os atos nulos produzem efeitos, ao menos até que seja decretada a sua nulidade, reputando-se definitivamente convalidados com o trânsito em julgado da sentença, máxime quando já escoado o prazo previsto para a propositura da respectiva ação rescisória.

Os defeitos do ato e do procedimento no processo sepultam-se com a coisa julgada. A imutabilidade da sentença contra a qual não caiba mais recurso alcança também o seu antecedente, os atos processuais praticados no processo de conhecimento, em uma eficácia preclusiva. As nulidades perdem todo o significado e razão de ser quando se extingue o processo e se efetiva a entrega da prestação jurisdicional, diante da autoridade da coisa julgada. Ela não é o efeito da sentença, senão o modo de se manifestar e produzir-se os efeitos da sentença. Note-se, entretanto, que os atos (e processos) inexistentes não produzem coisa julgada.

O **princípio da causalidade** ou concatenação e interdependência dos atos jurídicos processuais importa na extensão da invalidade aos atos posteriores, desde que dependentes ou consequentes. Os atos processuais não se apresentam isoladamente, sendo partícipes e correlatos a um certo procedimento, cujos atos permanecem interligados em uma cadeia. A invalidade de um ato, desta forma, pode contaminar os posteriores, antedecentes ou todo o processo. Além disso, a validade de um ato não está subordinada tão somente à verificação dos seus próprios requisitos, mas igualmente a outros requisitos externos, tal qual aqueles próprios do procedimento em que se insere. Essa dependência exterioriza sempre uma relação de causa e efeito, compreendida na noção do princípio da causalidade ou concatenação e interdependência dos atos processuais, que determina a extensão do defeito de um ato aos demais, em função da própria dinâmica do processo.

A ideia central do sistema é a de manter blindados os atos processuais — ou parte deles — e o processo, isolando os elementos tomados pelo vício, contendo assim a expansão. A nulidade poderá ser originária ou derivada, quer seja decorrência de um vício contido no próprio ato ou nos antecedentes e que determina a sua tendência à ineficácia.

A regra geral enunciada no art. 798, da Consolidação das Leis do Trabalho, endossada pelos doutrinadores, aponta para a incolumidade dos atos antecedentes e a propagação da nulidade aos atos subsequentes que o tenham como antecedente necessário (relação de dependência e consequência). A redação do citado art. 798 consiste em uma sentença negativa, imperativa, restringindo os efeitos a atos dependentes e consequentes. Permanecem intocáveis os atos na medida em que sejam independentes ou em que se possa aplicar o princípio da conservação dos atos processuais (princípio do aproveitamento), princípio da conversão e princípio da proteção.

Excetua-se a invalidade do ato inicial que desencadeia o processo que, se não sanado, implicará necessariamente a nulidade do processo como um todo, ou nulidade geral ou radical, um defeito constatado "na raiz". Exemplifica-se: o autor não supre, no prazo que lhe fora deferido, a incapacidade processual ou não regulariza a representação processual do advogado constituído. Dada a característica de unidade da relação jurídica processual, sendo todos os atos praticados e todas as posições jurídicas coordenadas tendo em vista um fim comum que é a prolação de um ato estatal imperativo (provimento jurisdicional), pode-se afirmar que a sentença, mais do que qualquer outro ato processual, será afetada pela nulidade dos atos preexistentes. Assim, por exemplo, nulidade de um ato probatório por cerceamento de defesa, mesmo que não afete outros atos de colheita de provas, invalidará a sentença que se fundar na validade desse ato.

A apreciação de uma **nulidade parcial** pressupõe uma visão isolada do ato processual, ou seja, o ato em si considerado. A invalidade será então parcial se atingir apenas uma parte do ato praticado ou total se abraçar o ato como um todo. Por exemplo, o cerceamento de defesa aniquila o julgamento, mas não as eventuais provas coletadas durante a instrução. O indeferimento da oitiva de uma testemunha não implicará a repetição do interrrogatório das partes ou novo depoimento das testemunhas ouvidas. Pode ser que a audiência esteja viciada em uma parte — indeferimento de uma prova, por exemplo, prova pericial — e, uma vez declarada a invalidade não se repetirão todos os outros atos praticados, nem se sacrificará os atos anteriores, mas somente os posteriores que possam ter sido afetados, tal como as razões finais (debates) e o próprio julgamento.

Por outro lado, o **princípio da conservação** mantém intactos os efeitos da parte do ato inválido que seja independente e o **princípio da conversão** (não positivado pela Consolidação das Leis do Trabalho, mas decorrência lógica do sistema), que encontra respaldo como exteriorização do princípio da economia processual, é a aceitação do ato em outra categoria em que, preenchendo os requisitos e contendo todos os elementos, será tido como válido.

Quando reconhecida uma invalidade, **o princípio da proteção** determina a preponderância das medidas de correção da inadequação, eliminando-a com a repetição (nulidade total), retificação (nulidade parcial) ou suprimento (omissão), em lugar da desconstituição dos efeitos. Se o ato inválido diante de determinada hipótese normativa, pelo seu conteúdo e forma puder ser enquadrado validamente em outra hipótese normativa, é de se acolher a conversão para que emanem os efeitos para os quais é idôneo. Trata-se do princípio da conversão, de aplicação restrita no processo do trabalho. O princípio da proteção implica a manutenção dos atos anteriores ou posteriores ao ato inválido, bem como nos casos de atos complexos, da parte não afetada, não serão repetidos ou supridos os atos inúteis ou os que impliquem em subversão da ordem do feito, causando prejuízo ao processo ou à outra parte, ou ainda, se determinarem a imprestabilidade de todo o processo, ou se não mais possam atingir a finalidade a que se destinam. Se a invalidade ocorrer em relação à capacidade do agente, será a falta suprida se se referir à capacidade relativa, mas se se tratar de incapacidade absoluta a nulidade é declarada e não se repete o ato. Em se tratando de incapacidade do juízo e de terceiros, quanto a atos necessários ao processo, impõe-se sempre a repetição, salvo se desnecessários à sua marcha como, por exemplo, no caso de simples irregularidades. Se os atos de terceiros decorrem de sua intervenção irregular, será declarada a nulidade e não serão os mesmos repetidos, eis que não impedem que a parte legítima continue a praticar os atos que entende cabíveis. Em se tratando de objeto ilícito, o ato da parte não será repetido, mas sim os do juízo ou terceiros, se necessários. Caso a invalidade se refira à livre manifestação de vontade, o ato pode ser suprido; se não houver vício, mas ausência de manifestação de vontade, como no exemplo de coação física, o ato não será repetido ou suprido. Quanto à forma, empregada na Consolidação das Leis do Trabalho com o sentido de formalidade, depende da essencialidade: se for essencial, isto é, aquela sem a qual não se reconhece efeito ao ato, se for das partes não se repete, somente se for de atos do juízo ou de terceiros.

PETIÇÃO INICIAL

Valter Uzzo[*]

As linhas que seguem são dirigidas aos advogados de reclamantes (no feito trabalhista os empregados são os autores) não obstante, em situações especiais, possa o empregador valer-se de promover a ação. No entanto, aqui se pretende transmitir algumas experiências práticas aos iniciantes na profissão, desde o primeiro atendimento ao cliente até à propositura do processo.

RELACIONAMENTO COM O CLIENTE

Quem se julga titular de um direito e toma a iniciativa de procurar o advogado está, para si, praticando um gesto de coragem. Pensara muito, provavelmente conversara com os interlocutores próximos — parentes, esposa, amigos, colegas de trabalho, enfim, não é uma atitude usual, é possível que no curso de sua existência só irá fazê-lo por uma única vez, duas no máximo. (Esta afirmação tem base científica, considerando o total da força de trabalho no país e o número de feitos trabalhistas existentes nos últimos 30 anos).

Daí porque, não só pelo dever da cordialidade, o cliente deve ser recebido com respeito e atenção e, se possível, desde logo com alguma expressão amistosa que quebre o clima de tensão e formalismo. Deve o advogado deixar que o cliente se sinta à vontade, com um diálogo simples e sem interrupção. Passado um breve período, já se pode solicitar as informações preliminares — quem indicou, onde trabalhou, e, enfim, porque objetivamente se julga titular do direito que está a reclamar e em que teria sido ilegal o comportamento patronal.

A experiência tem demonstrado que, na maioria das vezes, o motivo é um só, ou dois, e nem sempre procedentes. Exatamente por isso mesmo, é dever do

---

[*] Advogado trabalhista, ex-Secretário Geral da OAB e ex-conselheiro da AASP.

advogado examinar criteriosamente a relação de emprego, desde o início até o momento daquela entrevista, fazendo as perguntas pertinentes sobre os detalhes, horários, condições de trabalho, remuneração, examinando documentos — se existentes, enfim, procurando verificar onde houve ou não violação de lei. A entrevista com o cliente deve ser minuciosa, paciente e seletiva. É o advogado o primeiro juiz da causa, daí porque é de sua obrigação profissional esclarecer o cliente se há ou não fundamento legal para a ação. Em caso positivo, deve o advogado, se assim achar conveniente, já fazer as primeiras anotações, preencher uma folha de informações própria, colher a procuração etc. — e tudo isso deve ser feito com a brevidade possível, posto que, na maioria das vezes, trata-se de um desempregado, que tem urgências a serem atendidas.

É justamente nesse primeiro encontro que nasce entre o cliente e o advogado a relação de confiança, indispensável ao feito judicial a ser proposto. Essa relação de confiança, sob o ponto de vista psicológico, assenta-se no grau de identidade e solidariedade do advogado e cliente, contra a injustiça praticada.

PROVIDÊNCIAS INICIAIS: PARTES E REPRESENTAÇÃO

A primeira delas é a capacidade processual, a capacidade de ser parte. O Código de Processo Civil e a CLT definem quem tem essa *legitimatio ad processum* e quem tem capacidade de requerer em Juízo — o *jus postulandi,* chamando-se a atenção, principalmente, para a nomenclatura adotada no feito trabalhista. O autor é *reclamante,* e o réu, *reclamado,* e a ação se denomina reclamação trabalhista. Tratando-se de dissídio coletivo, em que o litígio se dá entre sindicatos e empresas, a categoria profissional (trabalhadores) e a categoria econômica (empregadores) serão, respectivamente, *suscitante* e *suscitado.*

Todos os que se acham no exercício de seus direitos podem *ser parte,* mas nem todos podem *estar em Juízo.* Os absolutamente incapazes podem ser partes (assistidos por seus pais, tutores ou curadores), mas não podem estar pessoalmente em Juízo, ou seja, não têm *legitmatio ad processum*. Na Justiça do Trabalho, é dispensável a figura do advogado para representar a parte, ou seja, todas as pessoas em gozo de seus direitos, têm o direito de propor e acompanhar a reclamação "até final " (art. 791 da CLT). Todavia, pelo tecnicismo que hoje em dia existe no processo trabalhista esse *jus postulandi* tornou-se absolutamente desaconselhável, já que o leigo não tem condições técnicas de conduzir o feito.

Ainda oportuno é lembrar que a maioridade trabalhista, assim como a civil, é de 18 anos. O menor de 14 a 18 anos, devidamente assistido (pelo pai, ou responsável, tutor etc.) pode estar em Juízo. O empregador pode ser representado por preposto, e o empregado, em casos especiais (art. 843 da CLT) poderá fazer-se representar em audiência por outro empregado de mesma profissão ou pelo seu sindicato. Nos casos de litisconsórcio (que no feito trabalhista se denomina reclamação individual plúrima), o ativo (movido por vários autores), o passivo (vários réus) ou recíproco (vários autores e réus), as regras são as mesmas previstas no Código de Processo Civil (art. 48 do CPC).

Há uma prática forense, no caso de muitos dos autores (litisconsórcio ativo) serem representados por uma comissão, que merece um comentário: caso a parte contrária não concorde com a representação, corre-se o risco de ser arquivada a reclamação em relação aos que não comparecerem à audiência. Também importante é a substituição processual, que se dá quando alguém pleiteia direito alheio em nome próprio, que é o caso de quando o sindicato substitui integrantes da categoria, o que é regrado por lei especial (Lei n. 8.703/1990). Neste caso, a jurisprudência não é pacífica quanto à identificação ou não dos substituídos.

Por fim, na hipótese de falecimento da parte (reclamante), antes do feito ou em seu decurso, pode ele ser substituído pelo inventariante, ou, como hoje se admite, pela viúva, se não houver herdeiros necessários.

Bem, satisfeitas as exigências quanto a capacidade das partes, representação etc., é hora de se articular a petição inicial.

REDAÇÃO DA INICIAL

Os requisitos da petição inicial estão relacionados no art. 840 da CLT (designação do Juiz, qualificação das partes, data de nascimento do recte. etc., CNPJ da recda etc.), breve exposição dos fatos, pedido, valor, data e assinatura, aplicando-se subsidiariamente o CPC.

A exposição dos fatos e causa de pedir devem ser feitos com clareza, concisão e precisão. Devem eles ser ordenados por assunto, cronologicamente, onde o advogado deverá, em linguagem jurídica adaptada ao seu estilo próprio, expor o fato, referir-se a documento que junta e dar o fundamento legal que deverá embasar o seu pedido.

A redação prolixa, adjetivada e indireta deve ser evitada: o Julgador deve bem entender a divergência, já que as dificuldades que ele tiver somam-se contra o autor, eis que, se não entendidos os pontos de controvérsia, a ação não poderá ser julgada procedente.

Quanto à redação em si, a prática nos ensina que, em todo processo trabalhista, existem, via de regra, diversos pleitos, uns mais expressivos, outros menos significativos. Qual a ordem que devem ter? Não há regra a respeito. Alguns colegas entendem que devem situar, logo de início, a pretensão maior e, daí as demais, em forma dedutiva e decrescente. Outros, preferem o inverso, o pedido maior no fim. Em minha opinião, acho que depende do que se está postulando. Caso o pleito maior seja resultante dos menores (como, por exemplo, se o objeto principal da ação é a rescisão indireta do contrato de trabalho), então há de se articular todas as pretensas ilegalidades cometidas pelo empregador (se existirem), para culminar com a infração maior. Assim se dá, também, entre outros, nos casos de dano moral, dispensa sem justa causa etc. Quando, no entanto, os fatos não são interdependentes e nem se influenciam entre si, então pode ser o inverso, ou seja, a pretensão mais expressiva vir primeiro. É o caso, por exemplo, de mora salarial ou falta de depósitos no FGTS etc. Mas, como dito, não há uma regra determinante. Depende do caso.

Chama-se, por fim, a atenção no que diz respeito à prova. A cada alegação da inicial deve-se ter em mente a prova, posto que tal ônus, em princípio, é do reclamante (quem alega deve provar, diz o CPC). Daí porque a petição inicial, sempre que possível, deve ser simples e objetiva, tanto em relação aos atos constitutivos da pretensão, como da narração dos atos lesivos.

O PEDIDO

A lógica jurídica estabelece que o pedido decorre da subsunção dos fatos narrados às normas legais. Requer muita atenção, posto que, após a citação, diversos Juízos não aceitam a alteração pretendida (aplicação do art. 264 do CPC), a não ser com a concordância do contrário. Antes da citação não há problema, o aditamento resolve. Os pedidos são interpretados restritivamente (art. 293 do CPC), daí porque devem ser expressos e claros. Podem ser certos (é o delimitado em sua qualidade e quantidade) e pode ser também, cf. o art. 286 do CPC, genérico (determinado quanto ao gênero, mas indeterminado em sua quantidade, a ser apurada em liquidação de sentença). Os pedidos líquidos facilitam a defesa e contribuem para abreviar o feito: os ilíquidos, têm sua apuração relegada para a execução, que adia a solução final do processo. Em suma, pedido certo não é pedido líquido. Tem o pedido, sempre, de ser certo, mas não necessariamente líquido.

Podem ser também os pedidos de obrigação de fazer ou de abster-se. As normas trabalhistas, em geral, são de ordem pública, de cumprimento obrigatório. Todavia, existem situações não previstas na legislação, como, por exemplo, a parte não cumprir a obrigação de fazer, deferida na sentença. Nesses casos, deve constar já do pedido uma pena pecuniária, o que é perfeitamente legal e previsto em lei (art. 287 do CPC). Há casos, no entanto, em que, embora não conste do pedido inicial, pode o Juiz fixar a pena na execução se descumprida a determinação judicial (por exemplo, nos casos de recusa em proceder a promoção). Anotar a C. Profissional pode ser feita pela Secretaria da Vara (art. 39 da CLT). Guias do FGTS o Juízo expede Alvará para levantamento e Guias do Seguro Desemprego ficam a cargo da CEF, podendo, se indeferido, ser executado contra o reclamado o valor correspondente.

Pedidos alternativos e sucessivos podem ser formulados. Nas obrigações de fazer (ou de abster-se) é comum a alternativa drástica da rescisão do contrato de trabalho, com fundamento no art. 483 da CLT, ou então, nos casos de recusa de promoção do empregado, pagar os salários equivalentes ao cargo superior, além de outras cominações legais. Os pedidos sucessivos, de certa forma, confundem-se com os alternativos, se bem que, nos sucessivos propriamente ditos, a obrigação é de ser cumprida de outro modo, mediante pedidos sucessivos. De resto, com a Emenda n. 45/2004, nos casos de reconhecimento de relação de emprego, se não provado o vínculo, sucessivamente o pedido poderá ser o de direitos derivados da legislação civil pelo descumprimento do contrato de prestação de serviços não subordinados — matéria, por sinal, objeto de controvérsia.

Igualmente, ao se propor a reclamação trabalhista, o advogado deve estabelecer o valor de alçada para fins do rito: se ordinário ou sumário. O sumário está previsto no art. 852, alíneas "a" a "i", o pedido não pode ser superior a 40 salários-mínimos, deve ser certo e determinado, é instruído e julgado em uma única audiência, em 15 dias, a ata de audiência é resumida, todos os incidentes jurídicos são resolvidos no ato da audiência, são apenas duas testemunhas para cada parte, a sentença não tem relatório e as partes saem intimadas na própria audiência. E tal rito não pode prevalecer em relação à Administração Pública. Só que, pelo volume de feitos que abarrotam os Tribunais Trabalhistas, este rito não vem sendo aplicado na maioria das Varas.

Bem, a inicial está datada e assinada, mas ainda devem ser cumpridas as formalidades legais de ajuizamento (numeração das peças que acompanham a petição, preenchimento de um questionário sobre o objeto da ação etc.). É distribuída e, no ato, já se sabe o número do processo, a Vara e a data e hora da audiência, que devem ser comunicadas ao cliente, inclusive para fins de arrolamento das testemunhas. Enfim, tudo está pronto. O processo vai começar. Boa sorte.

A Defesa no Processo do Trabalho.
Resposta do Réu.
Contestação e Reconvenção (*)

Ari Possidonio Beltran (**)

1) Conceito

Tendo em vista que o tema objeto do presente estudo constou de exposição no *Curso Prático de Processo do Trabalho* promovido pela OAB, AASP, ABRAT e AAT/SP, o enfoque a ser dado destacará necessariamente os aspectos práticos de tema tão importante para a advocacia trabalhista.

A primeira questão pertinente ao conceito de defesa implica reconhecer que o direito de ação sugere o direito de defesa consoante princípios decorrentes dos direitos e garantias fundamentais conforme expressa previsão do art. 5º da Constituição Federal. É inegável que o direito de ação sugere o direito de defesa.

Em tal sentido destaquem-se as chamadas garantias processuais constitucionais, especialmente os consagrados princípios do devido processo legal, do direito de acesso à Justiça, bem como do contraditório e da plenitude da defesa, a saber:

    a) *devido processo legal* — originário do direito anglo-americano (*due process of law*) "ninguém será privado da liberdade ou de seus bens sem o devido processo legal" (art. 5º, LIV).

    b) *direito de acesso à Justiça* — "a lei não excluirá da apreciação do Poder Judiciário lesão ou ameaça do direito" (CF, art. 5º, XXXV).

(*) O presente estudo decorre de exposição feita em salão de eventos da Associação dos Advogados de São Paulo, maio/2011, no *Curso Prático de Processo do Trabalho* promovido pela OAB, AASP, ABRAT e AAT/SP.

(**) Advogado. Mestre. Doutor e livre-docente pela Faculdade de Direito da USP. Professor de Direito do Trabalho e de Processo do Trabalho da FADUSP. Ex-conselheiro da AASP.

c) o *contraditório* e a *plenitude da defesa* — "aos litigantes em processo judicial ou administrativo e aos acusados em geral são assegurados o contraditório e a ampla defesa, com os meios e recursos a ela inerentes" (art. 5º, LV).

O raciocínio lógico, portanto, é o de que o Autor é titular do direito de ação, da mesma forma que o Réu é titular do direito de defesa.

Ainda a propósito do tema, ao abordar o princípio do contraditório destaca Dinamarco:

> A garantia do contraditório, imposta pela Constituição com relação a todo e qualquer processo — civil, penal, trabalhista, ou mesmo não jurisdicional (art. 5º, inc. LV) significa em primeiro lugar que a lei deve instituir meios para a participação dos litigantes no processo e o juiz franquear-lhes esses meios.[1]

Em tal sentido, considere-se que a defesa consiste em resistência à pretensão e ao pedido do autor entendendo-se, ademais, que o Réu não tem "obrigação" de defender-se, mas deve assumir o ônus da defesa para não sofrer as consequências da falta de defesa, conforme expressamente previsto no Código de Processo Civil no que se refere à revelia: "se o réu não contestar a ação, reputar-se-ão verdadeiros os fatos afirmados pelo autor" (CPC, art. 319).

II) DAS ESPÉCIES DE DEFESAS

Em tal contexto, considerem-se as duas grandes vertentes em que se subdivide a defesa, ou seja, a chamada defesa contra o processo e a defesa contra o mérito.[2]

A defesa contra o processo, ou defesa processual, por sua vez, é subdividida em preliminares (em sentido estrito) e exceções processuais, também ditas defesas indiretas.

Como preliminares em sentido estrito destaquem-se as pertinentes às condições da ação e aos pressupostos processuais.

Com respeito às condições da ação, podem ser especificadas, desde logo, as que dizem respeito à ilegitimidade ativa e passiva *ad causam* (CPC, arts. 267, VI, e 295); à possibilidade jurídica do pedido (CPC, arts. 267, VI, e 295), bem como à falta de interesse processual (CPC, art. 267, VI).

Já a matéria referente aos chamados pressupostos processuais encontra destaque nas alegações referentes à coisa julgada (CPC, art. 301, VI); à litispendência

---

(1) DINAMARCO, Cândido Rangel. *Fundamentos do processo civil moderno*. São Paulo: Malheiros, 2001. p. 124 (com revisão e atualização de Antônio Rulli Neto).
(2) SANTOS, Moacyr Amaral. *Primeiras linhas de direito processual civil*. São Paulo: Saraiva, 1985. v. 2, p. 188-189.

(CPC, art. 301, V, e § 3º); à continência (CPC, art. 104); à ilegitimidade *ad processum* (CLT, arts. 792 e 793); à inépcia da inicial (CPC arts. 267, 295 e 301); à nulidade da citação (CPC, art. 301, I); às nulidades de forma geral (CLT, arts. 794 e segs.); à questão da penalidade por dois arquivamentos consecutivos acarretados pelo Reclamante (CLT, art. 732); eventual falta de procuração (CPC, arts. 33 e 301, VIII), bem como algumas outras hipóteses que sejam relacionadas à questão dos pressupostos processuais.

Quanto às exceções processuais, consoante dispõe o art. 799 da CLT, somente podem ser opostas com suspensão do feito, as exceções de suspeição ou incompetência (em razão da matéria, do lugar ou da pessoa). As demais exceções serão alegadas como matéria de defesa (litispendência, coisa julgada etc.), conforme previsão do art. 799, § 1º, da CLT.

O art. 800 da CLT estabelece o exíguo prazo de 24 horas para que a exceção seja impugnada, sendo certo que o art. 799, em seu § 2º, dispõe que "das decisões sobre exceções de suspeição ou incompetência, salvo, quanto a estas, se terminativas do feito, não caberá recurso". Todavia, caberá nas demais hipóteses, razão pela qual deverá ser consignado o devido protesto, já que as partes poderão reiterar a matéria no recurso que couber da decisão final.

Deve ser observado, ainda, que algumas exceções são meramente dilatórias, no sentido de que retardam o exame do mérito, como é o caso das exceções de suspeição ou de incompetência.

Por outro lado, põem fim ao processo e, portanto, são peremptórias as seguintes hipóteses: coisa julgada (CPC, art. 267, V); litispendência (CPC, art. 267, V); prescrição extintiva (CPC, art. 269, IV) e decadência (CPC, art. 269, IV).

III) DA DEFESA DE MÉRITO

A chamada defesa contra o mérito ou de mérito, é aquela contra a pretensão do autor, a resistência à pretensão, ou seja, a resposta da parte Reclamada.

Na percuciente análise de Wagner e Claudia Giglio, "A resposta dever examinar os fatos com exaustão, com base nas informações prestadas pela parte, regra muito geral, a empregadora. (...) A resposta deve conter a narração dos fatos e a argumentação jurídica expostas com clareza, precisão e concisão. A defesa "por negação geral" ou por negativa inespecífica não produz efeito, correspondendo à inexistência de contestação".[3]

---

(3) GIGLIO, Wagner D.; CORRÊA, Claudia Giglio Veltri. *Direito processual do trabalho*. 15. ed. São Paulo: Saraiva, 2005. p. 200-201.

Diversos aspectos podem então ser destacados a seguir, incluindo exemplos pertinentes.

Os aspectos referentes à defesa direta ou indireta são muito bem analisados por Moacyr Amaral Santos.[4]

A defesa será direta, ou seja, contra o pedido nos fundamentos de fato e de direito, implicando negação pura e simples dos fatos, ou aceitação dos fatos, mas negando-lhes as consequências jurídicas. Exemplo típico de tal situação é a da reclamação versando sobre suposta suspensão disciplinar em que a defesa consiste simplesmente em negar a existência da alegada punição.

Como hipótese em que admite-se o fato alegado, mas contestam-se as consequências jurídicas, pode ser citado o caso do pedido sobre o adicional de transferência em que admite-se que houve a alteração do local de trabalho, mas que tal alteração não implicou necessariamente a mudança de domicílio, o que, diante do texto de lei, torna indevido o pretendido adicional (CLT, art. 469).

Será indireta a defesa quando não nega os fatos constitutivos alegados pelo autor, mas alega outros que são: extintivos de tais direitos, como por exemplo a quitação, com o respectivo comprovante; modificativos, como na hipótese de quitação parcial; ou ainda, impeditivos, quando, exemplificativamente, admite-se a extensão da jornada de trabalho, que todavia não gera direito às horas extras prestadas em razão da existência de acordo de compensação.

Em outras hipóteses a defesa será indireta na medida em que não nega os fatos, mas alega outros consistentes em direito do Reclamado, que obstem os efeitos jurídicos. É a chamada exceção substancial ou de direito material, cujos exemplos mais comuns serão as hipóteses de alegações de prescrição (CLT, art. 11); compensação (CLT, art. 767); retenção por desconto de salário na hipótese de falta de dação de aviso-prévio por parte do empregado demissionário (CLT, art. 487, § 2º).

IV) DA CONTESTAÇÃO

Do ponto de vista prático, a contestação no processo do trabalho, como já visto, observará as questões preliminares, bem como as questões de mérito, conforme diversas hipóteses já mencionadas.

Destaque-se no particular a plena vigência do princípio da concentração ou da eventualidade: toda a matéria de defesa, abrangendo as razões de fato e de direito,

---

(4) SANTOS, Moacyr Amaral. *Primeiras linhas de direito processual civil*. São Paulo: Saraiva, 1985. v. 2.

deverá ser alegada naquele momento processual, conforme dispõe o art. 300 do Código de Processo Civil.

Tal princípio decorre da regra básica da oralidade processual.

Quanto à eventualidade, destaca-se o entendimento de que se uma defesa não for acolhida, outras sucessivamente serão apreciadas (decorre dos preceitos da oralidade processual, que obriga as partes a evocar de uma só vez os meios de ataque e defesa (CPC, arts. 294, 300 e 303).

Deve ser destacado, ainda, que o Reclamado deve manifestar-se precisamente sobre os fatos alegados na inicial (CPC, art. 302), sendo que, em consequência, não cabe a contestação por negação geral. Será o mesmo que a inexistência da contestação, como já destacado no presente estudo.

Sérgio Pinto Martins enfatiza que "Na contestação, o réu deverá alegar toda a matéria com a qual pretende se defender na ação que lhe foi proposta, salvo a incompetência, suspeição e impedimento, que são matérias de exceção. Toda a matéria a ser debatida deve ser apresentada de uma só vez (princípio da eventualidade), de modo que não sendo acolhida uma defesa possa ser examinada a seguinte".[5]

Ainda pertinente ao tema em debate, cumpre destacar aspecto específico do processo do trabalho que prevê a contestação em audiência (escrita ou verbal, em 20 minutos, conforme dispõe a CLT em seu art. 847). Evidentemente que o texto está totalmente divorciado da realidade, visto que, ante a evolução do Direito do Trabalho, dos novos conflitos (danos morais, materiais etc.), o grande volume de documentos que acompanham a inicial, bem como a defesa do Reclamado e, ademais, o grande número de processos em pauta, o usual é que a contestação seja apresentada em audiência, na forma escrita e acompanhada de todos os documentos.

Algumas questões práticas devem aqui ser destacadas: a) na forma do art. 841, *in fine*, da CLT, o Reclamado deverá receber a notificação observado o prazo mínimo de 5 (cinco) dias em relação à data da audiência inicial (ou una); a questão da produção de provas, documental, de imediato ou protestos por demais espécies de provas, com observância dos arts. 396 e 397 do CPC, bem como do art. 787 da CLT e 830 do mesmo diploma, este versando sobre a autenticação dos documentos ou a declaração de autenticidade pelo próprio patrono, sob responsabilidade pessoal; a arguição de eventual incidente de falsidade; a impugnação dos "quanta"; a necessidade de arguição de compensação ou retenção neste momento processual, já que, em tais hipóteses somente como matéria de defesa poderão ser arguidas (CLT, art. 767).

---

(5) MARTINS, Sergio Pinto. *Direito processual do trabalho*. 21. ed. São Paulo: Atlas, 2005. p. 295-297.

V) DA RECONVENÇÃO

O tema de reconvenção em matéria trabalhista gerou dúvidas, no passado, quanto ao seu cabimento. A doutrina, num primeiro momento, foi divergente, alguns entendendo pelo cabimento, enquanto outros entendiam que a reconvenção era incabível no processo laboral.

Culminou por prevalecer o acertado entendimento de que a reconvenção é cabível no processo do trabalho, sendo que os principais argumentos são: a) não há vedação expressa no processo do trabalho; b) admitem-se expressamente institutos análogos, como a compensação e a retenção (CLT, art. 767); c) trata-se, ademais, de aplicação subsidiária do Código de Processo Civil; d) haverá adaptação ao rito processual trabalhista, com a entrega em audiência, juntamente com a contestação, embora em peça apartada. Como exemplo, hipóteses que sempre têm sido apontadas, são as de dano causado pelo empregado quando a possibilidade tenha sido acordada, ou, ainda, na ocorrência de dolo do empregado (CLT, art. 462).

Amauri Mascaro Nascimento enfatiza a propósito da questão: "Como a Justiça do Trabalho é competente para dissídios oriundos das relações *entre* empregados e empregadores e não apenas de empregados *contra* empregadores, segue-se que as leis constitucionais de competência não impedem a reconvenção. (...) Cabe aplicação subsidiária da legislação processual civil, em casos de omissão. Se a reconvenção não é proibida nem admitida expressamente pela lei trabalhista, é evidente que o texto legal silenciou sobre essa matéria. O fato de a lei ter regulado os institutos da compensação e da retenção não significa que quis excluir a reconvenção".[6]

VI) DA RÉPLICA

Por fim, outra questão prática versando sobre a matéria em estudo é a réplica, em matéria processual trabalhista.

Não temos dúvida em afirmar ser perfeitamente cabível e até mesmo necessário o direito de réplica no processo do trabalho, aplicando-se, ainda, de forma subsidiária, o disposto nos arts. 326 e 327 do Código de Processo Civil.

Com efeito, mais uma vez teremos que enfatizar os princípios constitucionais mencionados no início do presente estudo, em especial o do contraditório e o da plenitude da defesa, ao enfatizar que "aos litigantes em processo judicial ou administrativo e aos acusados em geral são assegurados o contraditório e a ampla defesa, com os meios e recursos a ela inerentes" (CF, art. 5º, LV).

---

(6) NASCIMENTO, Amauri Mascaro. *Curso de direito processual*. 18. ed. São Paulo: Saraiva, 1998. p. 400-401.

REFERÊNCIAS BIBLIOGRÁFICAS

DINAMARCO, Cândido Rangel. *Fundamentos do processo civil moderno*. São Paulo: Malheiros, 2001, com revisão e atualização de Antônio Rulli Neto.

GIGLIO, Wagner D.; CORRÊA, Claudia Giglio Veltri. *Direito processual do trabalho*. 15. ed. São Paulo: Saraiva, 2005.

MARTINS, Sergio Pinto. *Direito processual do trabalho*. 21. ed. São Paulo: Atlas, 2005.

NASCIMENTO, Amauri Mascaro. *Curso de direito processual*. 18. ed. São Paulo: Saraiva, 1998.

SANTOS, Moacyr Amaral. *Primeiras linhas de direito processual civil*. São Paulo: Saraiva, 1985. v. 2.

AUDIÊNCIA TRABALHISTA

Pedro Ernesto Arruda Proto (*)

> *O processo se aproximará da perfeição quando tornar possível, entre juízes e advogados, aquela troca de perguntas e respostas que se desenrola normalmente entre pessoas que se respeitam, quando, sentadas em volta de uma mesa, buscam em benefício comum esclarecer reciprocamente as ideias.*
>
> Piero Calamandrei

INTRODUÇÃO

Fui convidado por Roberto Parahyba de Arruda Pinto, com quem tenho o privilégio de compartilhar a amizade e que tão brilhantemente conduz a Diretoria Cultural da Associação dos Advogados de São Paulo, para ali proferir palestra sobre a audiência trabalhista.

Recomendou-me que a abordagem fosse prática, pois o público seria de advogados e a intenção seria fornecer elementos para que pudessem aprimorar o dia a dia do exercício da advocacia trabalhista, especificamente na dura tarefa da realização das audiências, em Primeira Instância.

Fui auxiliado na montagem do esquema da palestra, pela, também amiga, advogada trabalhista e professora, Cláudia Abud.

Na palestra tive a honra e o prazer de dividir a mesa com os advogados gaúchos, Bernadete Shulz e Reginald Felker, fundadores da Associação Brasileira dos Advogados Trabalhistas, advogados militantes e paradigmas da advocacia trabalhista brasileira.

(*) Advogado. Conselheiro da Associação dos Advogados de São Paulo — AASP e da Associação dos Advogados Trabalhistas de São Paulo.

A palestra fluiu dentro do previsto e felizmente teve boa aceitação.

Roberto Parahyba pediu-me para transformar em artigo a aula dada e, após muitas idas e vindas, ocasionadas sempre pela escassez de tempo que sempre alegamos existir, consegui transformar em minuta, a palestra lecionada.

Atendendo ao pedido do diretor cultural, procurei dar uma visão prática da audiência trabalhista.

Em 28 anos de advocacia trabalhista, da qual muito me orgulho, estimo haver realizado cerca de 3.500 audiências em Reclamações Trabalhistas, em Primeira Instância em Comarcas de todo o Brasil, predominando, logicamente, a cidade de São Paulo, onde resido.

Salvo alguma exceção, da qual felizmente não guardo memória, nunca tive grandes problemas na realização das audiências, de forma que darei sugestões práticas a serem tomadas.

Tenho atuado em Segunda Instância, em Tribunais Regionais, bem como no Tribunal Superior do Trabalho. Entretanto, como ressalto aos colegas, é indescritível a emoção durante a realização de uma audiência ou sustentação oral. Tenho muito prazer e satisfação em minha atividade e confesso que não consigo ficar uma semana sem fazer audiência em Primeira Instância.

Para os colegas saliento e ressalto — a audiência em Primeira Instância é, tanto quanto as peças de defesa, fundamental para o processo. Não pretendo ser redundante ou dizer o óbvio, mas dar ênfase — o deslinde do processo é fruto da atuação do advogado em audiência!

Não tenho a intenção, como não tive na palestra, de fazer uma abordagem doutrinária, legal ou jurisprudencial, pois poderia gerar alguma controvérsia, além de me afastar das sugestões quanto à atuação do advogado durante a audiência.

A controvérsia por mim citada, quando das abordagens doutrinária, legal ou jurisprudencial, derivaria, de início, da dúvida existente e que decorre do fato de que uma posição deveria existir em relação a qual dispositivo legal se aplicaria ao Processo Trabalhista.

Os juristas divergem sobre qual o dispositivo legal que rege o Processo do Trabalho.

Como relata aquela história, contada nos corredores dos Fóruns Trabalhistas, para se saber qual o estilo do Juiz que conduzirá uma audiência.

Dizem que, se estiver na mesa do Juiz a CLT, os trâmites processuais serão os que nela constam; se estiver um CPC, o Juiz adotará ditames processuais trazidos pela processualística civil e se não estiver CLT nem CPC, aí ele seguirá procedimentos próprios, o que muitas vezes acontece.

A ausência de um Código de Processo do Trabalho formal, definido, possibilita estas interpretações e grande divergência, caso a análise da audiência trabalhista seja atrelada apenas a aspectos doutrinários, legais ou jurisprudenciais.

Assim, reitero que minha abordagem é eminentemente prática, o que poderá se tornar lacunosa para doutrinadores e legalistas perfeccionistas.

A AUDIÊNCIA TRABALHISTA

O que me parece importante numa audiência é uma antecipada preparação e estudo do processo propriamente dito, dos autos.

É essencial que o advogado tenha ciência do que lá irá fazer e dizer.

Fiz na palestra uma comparação e reitero agora:

A audiência trabalhista deve ser comparada a um plano de voo.

Antes de levantar voo, o piloto faz um plano, sabe de onde está saindo, com qual quantidade de passageiros e de carga, quanto combustível possui, qual a autonomia, qual o destino e que procedimentos irá tomar, surgindo imprevistos.

Uma audiência assim deve ser preparada, como um plano de voo.

Ao advogado não importa se está atuando pelo empregado ou pelo empregador, deve saber o que fará na audiência, que provas produzirá, qual a proposta de acordo que entende justa e satisfatória, quais providências tomará na hipótese de desvio de rota ou de percalços etc.

É extremamente constrangedor ver um colega advogado, patrono de empregado ou empregador, responder ao questionamento de um Juiz, dizendo "... NÃO SOU O ADVOGADO DA CAUSA...", "... NÃO FUI EU QUEM FEZ A INICIAL (OU A DEFESA)...", "... ESTOU APENAS SUBSTITUINDO UM COLEGA...".

O advogado, quando se senta ao lado do cliente, em audiência, é o advogado da causa, do cliente!

O advogado deve saber a que veio, o que lá está fazendo, o que pretende. Pouco importa se não fez a petição inicial ou a defesa ou se está apenas substituindo um colega com algum tipo de impedimento a comparecer à audiência. Ele é o advogado que conduzirá a audiência e deve agir como advogado da causa, pois recebeu o substabelecimento para tal.

As citadas justificativas, por si só, para mim, parecem-me que deveriam ser evitadas.

Imaginem o terror e o constrangimento que o cliente sentirá ao ouvir a afirmativa do advogado ao seu lado de que "... NÃO SOU O ADVOGADO DA CAUSA...", "...ESTOU APENAS SUBSTITUINDO...". Seria o mesmo que o piloto anunciar que não conhece bem a aeronave ou que está perdido, pois está substituindo o piloto que estaria doente.

Assim, inadequadas e despiciendas as citadas justificativas.

O advogado que comparece à audiência é o advogado da ação e deve se preparar para tal ato e assim se comportar.

Indispensável, pois, a análise dos autos, a análise das peças existentes, a análise dos documentos existentes, de forma prévia.

Importante, também, elaborar, previamente, relação de perguntas e requerimentos a serem formulados.

No decorrer da audiência, perguntas novas, com certeza, surgirão, mas as selecionadas antes, de forma fria, sem tensão, muitas vezes, são essenciais ao deslinde do processo.

Insisto, pois, para uma boa audiência, é necessária muita preparação.

PARTES NO PROCESSO

O Processo do Trabalho, por enquanto, é um processo de partes, ou seja, é essencial o comparecimento das partes em audiência, não sendo obrigatório o comparecimento dos advogados.

Esse assunto é complexo, contraditório e, segundo alguns, sinais dados pelo Colendo TST, tende a ser reformado.

A Súmula n. 425 do Colendo TST estabelece que:

Jus postulandi na Justiça do Trabalho. Alcance. O *jus postulandi* das partes, estabelecido no art. 791 da CLT, limita-se às varas do trabalho e aos tribunais regionais do trabalho, não alcançando a ação rescisória, a ação cautelar, o mandado de segurança e os recursos de competência do tribunal superior do trabalho.

Assim, podemos afirmar que há necessidade de contratação de advogado, apenas para atuar no TST ou ação rescisória, mandado de segurança. Até esta Instância, as partes poderiam postular em Juízo sem advogado.

Está em vigor, ainda, o *Jus postulandi*, previsto no art. 791 da CLT.

Esse Direito, como é de conhecimento, confere às partes, empregado ou empregador, a possibilidade de postular em juízo sem a assistência de advogado.

Como a abordagem neste artigo é a audiência trabalhista, cumpre-nos relatar que o comparecimento das partes em audiência, sem a assistência de um advogado, via de regra, causa-lhes grandes prejuízos.

Normalmente, alguns empregados se utilizam do Termo de Reclamação Verbal, ainda existente, para formular reclamações trabalhistas. Não é comum, estatísticas dizem que em torno de apenas 6% a 10% das ações distribuídas são verbais.

Ocorre, também, de pequenos empresários ou pessoas físicas, normalmente empregadores de domésticos, comparecerem em juízo desassistidos de advogados.

Como já disse, este procedimento, em audiência, não é salutar.

Se uma das partes está assistida por advogado, a parte que comparece sem advogado acaba prejudicada. Há clara desigualdade.

Há um caso clássico em que uma empresa opôs exceção de incompetência em razão do lugar e o Juiz, respeitando o que a Lei então estabelecia, concedeu ao empregado, que postulava em causa própria, utilizando-se do *Jus postulandi*, o prazo de 24 horas para, na condição de excepto, impugnar a exceção de incompetência, *ratione materiae*.

O empregado não tinha ideia do que estava ocorrendo e quase se ofendeu ao ser chamado de exceto.

Assim, não obstante estar em vigência o *Jus postulandi* na Justiça do Trabalho, não se justifica, nos dias de hoje, principalmente com a introdução do complexo processo eletrônico, a manutenção da postulação sem assistência de advogado.

DAS PARTES EM JUÍZO

As partes, para postularem em Juízo e, logicamente, comparecerem em audiência, devem ter capacidade para tal.

O art. 792 da CLT estabelece a maioridade trabalhista em 18 anos, ou seja, a partir dessa idade o trabalhador pode postular em juízo, podendo comparecer à audiência como parte.

Antes dessa idade, o trabalhador deve ser assistido pelo responsável legal ou Ministério Público do Trabalho, como estabelece o art. 793 da CLT.

As partes devem comparecer à primeira audiência pessoalmente, conforme o art. 843 da CLT.

O empregado deve comparecer pessoalmente. Entretanto, de forma excepcional e apenas para evitar o arquivamento, o empregado poderá ser representado em audiência por outro empregado que pertença à mesma profissão, ou pelo Sindicato, em caso de doença ou qualquer outro motivo relevante poderoso.

A substituição do empregado visa, tão somente, evitar a penalidade do arquivamento, resultado da ausência injustificada.

A empresa, para comparecer em juízo, deve se representar por preposto ou pelos sócios.

A matéria é disciplinada pelo art. 843 da CLT que assim dispõe:

> Na audiência de julgamento deverão estar presentes o reclamante e o reclamado, independentemente do comparecimento de seus representantes salvo, nos casos de reclamatórias plúrimas ou ações de cumprimento, quando os empregados poderão fazer-se representar pelo sindicato de sua categoria.

O empregador pode ser substituído por preposto que tenha conhecimento dos fatos e cujas declarações obrigam o proponente.

O preposto deve ser empregado da empresa, apesar de a lei não exigir expressamente essa qualidade. Trata-se de criação jurisprudencial, cristalizada no colendo TST, no sentido de que é requisito essencial que o preposto seja empregado da empresa que estiver representando.

Assim dispõe a Súmula n. 377 do TST:

> Preposto. Exigência da condição de empregado. Exceto quanto à reclamação de empregado doméstico, o preposto deve ser necessariamente empregado do reclamado. Inteligência do art. 843, § 1º, da CLT.

Assim, verifica-se que à exceção do empregador doméstico, que pode se representar por um parente direto, filho, esposa etc., uma empresa somente pode comparecer em Juízo por intermédio de um preposto, empregado ou por seus sócios.

Algumas dúvidas são suscitadas em relação a esta representação.

O diretor estatutário, o gerente delegado, o procurador, por exemplo, não sócios, podem representar a empresa, em audiência, na qualidade de prepostos?

Entende-se que sim, pois figuram no contrato social e possuem poderes de representação, principalmente em razão do disposto no inciso VI do art. 12 do Código de Processo Civil.

Além disto, aspecto importante deve ser considerado.

O preposto, em audiência, deve ter conhecimento dos fatos. Não precisa ter conhecimento pessoal dos fatos, mas deve conhecê-los.

O preposto pode tomar conhecimento dos fatos por meio de relatórios ou por intermédio de informações verbais.

O preposto não pode alegar desconhecer os fatos, pois este desconhecimento pode gerar a aplicação da pena de confissão.

O art. 843 da CLT é claro ao dispor que:

> Na audiência de julgamento deverão estar presentes o reclamante e o reclamado, independente do comparecimento de seus representantes, salvo nos casos de reclamatórias plúrimas ou ações de cumprimento, quando os empregados poderão fazer-se representar pelo sindicato de sua categoria.

O preposto, como já dito, não pode, no depoimento pessoal, alegar não saber sobre fatos relacionados ao processo e ao reclamante. Se alegar desconhecer um fato que, por ser preposto, deveria conhecer, a parte contrária poderá, e normalmente o faz, requerer a aplicação da pena de confissão, já citada.

Neste caso, haverá a presunção de que os fatos alegados pelo reclamante na inicial são verdadeiros.

Pelas razões expostas, é essencial que os prepostos sejam informados dos termos do litígio, da tese de defesa e das provas existentes, para que, caso prestem depoimentos, saibam responder ao que lhes for perguntado.

Como já dito, a presença da empresa, reclamada, é indispensável e não pode ser suprida pelo advogado.

Existe um entendimento cristalizado no TST, por meio da Súmula n. 122, no sentido de que o advogado, com procuração e defesa, sem preposto, não impede a decretação da revelia.

Assim dispõe citada Súmula:

> Revelia. Atestado médico. A reclamada, ausente à audiência em que deveria apresentar defesa, é revel, ainda que presente seu advogado munido de procuração, podendo ser ilidida a revelia mediante a apresentação de atestado médico, que deverá declarar, expressamente, a impossibilidade de locomoção do empregador ou do seu preposto no dia da audiência.

Trata-se de entendimento, *data venia*, absurdo e ilógico.

O advogado comparece em juízo, com poderes de representação, portando procuração e contrato social, está com defesa e documentos e, mesmo assim, a parte é considerada revel, em razão da ausência do preposto?

Trata-se de afronta à classe dos advogados.

Não se justifica a revelia.

A revelia se caracteriza pela ausência de defesa.

No caso citado, admitir-se-ia a aplicação da pena de confissão, com as devidas limitações, uma vez que defesa e documentos foram apresentados, mas jamais a revelia.

O advogado está com procuração, defesa e estes elementos possibilitam que a revelia seja elidida. A intenção de se defender foi apresentada.

Muitos Magistrados agem de forma contrária a tal absurda, ilógica e incoerente Súmula.

Outra controvérsia comum, que ocorre usualmente, importante de ser analisada, diz respeito ao preposto que comparece em audiência, para representar empresa, sendo empregado de outra empresa do mesmo grupo econômico. É legítima esta representação?

Apesar do entendimento não ser pacífico, parece que sim.

Há fundamento jurídico para tal representação.

O § 2º do art. 2º da CLT equipara a empregador único as empresas que compõem um GRUPO ECONÔMICO. Se há a equiparação das empresas a empregador único, o empregado da empresa que está representando outra do mesmo GRUPO pode figurar como preposto.

A Súmula n. 129 do TST também dá amparo a esta interpretação, admitindo a vinculação ao grupo.

Assim dispõe referida Súmula:

A prestação de serviços a mais de uma empresa do mesmo grupo econômico, durante a mesma jornada de trabalho, não caracteriza a coexistência de mais de um contrato de trabalho, salvo ajuste em contrário.

A jurisprudência se consolida no sentido retroabordado:

Revelia. Preposto empregado de empresa do mesmo grupo econômico. Se o preposto é empregado registrado por empresa do grupo econômico da reclamada, então pode representar a ré em audiência, em face à teoria do empregador único consagrada na Súmula n. 129 do c. TST. Atendida, pois, a exigência da Súmula n. 377 do c. TST. Revelia que se afasta. (TRT/SP — 01805200706002008 (01805200706002008) — RO — Ac. 3ª T. — 20100949872 — Rel. Antero Arantes Martins — DOE 1º.10.2010)

Gerente. Grupo econômico. Hora extra. Preposto. Revelia. Não implica revelia o fato de o preposto não ser empregado da reclamada, desde que esteja vinculado a empresa pertencente ao mesmo grupo econômico. Se, nos termos do entendimento constante da Súmula n. 129 do TST, há a possibilidade de o empregado prestar serviços a várias empresas de um mesmo grupo sem que isso configure a coexistência de contratos de trabalho distintos, logicamente poderá uma empresa fazer-se substituir em audiência por qualquer empregado do grupo que tenha conhecimento dos fatos, como exige o § 1º do art. 843 da CLT. (TRT-1ª Região — Recorrente: Lucia Helena da Cruz E Recurso Ordinário — Recorrido: Robério Ferreira de Andrade, jul./ago. 2010, 00509-9005-920-06-01-00 — julgado em 21.7.2010, por unanimidade — Publicação: DORJ de 30.7.2010, p. III, s. II, Federal — Relator: Fernando Antonio Zorzenon da Silva — Órgão: 7ª Turma)

Por fim, esclareça-se que o preposto também deve estar munido da carta de preposição, outorgada pelo representante legal da empresa, com poderes para conceder esta autorização de representação.

Trata-se de procedimento importante, mas não essencial. Nada impedirá à parte juntar carta de preposição e cópia de contrato social posteriormente, principalmente se aquela pessoa, identificada como preposto, é reconhecida pelo reclamante como empregado da empresa.

Não comparecimento das partes em audiência

É importante que esta abordagem seja efetuada.

O não comparecimento das partes à audiência traz consequências diversas, dependendo da parte e da fase processual em que ocorre o não comparecimento.

As partes devem comparecer pessoalmente à audiência no horário designado.

O não comparecimento do Reclamante à primeira audiência, chamada de inicial, ou na audiência "una", gera o arquivamento do processo.

O não comparecimento da Reclamada à audiência inaugural ou à audiência "una" importa a decretação da revelia e aplicação da pena de confissão quanto à matéria de fato, conforme estabelece o art. 844 da CLT.

Situação diversa ocorre quando o comparecimento não acontece na audiência de instrução ou também chamada audiência em prosseguimento.

Quando reclamante ou reclamada não comparecem à audiência de instrução, aí é aplicada a pena de confissão à parte ausente.

Tal procedimento decorre do estabelecido na Súmula n. 74 do Colendo TST.

Dispõe referida Súmula:

O não comparecimento das partes à audiência de instrução, desde que intimadas para depor, será a aplicação da pena de confissão.

Assim, essencial o comparecimento das partes em audiência, gerando consequências gravíssimas suas ausências.

Uma outra situação deve ser analisada.

O reclamante quando não comparece à audiência inicial ou à chamada audiência una tem o processo arquivado.

É a pena para o não comparecimento injustificado do reclamante.

A consequência do arquivamento da ação, em razão da ausência do reclamante à audiência, é sua condenação ao pagamento das custas processuais, conforme estabelece o art. 789, II, da CLT. Não ocorrerá a condenação, se o Reclamante for beneficiário da justiça gratuita, conforme dispõe o art. 790, § 3º, da CLT.

Se o reclamante der causa a dois arquivamentos, ficará impedido de reclamar na Justiça do Trabalho pelo prazo de seis meses, conforme estabelecem os arts. 731 e 732 da CLT.

Aspecto final que merece ser abordado é quanto à tolerância que deve existir por parte do juízo, quanto ao atraso das partes a uma audiência.

A matéria é muito controvertida.

O bom-senso deve prevalecer e cada caso concreto, analisado em si.

Inicialmente, deve-se salientar que a Orientação Jurisprudencial n. 245 da SDI-1 do TST é clara ao estipular que inexiste previsão legal tolerando atraso no horário de comparecimento da parte à audiência.

Entretanto, em recente decisão do Egrégio TRT da 3ª Região, admitiu-se a tolerância de 2 minutos para o comparecimento em audiência.

O Desembargador Relator de citado voto argumentou que existe previsão legal disciplinando o atraso do Juiz em audiência, havendo, de certa forma, uma tolerância de 15 minutos.

Argumentou, ainda, que o § 1º do art. 58 da CLT prevê a tolerância de atraso do empregado ao comparecimento à empresa, em até 10 minutos por dia.

Dentro deste raciocínio, admitiu uma tolerância para comparecimento das partes à audiência de dois minutos, em razão do caso concreto julgado.

Assim é a decisão:

Prevalece no TST, como se verifica na Orientação Jurisprudencial n. 245 da SDI-1, o entendimento de que "inexiste previsão legal tolerando atraso no horário de comparecimento da parte à audiência". Nada impede, no entanto, que o juiz tolere pequenos atrasos, que não comprometam seriamente a realização das audiências designadas para o mesmo dia. Observe-se, inclusive, que existe lacuna da lei em relação à eventual tolerância de atrasos das partes e, diante de uma lacuna, o juiz pode lançar mão da analogia para a solução da situação concreta a ser resolvida, o que permite aplicar ao atraso das partes o disposto no art. 815 da CLT, desde que, como dito, não se trate de atraso que comprometa seriamente a realização das audiências, o que não é a hipótese dos autos, posto que o atraso foi de apenas dois minutos. (TRT — 3ª Região 01082-2010-110-03-00-9. Recurso Ordinário Recorrente: Francisco Otavio Pimenta Brant. Recorrido: Pitágoras Sistema de Educação Superior Sociedade Ltda. Relator Juiz Cléber Lúcio de Almeida)

Como dito, trata-se de interpretação, de forma que o horário deve, em princípio, ser respeitado.

As partes devem estar atentas ao deslocamento e outros percalços que podem ocorrer, gerando atraso.

Não obstante eventuais tolerâncias, é essencial o cumprimento do horário.

AUDIÊNCIA — CARACTERÍSTICAS

A expressão audiência vem do latim *audire* que significa escutar, atender.

A Unidade da audiência decorre do Princípio da Concentração dos Atos, da Celeridade e da Oralidade.

Infelizmente, no Processo do Trabalho não se encontra presente o Princípio da Identidade Física do Juiz, conforme dispõe a Súmula n. 136 do TST. Entretanto, seria salutar aos advogados e aos jurisdicionados a existência de tal princípio. O Juiz que instrui ser o mesmo que julga, faria com que muitas injustiças e incorretas apreciações de provas deixassem de existir.

A audiência é o Ato Solene, normalmente público, em que os litigantes são ouvidos, são efetuadas as propostas de conciliação, realizados os debates, colhidas as provas e feito o julgamento.

As audiências são públicas, realizadas em dias úteis das 8:00 às 18:00 horas.

Em tese, as audiências poderiam ser realizadas em outro local, em casos especiais, desde que haja publicação de edital com antecedência mínima de 24 horas, conforme dispõe o art. 813, § 1º, da CLT, mas se trata de situação muito rara.

As audiências, como dito, são públicas, mas pode ocorrer, dependendo do assunto tratado, de ser decretado o segredo de justiça. Ele é requerido pelas partes ou decretado pelo juiz, quando o conhecimento da audiência a terceiros puder representar algum dano ou situação vexatória para a parte interessada. Depende de decisão judicial, nos termos do art. 155 do CPC.

As audiências são unas, ou seja, realizadas em uma só sessão, mas podem ser fracionadas em outras sessões, nos termos do art. 849 da CLT.

Na prática, no entanto, os atos praticados em audiência podem ser divididos, em razão da impossibilidade de sua prática em uma única sessão, como foi dito.

Denominam-se, dependendo do tipo de fracionamento, as audiências em "una", inicial, de instrução ou de prosseguimento ou de julgamento.

Cabe ao Juiz a escolha da forma e do fracionamento das audiências.

Tratamos, anteriormente, das consequências e da tolerância que pode ocorrer quanto ao atraso das partes ao comparecimento em audiência.

Deve-se analisar, também, as consequências do atraso do Juiz à audiência.

A matéria é claramente prevista na legislação.

Nos termos do parágrafo único do art. 815 da CLT, o Juiz ou Presidente tem 15 (quinze) minutos de tolerância para comparecer à audiência após a hora marcada.

Não comparecendo neste prazo de 15 minutos, os presentes poderão retirar-se devendo o ocorrido constar do Livro de Registro de Audiências, conforme dispõe o art. 817 da CLT.

Esta tolerância é concedida por lei somente aos Juízes, não sendo aplicada às partes, conforme já dito.

Devemos analisar, também, quanto tempo as partes devem aguardar para realizar uma audiência, em razão de seu atraso.

Antes de abordar o tema diretamente, deve-se ressaltar que os atrasos excessivos, superiores a uma hora, infelizmente comuns, servem apenas para desgastar as partes e os advogados.

O TST, sensível a esta situação, disciplinou a matéria como se vê no art. 46 da Consolidação dos Provimentos da Corregedoria-Geral da Justiça do Trabalho:

Adotada audiência una nos processos de rito ordinário, cabe ao Juiz:

I – elaborar a pauta com intervalo mínimo de 15 (quinze) minutos entre uma audiência e outra, de modo a que não haja retardamento superior a uma hora para a realização da audiência;

II – *adiar ou cindir a audiência se houver retardamento superior a uma hora para a realização da audiência;*

III – conceder vista ao reclamante, na própria audiência, dos documentos exibidos com a defesa, antes da instrução, salvo se o reclamante, em face do volume e complexidade dos documentos, preferir que o Juiz assine prazo para tanto, caso em que, registrada tal circunstância em ata, cumprirá ao Juiz designar nova data para a audiência de instrução.

Assim, em razão de expressa previsão legal, atrasada uma audiência por mais de uma hora, pode a mesma ser adiada.

Importante que os advogados façam esta disposição legal ser cumprida, a fim de que as agruras dos atrasos deixem de existir.

DA DINÂMICA DA AUDIÊNCIA

Aberta a audiência, o Juiz deve propor a conciliação, conforme estabelece o art. 846 da CLT.

Daí a importância do comentário inicialmente feito, no sentido da necessidade de o advogado ter conhecimento do processo, para poder negociar a eventual conciliação.

O Juiz é obrigado a tentar a conciliação, devendo o advogado ter conhecimento dos termos que entende razoáveis para fazer eventual negociação.

Não havendo acordo, a reclamada terá 20 (vinte) minutos para a apresentação oral da defesa, que será reduzida a termo de ata pelo Juiz.

Na maioria das vezes, a defesa é apresentada por escrito e juntada aos autos.

Terminada a apresentação da defesa, a audiência é adiada para o primeiro dia vago da pauta, caso a sistemática seja de "audiência inicial" e, posteriormente, "audiência de instrução".

No entanto, se a audiência for una, inicia-se a instrução probatória, conforme estabelece o art. 848 da CLT.

As provas orais iniciam-se pelos depoimentos pessoais, ou seja, inicialmente do reclamante e depois do preposto, que representa a reclamada e, após eles, os depoimentos das testemunhas.

São muito importantes os depoimentos pessoais, também chamados de interrogatório das partes.

Eles possibilitam a delimitação da prova que será produzida e, em alguns casos, até o encerramento da instrução processual.

Sugiro que sempre se tome o depoimento pessoal, salvo, é óbvio quando a matéria for apenas de direito.

As perguntas sempre deverão ser formuladas pelo Juiz.

É prática comum a saída da sala de audiências da parte que ainda não depôs, para não assistir ao depoimento da outra parte.

Caso o juiz não determine, o requerimento pode ser formulado com base no parágrafo único do art. 344 do CPC.

Após os depoimentos pessoais, ocorrerá a inquirição das testemunhas, conforme estabelece o art. 848, § 2º, da CLT. Serão ouvidas 3 (três) testemunhas de cada parte.

As testemunhas poderão comparecer de forma espontânea à audiência. Se não atenderem ao convite, a parte poderá requerer o adiamento da audiência e pedir a intimação ou, até mesmo, a condução coercitiva da testemunha ausente.

Terminada a instrução processual, as partes poderão aduzir suas razões finais, no prazo de 10 (dez) minutos para cada uma.

Após, o Juiz deve renovar a última proposta de Conciliação.

Em seguida, é proferida a sentença.

Importante atenção deve ser dada à ata de audiência.

Todos os trâmites da instrução processual, as afirmações fundamentais das partes e as informações úteis à solução do litígio, trazidas pelas testemunhas, devem e constarão da ata de audiência, nos termos dos arts. 851 e 852-F da CLT.

Importante que os advogados acompanhem passo a passo a elaboração das atas de audiência, por meio dos monitores que existem na maior parte das Varas de Trabalho, disponibilizados às partes e aos advogados.

Se, porventura, alguma alegação, frase ou qualquer circunstância deixar de constar na ata e o advogado entender ser essencial, deverá requerer que fique consignado o que foi omitido.

Se uma prova é requerida e indeferida, o advogado pode pedir para constar seu inconformismo, ou seu "protesto", contra este indeferimento.

Não existe a figura do "protesto" pela não consignação de um "protesto".

Se o Juiz resolver indeferir a consignação de alguma informação trazida pelo advogado ou o inconformismo, também chamado de "protesto", com o indeferimento de qualquer prova requerida, o advogado deve utilizar, com urbanidade, o seu poder de persuasão para convencer o Magistrado a constar na ata sua irresignação.

Não conseguindo, pode se recusar a assinar a ata, pois ela não estaria retratando o ocorrido em audiência e peticionar em seguida relatando os fatos.

O confronto não leva a nada, podendo o advogado defender seu cliente, ter as prerrogativas resguardadas, sempre agindo com paciência e urbanidade.

Deve ser ressaltado que o art. 795 da CLT estabelece que as nulidades devem ser arguidas pelas partes na primeira vez em que se manifestarem nos autos. Assim, quaisquer nulidades percebidas pelo advogado devem ser arguidas de pronto, para que não ocorra a preclusão.

AS PROVAS PRODUZIDAS EM AUDIÊNCIA

Os fatos a serem provados em audiência são os fatos relevantes, pertinentes e controvertidos, conforme dispõe o art. 130 do CPC.

Relevantes são os fatos relacionados diretamente com a ação, ou seja, os que se revestem de importância suficiente para influenciar na decisão da causa. A verificação da relevância é tarefa do juízo em cada caso concreto, dentro de seu poder diretivo do processo.

Pertinentes são os fatos que interessam para a resolução da lide e controversos são os fatos que foram impugnados pela parte contrária. Fatos não contestados não são controvertidos, logo independem de prova.

Independem de prova, ainda, os fatos notórios, os fatos confessados e os presumidamente legais quanto à existência ou veracidade.

Continua sendo da parte que alega o ônus da prova, nos termos dos arts. 818 da CLT e 333 do CPC.

O art. 818 da CLT é fundamental a esta interpretação:

A PROVA DAS ALEGAÇÕES INCUMBE À PARTE QUE AS FIZER.

Ao réu compete a comprovação de fatos impeditivos, modificativos e extintivos do direito do autor.

Fatos impeditivos: impedem a ocorrência do direito. Exemplo: comprovação da existência de quadro de carreira que impede a equiparação salarial, conforme estabelece o art. 461 da CLT.

Fatos modificativos: alteram o direito alegado. Exemplo: pedido do pagamento integral do aviso-prévio quando a empresa alega que já pagou uma parcela.

Fatos extintivos: fazem desaparecer o direito. Ex.: pagamento, prescrição, renúncia, transação, cumprimento do contrato a termo.

As provas devem ser idôneas, ou seja, lícitas, permitidas por lei; adequadas, pois devem estar de acordo com o pedido formulado; e, formalmente corretas, uma vez que o seu procedimento deve ser o previsto em lei.

Conclusão

Conclui-se no sentido de que a audiência é um dos momentos mais importantes que existem no processo.

A audiência define como será o processo e deve ser realizada com muita atenção e preparação.

Incidentes ou desvios ocorridos devem ser notados e constar das ata de audiência, possibilitando eventual arguição de nulidade.

Promete-se para breve, em São Paulo, algo que já ocorre em alguns Estados da Federação, que são as audiências virtuais, em que não há redução do ocorrido a termo, mas gravação em áudio e vídeo.

Tive a experiência ao interpor um recurso ordinário em processo em que a audiência foi gravada em áudio e vídeo.

Foi algo muito trabalhoso.

Ao contrário de uma ata, que é possível ser lida com rapidez e facilidade, a audiência gravada deve ser assistida.

Para elaborar o referido recurso ordinário tive de assistir a duas horas e meia de vídeo e áudio, para poder transcrever os aspectos que julgava mais importantes para o apelo.

Não se trata de mera resistência ao novo, mas de real constatação de que uma audiência virtual, gravada num DVD, dará muito trabalho aos advogados para a interposição de peças, tais como razões finais, recursos, memoriais etc.

Fica, desde já, uma sugestão à implantação das audiências virtuais: que se adapte o sistema chamado de *Close Caption*, ou captura de voz, aos depoimentos.

Isto possibilitará a impressão das falas diretamente dos vídeos, além de possibilitar o acompanhamento das gravações por deficientes auditivos.

Sugere-se, também, a possibilidade de marcação, durante os depoimentos.

Reitero que não tive intenção alguma de realizar um trabalho doutrinário, mas apenas tecer considerações sobre a realização de audiência, com base na experiência adquirida.

EMBARGOS DE DECLARAÇÃO E MULTAS

Reginald Delmar Hintz Felker (*)

I) DOS EMBARGOS DE DECLARAÇÃO

CONCEITO E ESPÉCIES DE EMBARGOS

a) Etimologicamente EMBARGO vem do latim *imbarricare*, opor barricada, pôr obstrução, colocar obstáculo. No século XII já se encontrariam as palavras "embargamento", no sentido de opor oposição ou impedimento, bem como "desembargo" em Ordenações do Reino. No Direito Espanhol o embargo consistia na imobilização de navio de comércio estrangeiro em porto nacional.

No Direito Pátrio a expressão é concebida, fiel à sua origem etimológica, como impedimento, obstáculo, de natureza judicial, no processo.

b) Diversos são os tipos de embargos oponíveis, referidos nos textos legais: Embargos Infringentes, de Divergência, de Terceiro, à Execução, do Devedor, Monitórios, de Obra, de Retenção por Benfeitoria ... e, possivelmente os mais presentes em processos judiciais, os EMBARGOS DE DECLARAÇÃO, ou DECLARATÓRIOS.

OS EMBARGOS DE DECLARAÇÃO NO PROCESSO CIVIL E TRABALHISTA

Originariamente dedicados à correção de obscuridade, contradição ou omissão na decisão, evoluiu-se para destinar-lhes, também, efeito modificativo, ou infringente, à decisão.

(*) Advogado. Ex-presidente da ABRAT —Associação Brasileira de Advogados Trabalhistas). Ex--presidente da AGETRA — Associação Gaúcha de Advogados Trabalhistas. Conselheiro Seccional da OAB-RS e Conselheiro Federal da OAB, ambos em duas gestões.

No CPC, o art. 535 dispõe que cabem Embargos Declaratórios em casos de: I) obscuridade ou contradição e II), por omissão sobre ponto sobre o qual deveria pronunciar-se o juiz ou tribunal.

Na CLT, por meio da Lei n. 9.957/2000, foi acrescentado o art. 897-A, dispondo o cabimento de Embargos de Declaração, (...) "admitido efeito modificativo da decisão nos casos de omissão e contradição no julgado e manifesto equívoco no exame dos pressupostos extrínsecos do recurso".

Era, agora, consagrada, por disposição legal a possibilidade dos embargos declaratórios modificativos, que vinham de construção pretoriana, já admitida no processo civil.

A NATUREZA RECURSAL DOS EMBARGOS DECLARATÓRIOS

Corrente doutrinária tem se oposto à admissão de que os Embargos Declaratórios constituam recurso.

Ocorre que a legislação vigente contempla expressamente os embargos de declaração como RECURSOS.

O CPC dispõe, no art. 496, que "São cabíveis os seguintes RECURSOS: IV — Embargos de declaração". Na CLT os Embargos declaratórios estão contidos no capítulo VI, Dos Recursos.

Não tem fundamento o argumento de que não poderíamos cogitar de recurso, quando a decisão do pedido declaratório será decidido pelo mesmo magistrado ou tribunal que foi o autor da decisão recorrida. Ora o apelo recursal (apelação, no processo comum) no processo de execução tributária, (Lei n. 6.899/1981, art. 34) ali é denominado embargo infringente, e é decidido pelo mesmo juiz que prolatou a sentença. O desembargador que foi relator e desempatador em acórdão no tribunal, poderá desempatar a favor da sua anterior decisão, em grau de embargo infringente, ou ação rescisória.

O que se permite concluir é que a tentativa de retirar a natureza recursal dos embargos declaratórios tem a ver com a tentativa de excluir o procedimento do direito processual, considerando que, sendo recurso, haverá maior dificuldade em extirpar o instituto, do que se for considerado mero procedimento de natureza processual secundária e acessória.

ALGUMAS DISPOSIÇÕES SOBRE EMBARGOS DECLARATÓRIOS

1. Prazos — No CPC, Lei dos Juizados Especiais e CLT, o prazo para interposição dos embargos declaratórios é de cinco dias. Para as pessoas de Direito Público o prazo será contado em dobro (OJ-SDI-I n. 192).

2. Forma — Nos processos regidos pelo CPC e pela CLT o recurso é interposto por petição escrita ao juiz ou relator do acórdão. Na Lei dos Juizados Especiais n. 9.099/1995 os embargos podem ser interpostos oralmente. (art. 49)

3. Preparo — não há preparo. Os Embargos declaratórios são isentos de custas.

4. Efeito — Os embargos declaratórios interrompem os prazos para interposição de outros recursos, por qualquer das partes. (art. 538 do CPC)

5. Juízo de admissibilidade — Ao receber o recurso, o juiz, ou o relator em superior instância, há de manifestar-se sobre sua admissibilidade. Poderá não receber o embargo, sendo os casos mais comuns pela intempestividade e ilegitimidade ativa do recorrente. Conhecendo, poderá julgar procedente ou improcedente o recurso. O que não pode, e muitas vezes nos defrontamos com uma decisão que estabelece: "Não recebo os presentes embargos declaratórios porque nada há para ser esclarecido." Ora, ao dizer que não há nada para esclarecer está emitindo julgamento de mérito ao pedido. Se não receber, nada haverá para decidir, se há ou não omissão ou esclarecimento a ser suprido. E isso é importante porque os Embargos declaratórios não recebidos não interromperão o prazo de outro(s) recurso(s). A improcedência não altera a interrupção.

6. Do prequestionamento — A Súmula n. 356 do STF reza: "O ponto omisso da decisão, sobre o qual não foram opostos embargos declaratórios, não pode ser objeto de recurso extraordinário, por faltar o requisito do prequestionamento".

A Súmula n. 184 do TST, por sua vez, estabelece: "Ocorre preclusão se não forem opostos ED para suprir omissão apontada em recurso de revista ou de embargo". De uns tempos para cá muitos magistrados têm condenado autores de ED por litigância de má-fé, sob o pretexto de que seriam meramente protelatórios. Há um juiz, em determinado Estado, que, ao final de cada sentença, lança uma ameaça, no sentido de que nada há para ser esclarecido ou acrescentado em sua decisão, e que eventuais embargantes de declaração serão submetidos às penalidades da lei. Esta situação deixa os advogados com uma espada de Dámocles sobre sua cabeça:

> —se interpõe embargos declaratórios sujeita-se à conclusão subjetiva do juiz, de que se trata de medida protelatória e o pune, e se não interpõe os embargos, verá fulminado seu recurso no Tribunal Superior por falta de prequestionamento. De certa forma, o STJ veio em socorro do advogado, com a Súmula n. 98, dispondo: "ED manifestados com notório propósito de prequestionamento não têm caráter protelatório"!

Disposição que a miúdo é desprezada por magistrados.

7. Os embargos declaratórios modificativos — O TST, na esteira da construção pretoriana no processo civil, editou a Súmula n. 278, dispondo: "A natureza da omissão suprida pelo julgamento de embargos declaratórios pode ocasionar efeito modificativo no julgado". Esta norma é acrescida da Súmula n. 721, II, do mesmo colegiado, determinando que se efeito modificativo possa ser acolhido deva ser submetido ao pronunciamento do colegiado.

O efeito modificativo implica, outrossim, em ser ouvida a parte contrária.

8. Da natureza da decisão recorrida — Por algum tempo era prevalente a tese de que os embargos declaratórios somente eram oponíveis face a sentenças e acórdãos. Hoje é aceito, inclusive pela jurisprudência e seguindo o magistério de Ovídio Baptista e Pontes de Miranda, que os ED podem abranger declaração sobre qualquer tipo de decisão, inclusive sobre despachos interlocutórios.

9. Incabível um segundo ED sobre natureza da decisão não objeto do primeiro ED.

10. Ainda a considerar: a) Não caberá ED sobre ementa; **b)** Em caso de indeferimento do ED cabe agravo de instrumento; **c)** Não há sustentação oral em julgamento de ED.

Algumas observações críticas sobre os embargos declaratórios.

Primeiramente cabe registrar que as reformas da legislação processual, algumas já concretizadas, outras projetadas, seja no âmbito do processo civil, como no trabalhista, a regra é a indisfarçável tentativa de suprimir direitos, dificultar o trabalho dos advogados, restringir o acesso do cidadão ao judiciário, enfim, sob argumentos os mais estranhos, diminuir o número de processos e de recursos, sempre sob o enfoque de evitar o denominado sufoco do judiciário em dar resposta conveniente às demandas. Em lugar de buscar soluções administrativas para melhor aparelhar o Poder Judiciário, busca-se a eliminação das ações e dos recursos, ainda que atropelando princípios que pareciam superiores e inamovíveis, contidos na Carta Magna.

Com os embargos declaratórios temos um exemplo prático e presente. Ampla campanha se desenvolve entre certas esferas de juristas, no sentido da eliminação dos embargos de declaração, do processo civil e trabalhista, ou, pelo menos, esvaziar o instituto de maneira a se tornar, se não inútil, pelo menos de difícil operacionalidade prática.

a) A grande bandeira ora empunhada para terminar com os embargos declaratórios, ou pelo menos esvaziá-los, é de que seria uma medida, utilizada pelos advogados, para protelar os feitos. Note-se, também, que sempre que se quer atropelar algum direito, ou resguardar a Magistratura, considerando a morosidade na prestação jurisdicional, o vilão do drama é sempre apontado como sendo o advogado. O advogado, ao interpor embargos declaratórios estaria tentando protelar o feito. Ocorre que a lei (art. 537 do CPC), determina que o juiz julgará os Embargos no prazo de 5 dias e, no tribunal, o relator apresentará os embargos à Mesa na sessão subsequente. Na realidade o que ocorre é que interposto os embargos, no prazo de 5 dias (para o advogado é prazo fatal) o juiz decidirá após decorridos seis, oito ou mais meses, o mesmo ocorrendo com o relator para trazer o feito à Mesa. Então, se indaga, de quem decorre a indevida protelação do feito? Não mais do que em dez dias, uma vez interpostos os embargos, a Parte deveria ter a conveniente resposta, tempo que não poderia significar nenhuma protelação indevida.

Dir-se-á que o juiz está assoberbado de processos e não tem condições de cumprir a lei. Bem, isso em regra geral é verdade, mas então vamos buscar solução para o excesso de trabalho do magistrado, aparelhando-se devidamente o Judiciário, e não suprimindo o acesso ao Judiciário pelo cidadão, ou dificultando, imoderadamente, este acesso, com flagrante violação ao princípio constitucional do direito do mesmo.

b) Nas revistas jurídicas ultimamente publicadas, encontramos, com certa frequência, artigos de Eminentes Juristas, investindo contra os Embargos declaratórios. Entre os argumentos, dizem que se verifica uma utilização exacerbada dos embargos de declaração. Sem dúvida, o número desses recursos aumentou consideravelmente nos últimos anos, mas esquecem de referir que em grande parte este aumento veio em razão direta da crescente má qualidade das sentenças e dos acórdãos. Princípios de Direito são olvidados, provas contidas nos autos são deixadas sem referência, equivocadas interpretações legais ocorrem seguidamente.

E o que está ocorrendo? Mais uma vez o fato de juízes e desembargadores, cada vez mais frequentemente, não terem condições de inteirar-se, por completo, do que existe nos autos. A redação das decisões é, cada vez em maior número, delegada às assessorias. Essas, em muitos casos, eficientes e judiciosas, mas em muitos outros despreparadas e equivocadas. E os julgadores têm subscrito sentenças e acórdãos sem a devida leitura prévia, sem conhecimento, portanto, do que estão decidindo. Em ocasião recente, um desembargador, na sessão de julgamento, ao ler seu voto, interrompeu-o, pelo meio, declarando verificar que não era essa a sua posição pessoal e retirava o processo de pauta. Louvável a honestidade intelectual e funcional desse Magistrado, mas o que estava ali denunciado? O fato de trazer a julgamento um voto, redigido pela sua assessoria, sem a leitura prévia. Venham as sentenças e acórdãos bem fundamentados, analisando todas as provas, interpretando razoavelmente o texto legal e, certamente, o número de embargos de declaração terá consistente redução.

c) Pretendem outros que seja reduzido o prazo para interposição dos embargos declaratórios, hoje de cinco dias, para 48 horas. Ora, o acompanhamento processual das ações está cada vez mais penoso aos advogados, especialmente quando alguns tribunais já colocaram em prática, em nome da modernidade e do aceleramento processual, a não mais intimação dos advogados dos atos processuais, inserindo-os, simplesmente, na internet, onde, diariamente o advogado deverá pesquisar o andamento de cada um de seus processos.

Reduzir prazo para 48 horas significaria, na prática, a redução drástica de pedidos de esclarecimentos sobre decisões obscuras, omissivas ou contraditórias.

E até se poderia admitir a drástica redução para 48 horas, se também os Promotores fossem obrigados, sob pena de não conhecimento do teor subscrito, a apresentarem seus pareceres no prazo de 48 horas, e os juízes penalizados se em 48 horas não emitissem os despachos nas petições distribuídas.

d) Outros ainda advogam como remédio eficaz contra o que denominam exarcebação dos Embargos declaratórios, a possibilidade de o juiz ou desembargador, que recebesse o pedido declaratório, poder fulminá-lo, desde logo, apenas declarando a ratificação do que contém a sentença ou o acórdão, sem qualquer fundamentação. Esquecem estes, que a Constituição Federal determina a fundamentação de todos os julgamentos judiciais ou administrativos sob pena de nulidade (CF, art. 93, IX), como inarredável princípio democrático num Estado de Direito.

e) Por fim, pretende-se dar aos Embargos declaratórios apenas o efeito suspensivo e não mais interruptivo, como é no presente (art. 538 do CPC). Apenas mais um subterfúgio para dificultar o acesso à Justiça, significando um retrocesso na história deste recurso.

Esperamos que a OAB esteja alerta e promova uma eficiente campanha para a preservação dos embargos declaratórios, tal como se encontram no atual Código processual, em defesa dos legítimos anseios em prol de uma melhor Justiça.

II) DAS MULTAS

Nossa lei processual dispõe sobre uma série de situações em que são estabelecidas multas aos infratores.

Aí temos, por exemplo, os casos de improcedência ou inadmissibilidade unânime, em ação rescisória (art. 488, II); arrependimento do arrematante (art. 701, § 2º); citação por edital dolosamente requerida (art. 233); ao autor de cota marginal (art. 161); atraso no cumprimento de obrigação de fazer (art. 645); quando considerados manifestamente protelatórios os embargos declaratórios (art. 538 e parágrafos); considerado litigante de má-fé (art. 118), entre outros mais.

A limitação de tempo nos impõe considerarmos apenas dois aspectos sobre a matéria:

A) A IMPOSIÇÃO DE MULTA E INDENIZAÇÃO POR LITIGÂNCIA DE MÁ-FÉ.

1. O art. 18 do CPC determina o pagamento de uma **multa** de 1% (um por cento) sobre o valor da causa, em caso de litigância de má-fé, e uma indenização à parte contrária, dos prejuízos que sofreu, mais honorários advocatícios e demais despesas.

No § 2º a regra é complementada, dispondo que o valor da indenização será desde logo fixado em quantia não superior a 20% (vinte por cento), sobre o valor da causa, ou liquidado por arbitramento.

2. Estamos, então, diante de duas situações distintas: — uma penalidade, a multa, e uma reparação, as perdas e danos.

Equivocadamente, s.m.j. em muitas sentenças se tem condenado o acusado de litigância de má-fé a uma **multa** de 10, 15 ou 20%, e o que se afigura ainda mais equivocado é a ratificação dessas decisões por tribunais superiores.

3. A **indenização** pressupõe prejuízo, e o prejuízo deve ser invocado e provado pelo interessado. Se não houve prejuízo à parte, ou se esta não se manifesta sobre uma reparação indenizatória sobre comprovados prejuízos, não cabe ao juiz decretar ressarcimento de ofício. Não tem consistência científica pretender a existência de uma indenização penal diferente da indenização civil. Normas processuais não são compartimentos estanques. Infração processual sem dano ocasionará a multa, não a indenização. Indenização não se confunde com punição e sem dano será a multa um *bis in idem*. A fixação de multa por litigância de má-fé superior a 1% sobre o valor da causa, decorrerá de simples argumento de autoridade do juiz, violando a lei e os princípios de melhor justiça.

4. O que a lei diz é que o juiz pode fixar a **indenização**, desde logo, em até 20 % do valor da causa, mas isso não isenta comprovação do prejuízo e a iniciativa do sedizente prejudicado. Esta fixação indenizatória, até este limite, assegura o que o juiz pode fazer desde logo, diante dos requisitos legais. Se a parte entender que o prejuízo foi superior aos 20%, caberá a ele o pedido de liquidação por arbitramento (§ 2º do art. 18 do CPC).

5. O 2º TASP, por intermédio da 5ª Cam., Ap 155.150, in RT 580/164, nos traz uma lúcida e segura lição sobre a matéria, do relator, hoje Ministro da Suprema Corte, Cezar Peluso:

> Litigância de má-fé. Condenação da parte *ex officio*. Inadmissibilidade.
>
> [...] O apelante tem razão, porém, quanto à inoficiosidade da condenação por responsabilidade processual. Posto inconcussa a temeridade de seu procedimento, típico de resistência injustificada ao curso do processo executório, a qual determinou ao credor o dano intuitivo, figurado na depreciação do poder aquisitivo da moeda, durante a consequente suspensão da execução, ao juiz não era dado condená-lo, *ex officio*, ao ressarcimento. Em nenhum instante, nem mesmo nas contrarrazões, o pleiteou o credor embargado. [...] pressupõe direito subjetivo à indenização e [...] não pode ser reconhecido sem provocação do interessado.

No mesmo sentido acórdão do STJ, ver RT 713/221.

B) DA MULTA APLICADA AO ADVOGADO

Alguns Códigos de Processo Civil, anteriores a 1939, dispensavam a figura do advogado no processo, podendo as partes requerer em juízo, pessoalmente. Exemplo o CPC do Rio Grande do Sul, fruto de acentuada orientação positivista. Em outros, foi exigível o advogado, mas considerado em posição subalterna.

Com a federalização do processo, por meio do CPC de 1939, a parte passou a ingressar em juízo, necessariamente, por intermédio de advogados legalmente habilitados (art. 106), salvo algumas raras exceções, como no caso de inexistência de advogado no lugar (§ 1º do mesmo).

Esta noção de que o advogado seja um auxiliar da Justiça impregnou a concepção inclusive de advogados, ilustres juristas. Na realidade "auxiliares da Justiça" são os serventuários, os peritos, os leiloeiros.

O que colocou os pontos nos "is" foi a Lei n. 4.215/1963 (Estatuto da OAB) que dispôs no art. 68: "No seu ministério privado o advogado presta serviço público, constituindo, com os juízes e membros do MMP, elemento indispensável à administração da justiça". E mais, no artigo seguinte: "Entre os juízes de qualquer instância e os advogados não há hierarquia nem subordinação, devendo-se toda consideração e respeito recíprocos".

O estatuto seguinte, (Lei n. 8.906/1994) além de ratificar as disposições anteriores, trouxe um importante aporte, no seu art. 32, parágrafo único: "Em caso de lide temerária, o advogado será solidariamente responsável com seu cliente, desde que coligado com este para lesar a parte contrária, O QUE SERÁ APURADO EM AÇÃO PRÓPRIA". Finalmente cabe recordar que a Carta Magna de 1988, em seu art. 133, elevou a preceito constitucional a indispensabilidade do advogado à administração da justiça e a inviolabilidade de seus atos e manifestações, no exercício da profissão, nos limites da lei.

Lamentavelmente, enquanto muitos setores da magistratura agem com bom-senso e prudência, em se tratando de apreciar alegadas faltas de advogados, há juízes, e não raros os membros de Tribunais de 2º grau que, não por ignorarem a lei, mas por se rebelarem contra ela, fazem a sua "justiça", por critérios totalmente subjetivos, *contra legem*, e aplicam multas e penalidades contra advogados, nos próprios processos em julgamento. Casos há, inclusive, em que Tribunais Regionais ou Superiores aplicam penalidades a advogados, quando sequer se cogitou da hipótese alegadamente faltosa em primeira instância. Com isso relegam o advogado a uma categoria de cidadão de 2º classe, onde poderá ser condenado sem direito a ampla defesa, com gritante violação a princípio constitucional.

É preciso ter presente que muitos incidentes processuais decorrem não da má-fé do advogado, mas, sim, do despreparo profissional. Em que pese o Exame de Ordem tentar mitigar esta situação, ainda muitos conseguem seu registro na Ordem, sem condições para o exercício da advocacia. Se tal ocorre, duas situações são registráveis: 1º da atitude do advogado não resulta prejuízo para a parte contrária, caso em que não é de se cogitar de nenhuma penalidade; 2º resultou prejuízo para a parte contrária. Caberá ao prejudicado, comprovando o dolo ou culpa do advogado e o conluio com seu constituinte, em ação própria (art. 32 da Lei n. 8.906/1994) haver o ressarcimento do prejuízo.

Condenações diretas têm ocorrido:

1 — sob a acusação ao advogado de que é autor de lide temerária, por peticionar contra a lei. E até já há precedente de condenação por litigar contra Súmula. Condenação por advogar contra a lei é prática comum dos regimes ditatoriais, onde as leis são paridas nos porões do Estado, geralmente concebidas por juristas dóceis e coniventes com as violências e arbitrariedades das ditaduras, e que passam a constituir o celebrado Estado de Direito, sem se cogitar da origem espúria desse "Direito" Já D. José I, no século XVIII, punia com degredo para Angola o advogado que, reincidente, em "raciocínios frívolos" pleiteava contra as suas leis régias. A primeira Consolidação de normas sobre a advocacia, de 1934, entre os fatos puníveis, contemplava a hipótese de "advogar dolosamente contra literal disposição da lei"; o Código de Ética, posterior, no mesmo ano, retirou a expressão "dolosamente", de sorte que a punição atingia a hipótese da advocacia contra a lei, com ou sem dolo. O Estatuto da OAB de 1963 (art. 103) vedou (...) "advogar contra literal disposição de lei, presumida a boa-fé e o direito de fazê-lo, com fundamento na inconstitucionalidade, na injustiça da lei ou em pronunciamento judicial anterior". Disposição repetida no (art. 34, VI) Estatuto vigente, de 1994. Pela nossa Lei Maior estamos uníssonos com o Mandamento de Couture: "Teu dever é lutar pelo Direito, mas no dia em que encontrares o Direito em conflito com a Justiça, lute pela Justiça".

Multar advogado porque requereu contra lei ou súmula que considerar injusta será apenas resquício de uma mentalidade fascistóide, herança das ditaduras de todas as épocas e de todas as latitudes.

2 — sob a acusação de ter atentado contra a verdade.

Em primeiro lugar, é de se registrar que a "verdade" caracteriza-se, inúmeras vezes, por uma operação de subjetividade do juiz. Devem ser repelidas as condutas das partes, quando alteram fatos e atos incontestáveis, por exemplo: negar assinatura num documento, autenticada por perícia. Mas a responsabilidade, no caso, é da parte, não do advogado. E se a sentença ou o acórdão pretender responsabilizar o advogado, não há de esquecer que a Constituição lhe assegura o direito de ampla defesa. O que poderá ser concretizado mediante um procedimento incidental, onde e quando o acusado terá oportunidade da ampla defesa e contraditório.

3 — sob a acusação de protelação indevida do feito.

Nos deveres que regem a relação com o cliente, destaca-se o dever de usar de todos os recursos processuais em defesa deste.

No âmbito da Justiça do Trabalho vale relembrarmos a observação de Manoel Antonio Teixeira Filho: "Alguns magistrados, de um tempo até esta parte, fustigados pela pletora de ações que são ajuizadas, passaram a condenar o trabalhador por litigância de má-fé, menos por ocasional lesão ao conteúdo ético do processo do que por irritação diante desse quadro de hipertrofia dos conflitos de interesses a que são chamados a solucionar. Curioso é que rareiam os casos em que o empregador é condenado por litigância de má-fé, como se os trabalhadores fossem os únicos destinatários dos arts. 16 a 18 do CPC (...)". Hoje essa irritação é evidente também nos processos da área cível, em que a maioria das condenações advém de acusação por conduta protelatória. E estão crescendo os casos de multas extensivas aos advogados, em todas as áreas processuais, lamentavelmente sempre com o esquecimento do princípio constitucional da ampla defesa e do contraditório.

Os advogados devem manter-se atentos na defesa de suas prerrogativas. Cabe às Comissões de Defesa das Prerrogativas dos Advogados, na OAB, manterem-se vigilantes e eficientes em defesa dos Colegas em particular e da Advocacia em geral.

Como já dissemos alhures, às antigas virtudes do *Advocatus* Romano, que eram a LEALDADE AO CLIENTE, a DIGNIDADE, e a INDEPENDÊNCIA, hoje precisamos acrescentar mais duas: a VISÃO CRÍTICA e a CAPACIDADE DE SE INDIGNAR E RESISTIR.

Bibliografia

CRUZ, João Claudino de Oliveira e. *Dos recursos no código de processo civil*. Rio de Janeiro: Forense, 1954.

MELLO, Celso de Albuquerque. *Curso de direito internacional público*. São Paulo: Freitas Bastos, 1986. v. 2.

OLIVEIRA, Antônio Cláudio Mariz de. *Embargos do devedor*. São Paulo: José Bushastsky, 1977. p. 44.

TEIXEIRA FILHO, Manoel Antonio. *As alterações do CPC e suas repercussões no processo do trabalho*. São Paulo: LTr, 1996.

TEORIA GERAL DOS RECURSOS E RECURSO ORDINÁRIO

Benizete Ramos de Medeiros [*]

> *"Ninguém jamais foi honrado por aquilo que recebeu.
> Honra é a recompensa por aquilo que damos."*
> Calvin Coalidge

1. LEGISLAÇÕES APLICÁVEIS CF:

Arts. 5º, LV; 102, III.

CLT, arts. 893 a 898 Lei n. 7.701/1988; Lei n. 5.584/1970 art. 2º.

CPC, arts. 500, 501 e 535 (recurso adesivo; ED e desistência do recurso).

TST, Súmulas ns. 1º, 8º, 16, 25, 196, 197, 201, 214, 217, 262, 245, 279, 283, 303, I, 385, 387, II, 392, 393, 421, 422, 425.

OJ ns. 69, 120, 152, 140, 148, 151, 371.

IN n. 27/2005 do TST.

Regimentos Internos dos TRT e TST.

2. CONCEITO

Recurso para Nelson Nery Junior[(1)], "é o meio processual que a lei coloca à disposição das partes, do Ministério Público e de um terceiro, a viabilizar, dentro da

---

(*) Advogada trabalhista no Estado do Rio de Janeiro; Mestre em Direito, professora de Direito do Trabalho e Processo do Trabalho.
(1) NERI JUNIOR, Nelson. *Teoria geral dos recursos*. 6. ed. São Paulo: RT, p. 212.

mesma relação jurídica processual, a anulação, a reforma, a integração ou o aclaramento da decisão judicial impugnada".

Vale ressaltar que dentro da mesma relação processual.

Para Amauri Mascaro Nascimento[2], "é o direito que a parte vencida possui de, na mesma relação processual e atendidos os pressupostos de admissibilidade, submeter a matéria contida na decisão recorrida a reexame, pelo mesmo órgão prolator, ou por órgão distinto e hierarquicamente superior, com o objetivo de anulá-la ou reformá-la total ou parcialmente".

Para Bezerra Leite[3] "recurso é uma espécie de remédio processual, é um direito assegurado por lei, para que a(s) parte(s), o terceiro juridicamente interessado ou o Ministério Público possam provocar o reexame da decisão proferida na mesma relação jurídica processual, retardando, assim, a formação da coisa julgada".

Para Sergio Pinto Martins[4] "No sentido jurídico, recurso é o meio processual estabelecido para provocar o reexame de determinada decisão, visando à obtenção de sua reforma ou decisão".

Note-se que o próprio juiz prolator pode rever e modificar a decisão, tal como ocorre com os Embargos de Declaração, que têm natureza jurídica de recurso.

3. Natureza jurídica

Duas correntes para explicar a natureza dos recursos: a primeira, minoritária, vendo o recurso como ação autônoma de impugnação e a segunda, majoritária, do recurso como prolongamento do exercício do direito de ação, essa seguida por Sergio Bermudes e Manoel Antonio Teixeira Filho, e dentre outros, também por Mauro Schiavi[5] para quem "é meio de impugnação da decisão dentro da mesma relação jurídico-processual em que foi prolatada a decisão, pois pressupõe a lide pendente na qual ainda não se formou a coisa julgada". Nesse sentido, Bezerra Leite[6] que acrescenta que tanto se aplica ao processo comum, quanto ao trabalhista.

4. Fundamentos

Os recursos são uma forma de controle dos atos jurisdicionais pelas instâncias superiores e podem se dividir, em linhas gerais, em:

---

(2) NASCIMENTO, Amauri Mascaro. *Curso de direito processual do trabalho*. São Paulo: Saraiva.
(3) LEITE, Carlos Henrique Bezerra. *Curso de direito processual do trabalho*. 8. ed. São Paulo: LTr, 2010. p. 674.
(4) MARTINS, Sergio Pinto. *Direito processual do trabalho*. 32. ed. São Paulo: Atlas, p. 22.
(5) SCHIAVI, Mauro. *Manual de direito processual do trabalho*. São Paulo: LTr, p. 583.
(6) LEITE, Carlos Henrique Bezerra. *Op. cit.*, p. 675.

4.a) Jurídico — Possibilidade de erro, ignorância ou má-fé do Juiz; reexame da decisão por juízes mais experientes e uniformização na interpretação da Lei;

4.b) Psicológico — Tendência natural do ser humano em não se conformar com as perdas, e a possibilidade de reforma de um julgamento tido como injusto.

No dizer de Schiavi[7] "acreditamos que o argumento mais forte a justificar a existência dos recursos é a falibilidade humana, pois os juízes, como homens, estão sujeitos a erros, que podem ser corrigidos pelo recurso, principalmente nos grandes centros urbanos, onde a quantidade de serviços muitas vezes impede que o juiz proceda uma reflexão mais detalhada sobre o processo".

Por isso, o sistema recursal brasileiro tem sido apontado, juntamente com o processo de execução (trabalhista) e a fase de execução no processual civil, como vilões da razoável duração do processo.

Vale lembrar que a EC n. 45/2004, que ampliou a competência da Justiça do Trabalho, não alterou o sistema recursal, como se extrai da IN n. 27/2005 do TST.

5. Princípios informadores

Necessário aduzir que não há na doutrina uniformidade acerca da enumeração dos princípios que informam o sistema recursal. Mas, seguem as diretrizes do CPC, embora a CLT liste alguns deles. Em linhas gerais, são os seguintes, os mais estudados.

a) vigência imediata da Lei nova (arts. 915 da CLT e 1.211 do CPC)

O recurso é regido pela lei vigente na data da publicação da decisão, não há direito adquirido a determinado recurso, mas o que estiver em vigor, pois, a Lei processual tem vigência imediata, isso tanto quanto ao prazo e aos recursos em espécies. Ex.: se não houver mais RO ou se o prazo for reduzido de 8 para 2 dias, deverá, pois, ser observado quando da interposição.

b) fungibilidade (ou conversibilidade) — art. 794 da CLT e art. 250 do CPC; Súmula n. 421 e OJ n. 152 SBDI-2 TST

É a possibilidade de o recorrente interpor um recurso, ao invés de outro, face ao princípio da instrumentalidade do processo e ao princípio do aproveitamento dos atos. Ou seja, admite-se um recurso nominado errado por outro, desde que observada a tempestividade e a inexistência de erro grosseiro, além de não comprometer a logicidade do sistema recursal.

Fungível é o que pode ser substituído por outra coisa do mesmo gênero, número e grau.

---

(7) SCHIAVI, Mauro. *Op. cit.*, p. 583.

c) unirrecorribilidade ou singularidade — art. 498 do CPC

Só se admite um único recurso de cada decisão de uma vez, pois não há simultaneidade, mas, sim, sucessividade. Nada impede, contudo, que haja razões adicionais, caso a decisão de ED, *v. g.*, venha posteriormente e altere o fundamento das razões recursais.

d) variabilidade

É a possibilidade de substituição de um recurso pelo outro, dentro do prazo, substituindo o anterior equivocado ou com erro grosseiro; possibilidade de variar.

Mas sua utilização, também, não é, atualmente, unânime, tanto que Schiavi[8] sustentado em Wilson de Sousa Campos Batalha aduz "Pensamos que, atualmente, diante da sistemática processual vigente, tanto da CLT, que não contém regra a respeito, como do CPC de 1973, que não repetiu o disposto no art. 809 do CPC, não existir o princípio da variabilidade no ordenamento processual vigente, tampouco no processo do trabalho. Desse modo, uma vez interposto o recurso, o recorrente consuma o ato e não pode alterar a medida recursal [...]".

e) irrecorribilidade das decisões interlocutórias — ou da concentração, art. 893, § 1º, da CLT; Súmula n. 214 do TST (exceção com algumas hipóteses)

É peculiar do Direito do Trabalho, e consiste na possibilidade de, somente ao final, no recurso próprio, ventilar matéria decidida interlocutoriamente.

Bezerra Leite[9] diverge, entendendo que há recursos interlocutórios em determinadas situações, como as decisões terminativas do feito, que acolhem preliminar, ou declaram de ofício a incompetência em razão da matéria ou da pessoa. Nesse sentido, a nova redação da Súmula n. 214 do TST, no sentido de que "não ensejam recurso imediato, salvo nas hipóteses de decisão: a) de Tribunal Regional do Trabalho contrária à Súmula ou Orientação Jurisprudencial do Tribunal Superior do Trabalho; b) suscetível de impugnação mediante recurso para o mesmo Tribunal; c) que acolhe exceção de incompetência territorial, com a remessa dos autos para Tribunal Regional distinto daquele a que se vincula o juízo excepcionado, consoante o disposto no art. 799, § 2º, da CLT".

f) Carlos Henrique Bezerra Leite[10] e Schiavi[11] acrescentam, como princípio, o Duplo Grau de Jurisdição no rol dos princípios, aduzindo, porém, aquele autor: "É princípio, direito ou garantia? Não há uniformidade entre os doutrinadores", tanto que Pinto Martins[12] menciona, em tópico separado dos princípios, que é decorrência do devido processo legal e da ampla defesa (art. 5º, LV, da CRFB); ter direito a um exame do mérito da controvérsia por dois juízes distintos.

---

(8) SCHIAVI, Mauro. *Op. cit.*, p. 592.
(9) LEITE, Carlos Henrique Bezerra. *Op. cit.*, p. 683.
(10) *Op. cit.*, p. 680.
(11) SCHIAVI, Mauro. *Op. cit.*, p. 584.
(12) MARTINS, Sergio Pinto. *Op. cit.*, p. 394/395.

Sofre, porém, crítica de alguns autores. O mesmo Pinto Martins entende que não há só dois graus de jurisdição e sim quatro, considerando o TST, que seria o terceiro e o STF que seria o quarto, e que, portanto, há uma pluralidade de graus de jurisdição, embora de natureza especial, o quarto grau.

h) *non reformatio in pejus*, segundo o qual não se reforma com prejuízo da parte que recorre

i) inexigibilidade de fundamentação ou simples petição — art. 899 da CLT; Súmula n. 422 do TST

Segundo Pinto Martins[13], decorre do art. 899 da CLT a simples petição, o que a nosso ver deve ser entendido, tão somente quanto à petição de encaminhamento das razões, já que essas carecem de indicação e sustentação técnica e fática, tanto que, entende o mesmo autor, esse entendimento deve-se à hipótese de *jus postulandi*.

j) manutenção dos efeitos da sentença ou voluntariedade — arts. 899 da CLT e ss., e 393 do TST

Os Recursos terão efeito meramente devolutivo. É um prolongamento do exercício do direito de ação. É dispositivo e, portanto, só as matérias devolvidas, salvo em se tratando de ente público. Assim que, para Bezerra Leite[14], o efeito devolutivo decorre do princípio dispositivo e é ínsito no sistema jurídico que adota o duplo grau de jurisdição.

6. Efeitos dos Recursos

Em geral, os recursos têm efeitos devolutivo (Súmula n. 393 do CPC) e suspensivo, este tem o condão de impedir o início da execução.

No processo do Trabalho, a regra é o efeito devolutivo (art. 899 da CLT) e só cabe com efeito suspensivo na hipótese da Lei n. 7.701/1988, art. 7º, § 6º.

O efeito devolutivo permite a extração da carta de sentença e liquidação provisória.

7. Pressupostos Recursais ou Requisitos de Admissibilidade

Pressupostos são a observância de determinados requisitos autorizadores do seu trâmite, verificados, duplamente, pelo juiz que proferiu a decisão recorrida e pelo juiz relator ou, no dizer de Schiavi[15], requisitos prévios que o recorrente deve

---

(13) *Op. cit.*, p. 398.
(14) *Op. cit.*, p. 687.
(15) SCHIAVI, Mauro. *Op. cit.*, p. 601.

preencher para que seu recurso seja conhecido e julgado pelo Tribunal. Não podem ser considerados questões prejudiciais, já que não adentram o mérito.

Dividem-se em:

a) Subjetivos ou intrínsecos: São pertinentes à pessoa do recorrente, em linhas gerais, mas não há parcimônia na doutrina, quanto à identificação deles.

> ➡ Legitimidade – (art. 499 do CPC). Habilitação outorgada por lei, pois, além das partes originárias, tem outros a interpor recursos. Ex. Sucessor ou herdeiro — arts. 10 e 448 CLT; Empresa — solidariedade ou subsidiariedade — art. 2º, § 2º, CLT e Súmula n. 331, IX, do TST; litisconsorte e assistente; substituto processual; MPT — Lei n. 75/1993.
>
> ➡ Capacidade (arts. 3º, 4º e 5º do CCB e 8º do CPC). Não basta a legitimidade, é necessário que no momento da interposição do recurso o recorrente esteja plenamente capaz.
>
> ➡ Interesse — É o binômio utilidade mais necessidade. O recurso deve ser necessário, no dizer de Mascaro Nascimento[16], "é a relação necessária entre o bem jurídico indeferido e o benefício em tese que o recorrente teria com o deferimento".
>
> ➡ Schiavi[17], inclui aqui, nesse rol, o requisito cabimento (abaixo analisado), sem mencionar o requisito capacidade e, para Bezerra Leite[18], como outros autores, somente os três acima.

b) Objetivos ou extrínsecos: Em regra, dizem respeito ao processo e sua situação.

> b.1) Tempestividade — arts. 851, § 2º, e 852 CLT e ss.; 1º, 16, 30, 197, 262, II e 308, 385 do TST.

Os prazos dos recursos — 8 dias, em regra para os recursos trabalhistas, salvo ED — 5 dias e RE — 15 dias. Há exceção, quando se trata de entes públicos.

Registre-se que o recurso suspende o prazo.

Admite-se o recurso via fax. Súmula n. 387, II, TST.

> b.2) Previsão legal — arts. 893 CLT e ss. e 102, II, CPC — Decorre do princípio da legalidade. O recurso deve estar previsto em Lei.
>
> b.3) Adequação ou cabimento (ou recorribilidade do ato) — Além de haver previsão legal, é necessário que o ato impugnado enseje o apelo escolhido pelo recorrente.

---

(16) NASCIMENTO, Amauri Mascaro. *Op. cit.*, p. 612.
(17) *Op. cit.*, p. 602.
(18) LEITE, Carlos Henrique. *Op. cit.*, p. 703/704.

b.4) Preparo — arts. 769, 789, § 4º, 790, 832, § 2º, CLT; Súmulas ns. 36, 53, 128, 170, 245, 333; OJs ns. 30, 140 (valor insignificante é deserto).

Importa aduzir que difere do processo civil, já que aqui, além das custas, necessário também o depósito recursal.

a) Custas

➡ O vencido paga o valor das custas no prazo do recursal, quando também deverão ser comprovados. Os valores são fixados na decisão (DARF IN n. 20/2002);

➡ Valor a menor — é considerado deserto. OJ n. 140 da SDI;

➡ Estão isentos: MPT, União, Estado e Município — art. 790-A da CLT;

➡ Empresas públicas e sociedades de economia mista e outras que explorem atividades econômicas sujeitam-se ao regime jurídico das empresas privadas.

b) Depósito recursal — art. 899, § 6º, CLT: Súmulas ns. 128, 161, 425; IN n. 3/93 e Lei n. 8.177/1991, art. 40

É garantia do Juízo e tem finalidade de assegurar o cumprimento de eventual condenação futura. Tem, por isso mesmo, natureza jurídica de garantia recursal e não despesas processuais ou, taxa, como são as custas. Nesse sentido a IN n. 3/1993 do TST.

➡ Seu objetivo é impedir os recursos protelatórios, postergando a execução;

➡ Há tímida discussão na doutrina acerca de sua constitucionalidade, ante o princípio da igualdade de todos perante a lei;

➡ Valor através de tabela, depositado na conta vinculada do empregado;

➡ Não tem previsão para recurso de Agravo de Petição;

➡ Valor a menor, ainda que ínfimo, aplica-se OJ n. 140, SBDI;

➡ É devido a cada novo recurso, assim, na hipótese de RR, recolhe-se a diferença entre o RO e o valor daquele.

b.5) Representação — Súmulas ns. 164, 383, II, 395 do TST e OJs n. 120 SDI-I; 340, 374 SBDI-1. Estatuto da OAB, Lei n. 8.906.

É pacífico o entendimento de que, no processo do trabalho admite-se, ainda, o *jus postulandi*, mesmo em desuso, não sendo pacífico para recurso. No entanto, se for subscrito por advogado, deverá a procuração estar nos autos.

Entende-se que o ato de recorrer é privativo de advogado, logo o estagiário não pode assinar o recurso.

8. Outras questões relacionadas aos recursos

a) Arguição de prescrição na fase recursal — Súmula n. 153 TST c/c art. 193 CC. Há, contudo, autores, como Pinto Martins, que entende pelo descabimento.

b) Recurso por Fac-símile ou meio eletrônico – Lei n. 9.800/1999 e Súmula n. 387, TST e 11.419/2006 — com assinatura eletrônica, ainda não se encontra totalmente em vigor.

c) Juízos de admissibilidade — art. 557 do CPC — é o ato do juiz, para quem o recurso é dirigido, de verificação dos pressupostos recursos, para seguimento do recurso. Essa verificação é dupla, nos dois graus, pois, tanto o juiz que despachará o recurso, como o juiz relator.

Sabe-se que é rigorosa a verificação do prazo e preparo dos recursos.

Há, ainda, alguns, recursos que contam com análise de requisitos específicos como é o caso do Recurso de Revista.

d) Juntada de documentos – só quando se tratar de fato novo. É a inteligência dos arts. 399 do CPC c/c 787 e 845 da CLT c/c a Súmula n. 8 do TST, que elastece quando provado o justo impedimento da juntada.

e) Recursos no rito sumaríssimo, art. 895 da CLT — Distribuídos de forma mais rápida.

9. Recursos trabalhistas em espécie

O sistema recursal trabalhista contempla, no art. 893 da CLT, os recursos ordinário, de revista, agravos de petição e de instrumento; embargos infringentes no pleno do TST de decisão não unânime; ainda, embargos de declaração (art. 897-A); Agravo Regimental (Lei n. 7.701/1988 e R. Interno TST); Recurso Extraordinário (CF art. 102, III; art. 541, CPC) e pedido de revisão do valor da causa (Lei n. 5.584/1970, art. 2º); recurso adesivo (art. 500 do CPC e Súmula n. 283).

A) Recurso ordinário — art. 895 da CLT, Súmulas do TST ns. 158, 201, 214, 217, 356, 393

a.1. conceito: Importa, de plano, ressaltar que tal recurso não se confunde com aquele também denominado de ordinário e previsto nos arts. 201, II e 105, II da CF. Trata-se de meio recursal de atacar decisão de primeiro grau, de sentenças terminativas ou definitivas.

➡ É semelhante ao Recurso de apelação no Processo Civil

a.2. Cabimento: Súmula n. 214 do TST — Corriqueiramente, é utilizado para impugnação de sentenças de primeiro grau, mas, também, para acórdãos, nos feitos de sua competência originária, tanto em ações individuais como coletivas.

Há, ainda, previsão no âmbito do TST, previsto no RITST, art. 225 de decisões proferidas nos TRTs, em algumas hipóteses. Ex.: ação rescisória; agravo regimental; ação rescisória etc.

Para Bezerra Leite[19], além das três hipóteses previstas na Súmula n. 214 do TST, são também impugnáveis por Recurso Ordinário as decisões interlocutórias terminativas do feito.

➡ Pode, ainda, ser manejado para corrigir *errores in judicando e errores in procedendo* ou anular a sentença.

a.3. Efeitos — Será recebido no efeito meramente devolutivo, devolvendo ao Tribunal a matéria impugnada. Não há previsão na CLT para aplicação do efeito suspensivo no recurso ordinário. Pinto Martins[20] assegura que "Não há efeito suspensivo no recurso ordinário, pois segue-se a regra geral do art. 899 da CLT [...] Apenas no dissídio coletivo o presidente do TST poderá dar efeito suspensivo".

Bezerra Leite[21] aponta, também como exceção, em sede de recurso ordinário, as hipóteses de sentença normativa em dissídio coletivo — Lei n. 10.192/2001, art. 14.

➡ A despeito da OJ n. 113 da SBDI-2, a jurisprudência tem admitido, em caráter excepcional, a aplicação subsidiária do efeito suspensivo em ações cautelares, como, *v. g.*, reintegração de empregado.

a.4. Tramitação — Súmula n. 214 do TST — Interposição no prazo de 8 dias, por petição, dirigida ao juiz que proferiu a decisão recorrida. Volta-se, aqui, à discussão se o RO deverá ser em simples petição ou com as razões de inconformismo.

➡ Admitido o recurso, intimar-se-á a parte contrária para contrarrazões (art 900 da CLT) e, após, os autos são remetidos ao Tribunal competente.

➡ A decisão que admite o recurso ordinário é irrecorrível, mas não vincula o juízo *ad quem*.

➡ Procedimento sumaríssimo terá distribuição imediata (art. 895, § 1º, da CLT).

➡ Deverá ser observado o cabimento do depósito recursal e custas.

➡ Não há impedimento para desistência do recurso ordinário. Art. 501 do CPC.

---

(19) LEITE, Carlos Henrique Bezerra. *Op. cit.*, p. 760.
(20) MARTINS, Sergio Pinto. *Op. cit.*, p. 417.
(21) *Op. cit.*, p. 780.

REFERÊNCIAS

LEITE, Carlos Henrique Bezerra. *Curso de direito processual do trabalho*. 8. ed. São Paulo: LTr, 2010.

MARTINS, Sergio Pinto. *Direito processual do trabalho*. 32. ed. São Paulo: Atlas.

NASCIMENTO, Amauri Mascaro. *Curso de direito processual do trabalho*. São Paulo: Saraiva.

NERI JUNIOR, Nelson. *Teoria geral dos recursos*. 6. ed. São Paulo: RT.

SCHIAVI, Mauro. *Manual de direito processual do trabalho*. São Paulo: LTr.

Do Prequestionamento como Pressuposto Específico para Conhecimento do Recurso de Revista e as Hipóteses de seu Cabimento

Carlos Augusto Marcondes de Oliveira Monteiro [*]

Introdução

Tanto o Recurso de Revista como o de Embargos no TST são recursos de natureza extraordinária e, em decorrência de tanto, devem atender a requisitos específicos para serem conhecidos.

A previsão legal para cabimento do Recurso de Revista, contra decisões em grau de recurso ordinário, está no art. 896 da CLT, prevendo as seguintes hipóteses: (**a**) quando houver divergência jurisprudencial com outro TRT, em seu pleno ou turma, ou com a Seção de Dissídios Individuais (SDI) do TST, ou Súmula de Jurisprudência uniforme do TST; (**b**) por divergência de interpretação de lei estadual, convenção ou acordo coletivo de trabalho, sentença normativa ou regulamento de empresa de observância obrigatória em área territorial que exceda a jurisdição do TRT prolator do acórdão e; (**c**) quando proferida com violação literal de disposição de lei federal ou afronta direta e literal à Constituição Federal.

Diante de uma dessas situações, ainda é necessário verificar a existência dos pressupostos específicos. São eles: (**a**) decisões proferidas em grau de recurso ordinário em dissídios individuais; (**b**) prequestionamento; (**c**) impossibilidade de reexame de fatos e provas; (**d**) atualidade e; (**e**) especificidade.

(*) Advogado. Mestre em direito do trabalho pela PUC-SP. Coordenador do curso de pós-graduação em Direito e Processo do Trabalho da Escola Paulista de Direito — EPD. Professor convidado dos cursos de pós-graduação da Escola Superior da Advocacia — ESA e da Faculdade de Direito de São Bernardo do Campo. Professor de cursos preparatórios para concursos públicos e para a OAB (Praetorium, Marcato e Federal).

Os dois últimos pressupostos devem ser observados na hipótese de divergência jurisprudencial.

Além das hipóteses de cabimento e atendimento dos pressupostos específicos, deverão ser observados os pressupostos genéricos (tempestividade, preparo, legitimidade, capacidade e interesse), e examinar as recomendações do TST, por intermédio da Resolução n. 118/2003.

1. Prequestionamento

Pressuposto específico do recurso de revista é o **prequestionamento**. Significa dizer que a admissibilidade do recurso de revista pressupõe o pronunciamento explícito na decisão recorrida sobre a matéria veiculada.

Em não havendo tal pronunciamento, cabe à parte interessada opor embargos de declaração, desde que a matéria tenha sido abordada no recurso ou nas contrarrazões, sob pena de preclusão. Se, ainda assim, persistir a omissão, será considerado prequestionado.

Neste sentido é a redação da Súmula n. 297 do TST, a seguir transcrita:

> Súmula n. 297 do TST. PREQUESTIONAMENTO. OPORTUNIDADE. CONFIGURAÇÃO. I — Diz-se prequestionada a matéria ou questão quando na decisão impugnada haja sido adotada, explicitamente, tese a respeito; II — Incumbe à parte interessada, desde que a matéria haja sido invocada no recurso principal, opor embargos declaratórios objetivando o pronunciamento sobre o tema, sob pena de preclusão; III — considera-se prequestionada a questão jurídica invocada no recurso principal sobre a qual se omite o Tribunal de pronunciar tese, não obstante opostos embargos de declaração.

A Súmula n. 297 do TST tem de ser analisada em conjunto com a OJ n. 118 da SDI-I, do mesmo Tribunal, que assim estabelece:

> Prequestionamento. Havendo tese explícita sobre a matéria, na decisão recorrida, desnecessário contenha nela referência expressa do dispositivo legal para ter-se como prequestionado este. Inteligência da Súmula n. 297.

Não há, assim, necessidade de oposição de embargos de declaração caso o acórdão traga tese explícita sobre a matéria, ainda que omisso quanto ao dispositivo legal. Em outras palavras, se o artigo de Lei ou da Constituição Federal for expressamente mencionado nas razões recursais ou nas contrarrazões, não há necessidade de que o acórdão a ele faça expressa referência, quando a tese for adotada de forma explícita.

Entretanto, a adoção de tese explícita não exime a parte de mencionar expressamente o dispositivo em sua petição do recurso ordinário ou das contrarrazões.

Mesmo em se tratando de matéria de ordem pública, o Tribunal Superior do Trabalho tem exigido o prequestionamento, conforme se infere da OJ n. 62 da SDI-I do TST:

Prequestionamento. Pressuposto de recorribilidade do apelo de natureza extraordinária. Necessidade, ainda que a matéria seja de incompetência absoluta.

Não concordamos com referida orientação, pois se trata de hipótese de convalidação de nulidade absoluta.

Para o TST, a única hipótese em que não haverá necessidade de prequestionamento (até em razão da impossibilidade), é em se tratando de violação nascida na própria decisão recorrida, conforme redação da OJ n. 119 da SDI-I do TST, abaixo transcrita:

> OJ n. 119 da SDI-I — Prequestionamento. Inexigível. Violação nascida na própria decisão recorrida. Súmula n. 297 inaplicável.

Trata-se de situação em que, quando da elaboração do recurso ordinário ou das contrarrazões, a questão inexistia.

Não configura prequestionamento o fato de o acórdão regional adotar como razões de decidir os fundamentos da sentença. Se isto ocorrer, deverá o recorrente opor embargos de declaração objetivando o pronunciamento, conforme determina a OJ n. 151 da SDI-I do TST:

> OJ n. 151 da SDI-I — Prequestionamento. Decisão Regional que adota a sentença. Ausência de prequestionamento. Decisão regional que simplesmente adota os fundamentos da decisão de primeiro grau não preenche a exigência do prequestionamento, tal como previsto na Súmula n. 297.

Tem-se assim que o recurso de embargos de declaração é um importante remédio processual que a parte deve utilizar para fins de prequestionamento. Contudo, não se trata de mais uma hipótese de cabimento de embargos, pois estes são cabíveis em razão da omissão existente no acórdão sobre uma questão tratada no recurso ordinário ou nas contrarrazões.

O conhecimento ou não do recurso de revista depende, então, da análise dos termos do recurso ordinário ou das contrarrazões. O recurso de revista é um recurso de natureza extraordinária, que deve ser "preparado" na instância ordinária.

O Superior Tribunal de Justiça pacificou entendimento, por intermédio da Súmula n. 98, de que os embargos manifestados com notório propósito de prequestionamento não têm caráter protelatório.

2. Cabimento

A **primeira hipótese** de cabimento, conforme visto, é a de que a decisão recorrida apresente divergência jurisprudencial com outro TRT, em seu pleno ou turma, ou com a Seção de Dissídios Individuais (SDI) do TST, ou Súmula de Jurisprudência uniforme do TST (alínea "a" do art. 896 da CLT).

Neste caso, deverão ser observados ainda os requisitos da **atualidade** e da **especificidade**. A atualidade está prevista no § 4º do art. 896 da CLT quando dispõe "não será considerada como tal a ultrapassada por súmula, ou superada por iterativa e notória jurisprudência do Tribunal Superior do Trabalho".

Este dispositivo foi inserido na CLT pela Lei n. 9.756/1998, que se baseou na Súmula n. 333[1] do TST.

Ainda nesta hipótese de cabimento, há outro pressuposto específico a ser atendido que é o da **especificidade**, exigido pelo item I da Súmula n. 296 do TST, que assim dispõe: "A divergência jurisprudencial ensejadora da admissibilidade, do prosseguimento e do conhecimento do recurso há de ser específica, revelando a existência de teses diversas na interpretação de um mesmo dispositivo legal, embora idênticos os fatos que a ensejam".

A profundidade da especificidade pode ser verificada por meio da Súmula n. 23 do TST que assim estabelece:

> Não se conhece da revista ou dos embargos, se a decisão recorrida resolver determinado item do pedido por diversos fundamentos e a jurisprudência transcrita não abranger a todos.

Decorre daí que não basta a similitude entre a decisão recorrida e o acórdão paradigma. Ambos devem ter tratado do mesmo assunto e utilizado dos mesmos fundamentos, sob pena do não conhecimento do recurso de revista.

Ainda, nesta hipótese de cabimento deverá ser observado o que dispõe a Súmula n. 337 do TST:

> Para comprovação da divergência justificadora do recurso, é necessário que o recorrente: a) Junte certidão ou cópia autenticada do acórdão paradigma ou cite a fonte oficial ou o repositório autorizado em que foi publicado e; b) Transcreva, nas razões recursais, as ementas e/ou trechos dos acórdãos trazidos à configuração do dissídio, demonstrando o conflito de teses que justifique o conhecimento do recurso, ainda que os acórdãos já se encontrem nos autos ou venham a ser juntados com o recurso; II — A concessão de registro de publicação como repositório autorizado de jurisprudência do TST torna válidas todas as suas edições anteriores.

Em que pese a alínea "a" do art. 896 da CLT não tratar expressamente da possibilidade de recurso na hipótese de violação à orientação jurisprudencial, o TST, por meio da OJ n. 219 da SDI-I, já pacificou entendimento de que é admissível. Assim estabelece referido verbete:

> RECURSO DE REVISTA OU DE EMBARGOS FUNDAMENTADO EM ORIENTAÇÃO JURISPRUDENCIAL DO TST. É válida, para efeito de conhecimento do recurso de revista ou de embargos, a invocação de orientação jurisprudencial do Tribunal Superior do Trabalho, desde que, das razões recursais, conste o seu número ou conteúdo.

---

(1) Súmula n. 333. Não ensejam recursos de revista ou de embargos decisões superadas por iterativa, notória e atual jurisprudência do Tribunal Superior do Trabalho.

Não poderia ser diferente, haja vista que as orientações jurisprudenciais são oriundas das seções de dissídios individuais, o que torna cabível o recurso em razão do disposto na alínea "a" do art. 896 da CLT.

Acórdão proferido por outra turma do TST não servirá de paradigma, porquanto a norma exige expressamente que o acórdão paradigma, se for do TST, seja oriundo da SDI. Também, imprestável para comprovar a divergência, acórdão oriundo do mesmo TRT.

A **segunda hipótese** de cabimento está prevista na alínea "b" do art. 896 da CLT, consistente na divergência de interpretação de lei estadual, convenção ou acordo coletivo de trabalho, sentença normativa ou regulamento de empresa de observância obrigatória em área territorial que exceda a jurisdição do TRT prolator do acórdão.

Esta hipótese foi inserida no texto legal pela Lei n. 7.701/1988, que deu ensejo à ADIN ajuizada pela procuradoria do trabalho, sob o argumento de que em tal hipótese haveria a necessidade de reexame de fatos e provas. Foi julgada improcedente a ADIN, dando origem à Súmula n. 312[(2)] do TST.

Sobre referida hipótese de cabimento, o TST editou a OJ n. 147 da SDI-I, que assim dispõe:

> Lei estadual, norma coletiva ou norma regulamentar. Conhecimento indevido do recurso de revista por divergência jurisprudencial. I — É inadmissível o recurso de revista fundado tão somente em divergência jurisprudencial, se a parte não comprovar que a lei estadual, a norma coletiva ou o regulamento da empresa extrapolam o âmbito do TRT prolator da decisão recorrida; II — é imprescindível a arguição de afronta ao art. 896 da CLT para o conhecimento de embargos interpostos em face de acórdão de Turma que conhece indevidamente de recurso de revista, por divergência jurisprudencial, quanto a tema regulado por lei estadual, norma coletiva ou norma regulamentar de âmbito restrito ao Regional prolator da decisão.

Não basta, pois, provar a divergência, é necessário também comprovar que o dispositivo (seja de Lei Estadual, de norma coletiva ou de regulamento de empresa) tem vigência em território que extrapola a jurisdição do TRT prolator da decisão recorrida. Caso contrário, ainda que outro Tribunal tenha analisado de forma contrária o dispositivo semelhante, inviável a discussão via Recurso de Revista, pois, frise--se, é necessário que se trate da mesma norma.

A **terceira hipótese** está prevista na alínea "c" do art. 896 da CLT, que cuida da violação literal de disposição de lei federal ou afronta direta e literal à Constituição Federal.

Não poderá ser uma afronta indireta, reflexa ou disfarçada, como a violação genérica ao inciso II do art. 5º da Constituição, sob o argumento de violação à lei

---

(2) Súmula n. 312. É constitucional a alínea "b" do art. 896 da CLT, com redação dada pela Lei n. 7.701, de 21 de dezembro de 1988.

federal, pois nesse caso não estaria sendo violada a Constituição, mas a norma federal. A afronta deve ser à literalidade.

O acórdão regional deve analisar a questão, indicando o artigo da norma violada. Interpretação razoável, ainda que não seja a melhor, não dá ensejo ao cabimento de Recurso de Revista. Neste sentido é a redação da Súmula n. 221 do TST.

> Súmula n. 221 do TST — I — A admissibilidade do recurso de revista e de embargos por violação tem como pressuposto a indicação expressa do dispositivo de lei ou da Constituição tido como violado; II — Interpretação razoável de preceito de lei, ainda que não seja a melhor, não dá ensejo à admissibilidade ou ao conhecimento de recurso de revista ou de embargos com base, respectivamente, na alínea "c" do art. 896 e na alínea "b" do art. 894 da CLT. A violação há que estar ligada à literalidade do preceito.

A correta indicação do dispositivo violado é requisito para o conhecimento do Recurso de Revista, conforme hipótese tratada na OJ n. 335 da SDI-I do TST e OJ n. 115 da SDI-I do TST.

> OJ n. 335 da SDI-I do TST. Contrato nulo. Administração pública. Efeitos. Conhecimento do recurso por violação do art. 37, II, e § 2º, da CF/1988. A nulidade da contratação sem concurso público, após a CF/1988, bem como a limitação de seus efeitos, somente poderá ser declarada por ofensa ao art. 37, II, se invocado concomitantemente o seu § 2º, todos da CF/1988.

> OJ n. 115 da SDI-I do TST. RECURSO DE REVISTA OU DE EMBARGOS. NULIDADE POR NEGATIVA DE PRESTAÇÃO JURISDICIONAL. O conhecimento do recurso de revista ou de embargos, quanto à preliminar de nulidade por negativa de prestação jurisdicional, supõe indicação de violação do art. 832 da CLT, do art. 458 do CPC ou do art. 93, IX, da CF/1988.

A indicação do dispositivo legal ou constitucional não significa dizer que é necessário utilizar expressões como "contrariar", "violar", "ferir" etc., conforme entendimento pacificado pelo TST, na OJ n. 257 da SDI-I do TST.

> OJ n. 257 da SDI-I do TST. Recurso. Fundamentação. Violação legal. Vocábulo Violação. Desnecessidade. A invocação expressa, quer na Revista, quer nos Embargos, dos preceitos legais ou constitucionais tidos como violados não significa exigir da parte a utilização das expressões "contrariar", "ferir", "violar" etc.

Em se tratando de procedimento pelo rito sumaríssimo, só caberá recurso de revista na hipótese de violação da Constituição Federal e contrariedade à Súmula do TST e na execução somente será admissível por ofensa à Constituição Federal.

Conclusão

As restritas hipóteses para o cabimento do Recurso de Revista se justificam em razão da natureza extraordinária de tal recurso. Há uma presunção de justiça realizada depois de julgada a ação por 4 juízes (um de primeira instância e três do Tribunal Regional), razão pela qual o direito das partes, em se tratando de recurso extraordinário, fica em segundo plano, podendo ser atingido quando questões maiores estiverem envolvidas.

Por esse motivo o prequestionamento torna importante pressuposto recursal, pois o que justifica o conhecimento da matéria pelo TST não é o direito da parte mas sim a pacificação da jurisprudência nacional mediante uma interpretação uniforme da legislação.

É importante para o Brasil que haja a uniformização nacional da jurisprudência, de modo que a legislação seja interpretada da mesma forma por todos os 24 Tribunais Regionais do Trabalho, razão da importância do Recurso de Revista e de Embargos no TST.

AGRAVO DE INSTRUMENTO

João Pedro Ferraz dos Passos [*]

1. FINALIDADE DO AGRAVO DE INSTRUMENTO NO PROCESSO DO TRABALHO

O agravo de instrumento no processo do trabalho tem uma finalidade muito mais restrita do que no processo comum.

Enquanto lá destina-se a impugnar, além das decisões negativas de admissibilidade de recursos, uma série de outras decisões interlocutórias e incidentais, aqui no processo do trabalho tem uma finalidade única, resumida a veicular o inconformismo das partes quanto aos despachos denegatórios de processamento de recursos.

O princípio específico do processo do trabalho, consistente na irrecorribilidade das decisões interlocutórias, regulado no art. 893, § 1º, da CLT limita a atuação desta modalidade recursal, não obstante ela se faça necessária em muitas outras hipóteses que pretendemos abordar.

Esta necessidade de ampliação do Agravo de Instrumento no Processo do Trabalho se mostra também necessária em algumas situações criadas pela nova competência trabalhista definida no art. 114 da Constituição Federal com a alteração

---

[*] Advogado em Brasília, com atuação no Tribunal Superior do Trabalho, professor de Direito e Processo do Trabalho do UniCEUB, Subprocurador-geral do Trabalho aposentado, Vice-presidente da ABRAT para o Distrito Federal e Presidente da JUTRA — Associação Luso Brasileira de Juristas do Trabalho.

introduzida pela EC n. 45. Quando esta competência é exercida em ações que tramitam fora do caminho processual reservado pela CLT para à Reclamação Trabalhista, tais como o Mandado de Segurança; as Ações Civis Públicas; as Ações Anulatórias, notadamente as que postulam a anulação de autos de infração lavrados pela fiscalização, e outras ações cujo rito seguem o CPC, a necessidade de uso do Agravo de Instrumento para impugnar decisões interlocutórias se mostra extremamente útil e necessário. Sobre estas questões nos deteremos mais adiante, considerando que algumas soluções reclamam providências legislativas para alteração das normas em vigor.

2. As disposições da CLT

O Agravo de Instrumento no processo do trabalho tem previsão nos art. 897, letra *b*, da CLT, na IN n. 6 do TST, e nas disposições do Código de Processo Civil, por aplicação subsidiária decorrente do comando inserido no art. 679 da CLT.

Cumpre-nos então delimitar as hipóteses de cabimento do Agravo de Instrumento no processo do trabalho, relembrar os pressupostos de recorribilidade desta modalidade recursal e detalhar as particularidades detectadas pela jurisprudência a respeito de alguns pontos então controvertidos e já pacificados pelo Tribunal Superior Trabalho.

O art. 897, letra *b*, da CLT dispõe que cabe Agravo de Instrumento e define a finalidade deste recurso, reforçando, no § 2º, o efeito da medida quando interposta contra decisão que nega seguimento a Agravo de Petição. Esta cláusula de reforço do efeito apenas devolutivo dos recursos trabalhistas pode induzir ao entendimento de que o Agravo tem efeito suspensivo quando pretender destrancar outros recursos.

O Agravo de Instrumento, embora de cabimento restrito no processo do trabalho, foi sempre subsidiado pelas normas de processo comum, ante a omissão da CLT quanto aos detalhes de sua interposição.

Com as reformas constantes do Código de Processo Civil, alterando normas de processamento de recursos e notadamente do Agravo, fizeram-se necessárias algumas atualizações da legislação consolidada, no tocante ao recurso em análise.

O § 4º do art. 897 da CLT define a competência para julgar o recurso, enquanto o § 5º do mesmo artigo lista as peças indispensáveis à formação do Instrumento, estabelecendo a pena de não conhecimento do mencionado recurso, caso não sejam cumpridas tais exigências. Dentre as peças que exige como obrigatórias, a CLT inclui outras, numa norma genérica e em branco, cuja avaliação da necessidade do translado deixa a cargo da parte recorrente. A título de exemplo podemos tomar como parâmetro um Agravo que pretenda destrancar um recurso que teve seu curso negado por deserção, alegando-se que a parte não preencheu corretamente e Guia de custas. Evidente que o documento correspondente deve fazer parte do traslado, independente de estar arrolado no mencionado dispositivo legal.

Com as alterações do Código de Processo Civil a respeito da forma de interposição do Agravo de Instrumento, o TST entendeu necessário, para afastar dúvidas a respeito do processamento do recurso, explicitar a matéria, e o fez pela IN n. 16, de 5.10.2000, a pretexto de uniformizar a interpretação da Lei n. 9.756, de 17.12.98, que estabeleceu, entre outros pontos, que o Agravo de Instrumento no Processo do Trabalho continuou obedecendo às regras tradicionais seguidas no âmbito da Justiça do Trabalho, notadamente quanto à Interposição no juízo que proferiu a decisão agravada.

É claro que, diante dos princípios norteadores do processo do trabalho e considerando a importância da celeridade, a sistemática da CLT é mais eficiente, permitindo, de pronto e nos próprios autos do Agravo o exercício do juízo de retratação pelo órgão judiciário recorrido.

Reforça a Instrução Normativa n. 16, no inciso XII que a tramitação e julgamento do Agravo de Instrumento obedecerão à disciplina legal e ao constante dos respectivos Regimentos Internos do TST e dos Tribunais Regionais do Trabalho. Decorre daí que não há uniformidade na tramitação e julgamento dos Agravos no âmbito dos diversos Tribunais Regionais.

Mais recentemente, pela Lei n. 12.275, de 29.6.2010, foi alterado o inciso I do art. 897 da CLT, para incluir no rol de peças necessárias ao conhecimento do recurso, a comprovação do depósito recursal de que trata o § 7º do art. 899 da CLT e do pagamento das custas.

O depósito de que trata o dispositivo legal mencionado deve corresponder a 50% do valor do depósito exigido para o recurso que se pretende destrancar.

A formação do instrumento do Agravo suscitou inúmeras divergências de interpretação no tocante a detalhes formais, dificultando a interposição deste recurso, acarretando a edição de diversas orientações jurisprudenciais do TST. Detalhes como a autenticação de cópias de documentos, exigida uma autenticação para cada face; falta de peças consideradas essenciais para o julgamento do recurso principal; cópias e carimbos de interposição do recurso principal ilegíveis, levaram um grande número de recursos a serem extintos por irregularidade na formação do instrumento.

Com a adoção dos métodos eletrônicos, inúmeras modificações surgirão no tocante à formalização do instrumento, tanto no que respeita à digitalização das peças quanto na necessidade, ou não, de indicar os atos a serem digitalizados como determina a lei.

Com a evolução dos meios eletrônicos e com as mudanças introduzidas na lei processual comum, novas questões surgirão, a serem resolvidas pela uniformização da jurisprudência no âmbito do processo do trabalho, relevando mais ainda a importância de estar o operador do direito atualizado e atento às decisões dos tribunais quanto a estes detalhes.

3. DA NATUREZA DA DECISÃO RECORRÍVEL POR AGRAVO DE INSTRUMENTO

No processo do trabalho, como já conferimos, o Agravo de Instrumento é o recurso próprio para impugnar decisão que não admite qualquer recurso, inclusive o próprio Agravo.

A decisão prolatada sobre a admissibilidade de recurso, quando negativa, põe fim ao processo, é terminativa e se submete ao recurso de agravo. Sendo uma decisão judicial, o despacho se submete às regras de publicidade e fundamentação, cabendo indagar se estaria também submetida a Embargos de Declaração.

O TST já decidiu a respeito e de forma negativa. O entendimento do TST me parece correto, embora não pelos fundamentos adotados nos precedentes que conhecemos. De acordo com estes precedentes do TST, o despacho negativo de admissibilidade não comporta Embargos de Declaração por entender que se trata de decisão interlocutória. Como já mencionado, o despacho negativo de processamento do recurso geralmente põe fim ao processo, mas não comporta embargos de declaração pelo princípio da utilidade dos recursos, que deve ser observado em qualquer das modalidades recursais. Ocorre que o cabimento do Agravo, independente do despacho impugnado estar ou não fundamentado, e a interposição do recurso, devolve ao juízo *ad quem* o exame de toda a matéria submetida ao juízo primário de admissibilidade. Sendo assim, mostra-se desnecessário o prequestionamento, ainda que haja omissão ou contradição na decisão a ser agravada.

Acompanhamos alguns casos em que a parte interpôs Embargos de Declaração do despacho e, por ser considerado incabível, não interrompeu o prazo para a interposição do Agravo, tendo levado à intempestividade deste recurso.

Outra situação que poderá ocorrer e que há precedentes, é o caso de a parte pedir reconsideração do despacho e o Juiz reconsiderar um caso de irregularidade de representação, por exemplo, mas prosseguir no exame dos pressupostos de admissibilidade e negar o processamento do recurso por outro fundamento. Neste caso, a interposição do Agravo contra o segundo despacho foi considerada intempestiva pelo TST, e corretamente, no nosso entendimento, pois ao proferir o despacho de admissibilidade o juiz esgota o seu ofício, salvo para o exercício do juízo de retratação, limitado à reconsideração da decisão com a única finalidade de liberar o recurso. Não pode o juiz reconsiderar a decisão negativa de admissibilidade e trancar o recurso por outro fundamento, continuando ou repetindo o exercício do juízo de admissibilidade já manifestado. O TST, em decisão de hipótese como a mencionada, considerou intempestivo o Agravo interposto em prazo contado da segunda decisão.

O TST já decidiu também outro caso semelhante invalidando o segundo despacho, em hipótese em que foi denegado o processamento do recurso por deserção e, afastada a deserção pelo juízo de retratação, o processamento do recurso foi obstado por intempestividade.

As decisões proferidas em Agravo de Instrumento pelos Tribunais Regionais do Trabalho não desafiam Recurso de Revista para o TST, não só por força da jurisprudência consolidada, mas também pelas restrições ora impostas pelo art. 896 da CLT ao cabimento deste recurso de natureza extraordinária.

4. Outras hipóteses de possível cabimento do agravo, não previstas na CLT

A aplicação subsidiária da lei processual comum tem deixado espaço para o cabimento do recurso em casos não previstos na CLT. As antecipações de tutela antes da sentença, no processo do trabalho, de acordo com a jurisprudência unificada do TST, desafiam Mandado de Segurança, exatamente pela ausência de adequação do recuso de Agravo para estas questões.

Ora, o Mandado de Segurança é um processo de natureza especial, com finalidades muito restritas e de enorme relevo no ordenamento jurídico pátrio, destinando-se à defesa de direitos individuais agredidos por ilegalidades ou abuso de poder. Não é conveniente banalizar a medida constitucional, transformando-a em substituto de recursos contra decisões judiciais.

Importado que foi da legislação comum o instituto da tutela antecipada, nada mais razoável que se traga também para o processo do trabalho o recurso lá usado para manejar as impugnações contra as decisões concessivas ou não.

Da mesma forma, os despachos decisórios de liminares em mandado de segurança, hoje perfeitamente cabíveis em primeira instância, devem se submeter ao recurso de Agravo, tal como ocorre na justiça comum.

O princípio do processo do trabalho que induz a irrecorribilidade de decisões interlocutórias, deve ser observado com rigor nos processos específicos de Reclamação Trabalhista, pelas razões de celeridade e outras que conhecemos, mas pode ser flexibilizado em processos de outra natureza, transportados do direito instrumental comum, tais como a já referida decisão que antecipa tutela, que resolve pedidos de liminar em mandado de segurança, em ações cautelares, em ações anulatórias e ações civis públicas, em que o procedimento informal da reclamação trabalhista típica nem sempre se justifica.

ANTECIPAÇÃO DE TUTELA NO PROCESSO TRABALHISTA

Mauricio de Figueiredo Corrêa da Veiga [*]

1. Introdução — conceito

O presente estudo tem como objetivo trazer à baila breves considerações acerca da antecipação de tutela e sua aplicabilidade no processo trabalhista, bem como demonstrar o comportamento da Jurisprudência atual acerca do tema em debate.

Discussões têm se travado em relação ao âmbito de aplicação do referido instituto, ou seja, a possibilidade de se antecipar os efeitos da tutela em dissídios individuais, coletivos e em ação rescisória.

Um dos grandes desafios do Poder Judiciário é o de entregar a prestação jurisdicional de forma eficiente e célere, o que nem sempre é possível tendo em vista a complexa gama recursal inerente ao processo e o tempo que este leva para ser julgado.

A garantia do direito de ação, consagrado no art. 5º, XXXV, da Constituição Federal, compreende, além do acesso à Justiça, a garantia de observância de mecanismos que possibilitem a tutela efetiva do direito violado.

A decisão judicial deve ser cumprida em tempo razoável, sob pena de não alcançar sua finalidade quando de sua execução.

---

[*] Advogado. Professor da FGV/*GVlaw*-SP. Formado pela Universidade Católica de Petrópolis. Pós-graduado em Direito e Procurador do Trabalho pela UCAM. Direito Empresarial do Trabalho do MBA da FGV. Membro do IAB. Secretário Geral da Comissão de Direito Desportivo da OAB-DF. Membro da Comissão de Prerrogativas da OAB/DF. Ex-conselheiro do Conselho de Recursos da Previdência Social.

Com este espírito é que a Emenda Constitucional n. 45/2004 inseriu o princípio da razoável duração do processo dentro das garantias fundamentais asseguradas ao indivíduo, insculpido no inciso LXXVIII, do art. 5º da Constituição Federal. *Verbis*:

> a todos, no âmbito judicial e administrativo, são assegurados a razoável duração do processo e os meios que garantam a celeridade de sua tramitação.

Na medida em que na maioria das vezes este "tempo razoável" não tem como ser observado, faz-se necessária a adoção de mecanismos no intuito de se evitar o perecimento do direito.

Na lição do mestre e doutor Jorge Pinheiro Castelo[1] "o procedimento ordinário do processo civil e do processo do trabalho na forma em que foram concebidos se apresentam frequentemente como formas inadequadas de garantir a prometida efetiva e adequada tutela jurisdicional".

Tal preocupação não é nova, pois no início do século XX Giuseppe Chiovenda já havia formulado importante princípio no sentido de que a duração do processo não poderia se transformar em prejuízo para o autor que tinha razão em sua postulação.

Em Portugal não é diferente, sendo que J. J. Gomes Canotilho[2] cita a previsão contida no Código de Processo dos Tribunais Administrativos Fiscais, como definição abrangente de tutela jurisdicional efetiva, cuja previsão é no seguinte sentido: "direito de obter, em prazo razoável, uma decisão judicial que aprecie, com força de caso julgado, cada pretensão regularmente deduzida em juízo, bem como a possibilidade de a fazer executar e de obter as providências cautelares antecipatórias ou conservatórias destinadas a assegurar o efeito útil da decisão".

O professor Estêvão Mallet[3] leciona que "a previsão de medidas liminares, para tutela de direitos ameaçados de dano irreparável ou de difícil reparação, não é mera faculdade do legislador, mas decorrência necessária da garantia constitucional de ação, especialmente quando considerada essa garantia à luz da doutrina instrumentalista do processo".

Há muito que a doutrina pacificou o entendimento no qual é possível a existência de decisões provisórias sobre a lide, proferidas com base em juízo de aparência de veracidade sobre existência do direito, sendo que tais decisões, por serem provisórias, não vinculam o magistrado da sentença final.

É justamente neste contexto que se insere a figura da antecipação da tutela, que contempla a existência de requisitos legalmente previstos para a sua concessão.

---

(1) CASTELO, Jorge Pinheiro. *Tutela antecipada*. 1. ed. São Paulo: LTr, 1999. p. 53, v. 1.
(2) CANOTILHO, J. J. Gomes. *Direito constitucional e teoria da Constituição*. 7. ed. 7. reimp. Coimbra: Almedina, 1998. p. 495.
(3) MALLET, Estêvão. *Antecipação da tutela no processo do trabalho*. 2. ed. São Paulo: LTr, 1999. p. 22.

2. A ANTECIPAÇÃO DA TUTELA — REQUISITOS PARA A SUA CONCESSÃO — COMPATIBILIDADE COM O PROCESSO DO TRABALHO — ÂMBITO DE APLICAÇÃO

A Lei n. 8.952/1994 conferiu a redação do art. 273 do Código de Processo Civil, que assim estabelece em seu *caput*, incisos e parágrafos, *verbis*:

> Art. 273. O juiz poderá, a requerimento da parte, antecipar, total ou parcialmente, os efeitos da tutela pretendida no pedido inicial, desde que, existindo prova inequívoca, se convença da verossimilhança da alegação e:
>
> I — haja fundado receio de dano irreparável ou de difícil reparação; ou
>
> II — fique caracterizado o abuso de direito de defesa ou o manifesto propósito protelatório do réu.
>
> § 1º Na decisão que antecipar a tutela, o juiz indicará, de modo claro e preciso, as razões do seu convencimento.
>
> § 2º Não se concederá a antecipação da tutela quando houver perigo de irreversibilidade do provimento antecipado.
>
> § 3º A efetivação da tutela antecipada observará, no que couber e conforme sua natureza, as normas previstas nos arts. 588, 461, §§ 4º e 5º, e 461-A[4].
>
> § 4º A tutela antecipada poderá ser revogada ou modificada a qualquer tempo, em decisão fundamentada.
>
> § 5º Concedida ou não a antecipação da tutela, prosseguirá o processo até final julgamento.
>
> § 6º A tutela antecipada também poderá ser concedida quando um ou mais dos pedidos cumulados, ou parcela deles, mostrar-se incontroverso*.
>
> § 7º Se o autor, a título de antecipação de tutela, requerer providência de natureza cautelar, poderá o juiz, quando presentes os respectivos pressupostos, deferir a medida cautelar em caráter incidental do processo ajuizado.

A concessão da tutela antecipada é uma decisão de urgência, precária, que baseada no juízo de probabilidade antecipa o efeito da decisão final. Não poderá ser concedida de ofício pelo juiz[5], conforme previsão contida no *caput* do referido dispositivo legal.

Para a concessão da tutela antecipada é necessária a presença cumulativa de: *a)* prova inequívoca e *b)* verossimilhança da alegação.

A prova inequívoca é aquela que não deixa margem para dúvidas e que é necessária e suficiente para a formação do juízo de probabilidade. Segundo J.J. Calmon Passos, *apud* Reis Friede[6], a prova inequívoca "(...) é aquela que possibilita

---

(4) A Lei n. 10.444/2002 atribuiu nova redação ao § 3º e incluiu os §§ 6º e 7º.
(5) Em sentido contrário: Francisco Antônio de Oliveira — *LTr* 60-03/335.
(6) FRIEDE, Reis. *Aspectos fundamentais das medidas liminares*. 4. ed. Rio de Janeiro: Forense Universitária, 1999. p. 527.

uma fundamentação convincente do magistrado. Ela é convincente, inequívoca, isto é, prova que não permite equívoco, engano, quando da fundamentação que nela assenta é dessa natureza".

Verossímil, nos dizeres de Aurélio Buarque de Holanda Ferreira é o que parece verdadeiro ou semelhante à verdade, fundamento este capaz de convencer o juízo da pretensão do autor. Não se trata de certeza absoluta, mas de aparência de verdade, uma espécie de fumaça do bom direito (*fumus boni juris*).

São requisitos necessários ao deferimento da antecipação dos efeitos da tutela: o fundado receio[7] de dano irreparável ou de difícil reparação[8], ou, que fique caracterizado o abuso do direito de defesa[9] ou o manifesto propósito protelatório do réu.

A ameaça ao direito tem que ser atual, sob pena de não se reconhecer o fundado receio e impossibilitar a concessão da tutela antecipada.

O fundado receio está previsto no § 3º do art. 461 do CPC. A demora na concessão da tutela jurisdicional (*periculum in mora*) poderá gerar dano de difícil reparação, a autorizar a antecipação dos efeitos da tutela.

Constitui abuso do direito de defesa a prática de atos impertinentes e desnecessários. Enumerados no art. 17, I e II, do CPC.

É considerado como manifesto propósito protelatório do réu a oposição de resistência injustificada ao andamento do processo; e provocação de incidentes manifestamente infundados (art. 17, IV e VI, do CPC).

Poderá ser deferida a tutela antecipada sem a oitiva da parte contrária — *inaudita altera pars* — sem que tal fato implique em ofensa ao princípio do contraditório.

A antecipação dos efeitos da tutela poderá ser deferida, repita-se, desde que pleiteado pela parte, antes ou depois de apresentada a contestação, bem como no ato em que for proferida a sentença. O momento da concessão da antecipação da tutela é determinante para a escolha do remédio processual a ser utilizado para a cassação dos efeitos concedidos, conforme será visto adiante.

---

(7) O fundado receio está previsto no parágrafo terceiro do art. 461 do CPC. *Verbis*: Art. 461. Na ação que tenha por objeto o cumprimento de obrigação de fazer ou não fazer, o juiz concederá a tutela específica da obrigação ou, se procedente o pedido, determinará providências que assegurem o resultado prático equivalente ao do adimplemento. (...)
§ 3º Sendo relevante o fundamento da demanda e havendo justificado receio de ineficácia do provimento final, é lícito ao juiz conceder a tutela liminarmente ou mediante justificação prévia, citado o réu. A medida liminar poderá ser revogada ou modificada, a qualquer tempo, em decisão fundamentada.
(8) *Periculum in mora*.
(9) Prática de atos impertinentes e desnecessários. Enumerados no art. 17 do CPC.

A decisão que concede os efeitos antecipados da tutela deverá ser fundamentada com precisão ou será passível de revogação ou modificação. A efetivação observará o disposto no art. 475-O do CPC[10], que revogou o art. 588 mencionado no § 3º do art. 273 do CPC.

O art. 273 do CPC tem plena aplicação no processo trabalhista, quer seja pela ausência de norma trabalhista que discipline antecipação de tutela, seja pela aplicação do art. 769 da CLT[11], em razão da compatibilidade do instituto com o processo do trabalho.

Nada obstante a celeridade do rito processual trabalhista em comparação com os demais, mesmo assim faz-se necessária a adoção de mecanismos que otimizem a entrega da prestação jurisdicional, pois em razão do elevado número de demandas trabalhistas, os atos processuais não são concentrados e a audiência de julgamento pode demorar a ocorrer.

A Jurisprudência firmou entendimento de que não se admite tutela antecipada em sede de ação rescisória. Contudo, é cabível pedido liminar formulado na petição inicial desta ação ou na fase recursal, conforme permissivo contido no § 7º do art. 273 do CPC.

---

(10) Art. 475-O. A execução provisória da sentença far-se-á, no que couber, do mesmo modo que a definitiva, observadas as seguintes normas:

I — corre por iniciativa, conta e responsabilidade do exequente, que se obriga, se a sentença for reformada, a reparar os danos que o executado haja sofrido;

II — fica sem efeito, sobrevindo acórdão que modifique ou anule a sentença objeto da execução, restituindo-se as partes ao estado anterior e liquidados eventuais prejuízos nos mesmos autos, por arbitramento;

III — o levantamento de depósito em dinheiro e a prática de atos que importem alienação de propriedade ou dos quais possa resultar grave dano ao executado dependem de caução suficiente e idônea, arbitrada de plano pelo juiz e prestada nos próprios autos.

§ 1º No caso do inciso II do *caput* deste artigo, se a sentença provisória for modificada ou anulada apenas em parte, somente nesta ficará sem efeito a execução.

§ 2º A caução a que se refere o inciso III do *caput* deste artigo poderá ser dispensada:

I — quando, nos casos de crédito de natureza alimentar ou decorrente de ato ilícito, até o limite de sessenta vezes o valor do salário-mínimo, o exequente demonstrar situação de necessidade;

II — nos casos de execução provisória em que penda agravo de instrumento junto ao Supremo Tribunal Federal ou ao Superior Tribunal de Justiça (art. 544), salvo quando da dispensa possa manifestamente resultar risco de grave dano, de difícil ou incerta reparação.

§ 3º Ao requerer a execução provisória, o exequente instruirá a petição com cópias autenticadas das seguintes peças do processo, podendo o advogado valer-se do disposto na parte final do art. 544, § 1º:

I — sentença ou acórdão exequendo;

II — certidão de interposição do recurso não dotado de efeito suspensivo;

III — procurações outorgadas pelas partes;

IV — decisão de habilitação, se for o caso;

V — facultativamente, outras peças processuais que o exequente considere necessárias.

(11) Art. 769. Nos casos omissos, o direito processual comum será fonte subsidiária do direito processual do trabalho, exceto naquilo em que for incompatível com as normas deste Título.

Quando formulado nestas condições, o pedido de antecipação de tutela será recebido como medida acautelatória.

Neste sentido, a Súmula n. 405 do TST[12].

O procedimento mais utilizado para se requerer a antecipação dos efeitos da tutela em ação rescisória é a Ação Cautelar incidental.

3. HIPÓTESES DE CABIMENTO — NATUREZA SATISFATIVA

Na esfera trabalhista, existem inúmeras possibilidades de concessão dos efeitos antecipados da tutela jurisdicional.

A tutela antecipada pode ser concedida quando restar demonstrado que o empregado recebe valor inferior ao salário mínimo ou piso profissional e também na hipótese de situação pré-falimentar em que deixa de pagar salários. Contudo, deve ser evitada a concessão de tutela antecipada quando deferida a recuperação judicial, na medida em que o provimento isolado para um empregado poderá comprometer o plano de recuperação da empresa.

Outra hipótese bem frequente é a manutenção do trabalhador no plano de saúde mantido pela empresa durante a suspensão do contrato de trabalho.

A Jurisprudência pacífica do Tribunal Superior do Trabalho é uníssona em afirmar que não fere direito líquido e certo a concessão de tutela antecipada determinando a reintegração de empregado protegido por estabilidade provisória decorrente de lei ou de norma coletiva[13].

Importante demonstrar a diferenciação entre a tutela antecipatória e a tutela cautelar.

A medida cautelar limita-se a assegurar a futura realização do direito afirmado no processo principal, sem, contudo, satisfazer o direito assegurado, enquanto que a antecipação de tutela concederá o próprio direito perseguido pelo demandante.

A tutela cautelar, na lição de Liebman[14], destina-se "a assegurar que o processo possa conduzir a um resultado útil, razão por que ostenta um objetivo auxiliar e subsidiário das atividades cognitiva e executiva".

---

(12) Súmula n. 405 — AÇÃO RESCISÓRIA. LIMINAR. ANTECIPAÇÃO DE TUTELA
I — Em face do que dispõem a MP n. 1.984-22/2000 e reedições e o art. 273, § 7º, do CPC, é cabível o pedido liminar formulado na petição inicial de ação rescisória ou na fase recursal, visando suspender a execução da decisão rescindenda.
II — O pedido de antecipação de tutela, formulado nas mesmas condições, será recebido como medida acautelatória em ação rescisória, por não se admitir tutela antecipada em sede de ação rescisória.
(13) Orientação Jurisprudencial n. 64 da SBDI-II/TST.
(14) LIEBMAN, Enrico Tullio. *Manual de direito processual civil.* 2. ed. Rio de Janeiro: Forense, 1985. v. 1, p. 216, n. 96.

Para Dinamarco[15], a tutela antecipatória tem "natureza satisfativa e que antecipa, total ou parcialmente, os efeitos da sentença de mérito".

Jorge Pinheiro Castelo[16] pondera que "a satisfação, em si mesma, ainda que provisória, do direito, obtida a partir de um provimento de urgência ou evidência (sumário satisfativo) é rigorosamente a mesma satisfação, definitiva, que será obtida após a decisão de mérito principal".

O art. 899[17] da CLT impede a execução definitiva de título executório enquanto estiver pendente de julgamento de recurso.

À guisa de exemplo, o provimento antecipatório que concede a reintegração do empregado é uma providência calcada no *periculum in mora* que envolve o mérito processual e antecipa o efeito mandamental que seria próprio da decisão final.

Outrossim, o deferimento da reintegração no empregado, em tese, não implicaria em dano irreparável para o empregador, pois mesmo que a decisão meritória revogue a antecipação de tutela concedida, durante o período em que permaneceu reintegrado no emprego o empregador desfrutou da força de trabalho daquele funcionário.

Entretanto, a referida questão não é pacífica, havendo controvérsia em relação à concessão dos efeitos da tutela antecipada nestas hipóteses, por se tratar de obrigação de fazer, principalmente após o cancelamento no ano de 2005 da Orientação Jurisprudencial n. 87 da SBDI-I do TST[18].

Nesse sentido, vale destacar Ozires E. Assan[19] ao discorrer acerca do tema afirmando que "o princípio (irreversibilidade) vale não apenas para a concessão, como também para a execução da medida antecipatória: mesmo quando se tratar de provimento de natureza reversível, o dever de salvaguardar o núcleo essencial do direito fundamental à segurança jurídica do réu impõe que o juiz assegure meios para que a possibilidade de reversão ao *status quo ante* não seja apenas teórica, mas que se mostre efetiva na realidade fática. Não fosse assim, o perigo de dano não teria sido eliminado, mas apenas deslocado da esfera do autor para a do réu".

---

(15) DINAMARCO, Cândido Rangel. *Teoria geral do processo*. 19. ed. São Paulo: Malheiros, 2003. p. 319.
(16) *Apud* Ovídio Batista. *Op. cit.*, p. 233.
(17) Art. 899. Os recursos serão interpostos por simples petição e terão efeito meramente devolutivo, salvo as exceções previstas neste Título, permitida a execução provisória até a penhora.
(18) OJ-SDI2 N. 87 — MANDADO DE SEGURANÇA. REINTEGRAÇÃO EM EXECUÇÃO PROVISÓRIA. IMPOSSIBILIDADE.
O art. 899 da CLT, ao impedir a execução definitiva do título executório, enquanto pendente recurso, alcança tanto as execuções por obrigação de pagar quanto as por obrigação de fazer. Assim, tendo a obrigação de reintegrar caráter definitivo, somente pode ser decretada, liminarmente, nas hipóteses legalmente previstas, em sede de tutela antecipada ou tutela específica.
(19) ASSAN, Osires E. *Da tutela antecipada*. Campinas: Agá Júris, 1998. p. 51.

No mesmo sentido, Antônio Cláudio da Costa Machado[20]:

> Assim, para fazer jus à antecipação de efeitos, o autor da ação haverá de atender não só à exigência de prova inequívoca e *periculum in mora* para a antecipação de natureza cautelar, ou à prova inequívoca e abuso ou propósito protelatório, como terá de demonstrar ao juiz, e convencê-lo, de que a alteração fática a ser produzida é passível de reversão, de retroação.

A Jurisprudência. *Verbis*:

> EXECUÇÃO PROVISÓRIA. OBRIGAÇÃO DE FAZER.
>
> Não é possível, em regra, determinar-se a reintegração imediata de empregado antes do trânsito em julgado da decisão, uma vez que as condenações em obrigação de fazer não comportam execução provisória, dada a impossibilidade de reparação do dano, caso seja reformada a sentença, como pacificado neste Tribunal. Recurso Ordinário em Mandado de Segurança provido.
>
> (SBDI-II — ROMS — 679264/2000 — Rel. Min. Luciano de Castilho — Publicado no DJ de 14.5.2001)

Em sentido contrário:

> TUTELA ANTECIPADA — PROCESSO DO TRABALHO — CABIMENTO — NULIDADE DA DISPENSA — REINTEGRAÇÃO NO EMPREGO. A concessão de tutela antecipada de reintegração no emprego é cabível quando estiverem presentes os requisitos legais previstos nos arts. 273 e 461 do CPC. Assim, restando demonstrados a verossimilhança do direito subjetivo material do empregado na pretensão de reintegração no emprego calcada na nulidade da dispensa e o fundado receio de dano irreparável, exsurge a consonância da decisão regional com os comandos das normas legais supracitadas. Ressalte-se que a hipótese não se amolda à OJ n. 247 da SBDI-1 do TST, uma vez que a motivação da demissão era exigida pelo art. 45, § 2º, da Constituição Estadual.
>
> Recurso de revista não conhecido.
>
> (RR n. 592606-50.1999.5.17.5555, Relator Ministro: Ives Gandra Martins Filho, 4ª Turma, Data de Publicação: 30.1.2004)

Portanto, em se tratando de obrigação de fazer, o procedimento executório com caráter de definitividade pressupõe, notoriamente, o trânsito em julgado do comando condenatório, desde que a concessão da tutela antecipada não implique em dano irreversível ou de difícil reparação.

Em que pesem os distintos argumentos, mesmo após o cancelamento da Orientação Jurisprudencial n. 87 da SBDI-I do TST, é possível o deferimento de reintegração no emprego em antecipação de tutela, quando presentes os requisitos enumerados no art. 273 do CPC.

---

(20) MACHADO, Antônio Cláudio da Costa. *Tutela antecipada*. 2. ed. São Paulo: Oliveira Mendes, 1998. p. 473.

4. Impugnação da decisão que concede a antecipação da tutela

Conforme mencionado acima, a concessão dos efeitos antecipatórios da tutela pode se dar em momentos distintos.

Concedida a antecipação dos efeitos da tutela antes de proferida a decisão judicial, o recurso adequado para se cassar a decisão é o mandado de segurança, desde que violado direito líquido e certo da parte, conforme previsão contida no item II da Súmula n. 414 do TST[21].

Proferida a sentença de mérito no processo principal, o mandado de segurança, interposto contra o deferimento da antecipação dos efeitos da tutela, perderá o seu objeto, nos termos do item III da Súmula n. 414 do TST.

Apesar de parte da corrente doutrinária não admitir esta possibilidade, caso a tutela antecipada seja deferida na sentença[22], o remédio adequado é o recurso ordinário e a ação cautelar incidental, no intuito de visar à suspensão do provimento jurisdicional.

A redação contida no item I da Súmula n. 414 do TST pacificou este posicionamento.

Em suma, tem-se que:

Tutela antecipada **concedida antes de proferida a decisão judicial:** recurso cabível = *mandado de segurança*, desde que violado direito líquido e certo da parte (Súmula n. 414, II/TST).

Proferida a sentença de mérito no processo principal, o mandado de segurança interposto contra o deferimento da antecipação dos efeitos da tutela, perderá o seu objeto, nos termos do item III da Súmula n. 414 do TST.

Tutela antecipada **deferida na sentença:** recurso cabível = *recurso ordinário* e a *ação cautelar incidental*, no intuito de visar à suspensão do provimento jurisdicional.

Se a tutela antecipada foi deferida em grau de recurso[23], monocraticamente por Desembargador ou Ministro, caberá agravo regimental desta decisão.

---

(21) Súmula n. 414 — MANDADO DE SEGURANÇA. ANTECIPAÇÃO DE TUTELA (OU LIMINAR) CONCEDIDA ANTES OU NA SENTENÇA
I — A antecipação da tutela concedida na sentença não comporta impugnação pela via do mandado de segurança, por ser impugnável mediante recurso ordinário. A ação cautelar é o meio próprio para se obter efeito suspensivo a recurso.
II — No caso da tutela antecipada (ou liminar) ser concedida antes da sentença, cabe a impetração do mandado de segurança, em face da inexistência de recurso próprio.
III — A superveniência da sentença, nos autos originários, faz perder o objeto do mandado de segurança que impugnava a concessão da tutela antecipada (ou liminar).
(22) Neste sentido, MARTINS, Sergio Pinto. *Tutela antecipada e tutela específica no processo do trabalho*. 2. ed. São Paulo: Atlas, 2000. p. 83.
(23) Não admite tutela antecipada em grau recursal: MARTINS, Sergio Pinto. *Tutela antecipada e tutela específica no processo do trabalho*. 2. ed. São Paulo: Atlas, 2000. p. 65.

Caberá igual remédio contra decisão monocrática que concede efeito suspensivo em ação rescisória para determinar o sobrestamento da execução de sentença.

Conclusão

O art. 273 do CPC não impõe obrigação ao Juiz, no sentido de conceder antecipadamente a tutela quando caracterizados os elementos descritos na lei e por esta razão a concessão, ou não, da antecipação da tutela está no âmbito de discricionariedade do Juiz (Neste sentido: TST-A-ROMS-579993/99.9. DJ 1º.6.2001).

Incontroverso é o cabimento da antecipação dos efeitos da tutela em sede trabalhista. Trata-se de importante instrumento a ser utilizado pela parte no intuito de se evitar que a demora na entrega da prestação jurisdicional implique no não cumprimento da decisão.

Para a sua concessão devem estar presentes todos os requisitos enumerados nos arts. 273 e 461 do CPC, sob pena de se banalizar o instituto transformando-o em verdadeiro julgamento antecipado do processo.

A morosidade na tramitação das causas submetidas ao Poder Judiciário gera ao jurisdicionado sentimento de insegurança e descrédito, razão pela qual é indispensável que haja constante movimento no intuito de proporcionar uma reforma processual que torne a justiça do trabalho mais célere e eficaz, principalmente em razão da ampliação de sua competência material introduzida pela Emenda Constitucional n. 45/2004.

Não é demais lembrar que a razoável duração do processo é princípio consagrado na Constituição Federal. Entretanto, nem sempre é possível observá-lo, fazendo com que mecanismos que garantam o fiel cumprimento da decisão judicial sejam utilizados como forma de garantir a autoridade do provimento jurisdicional.

Neste contexto, a tutela antecipada é uma das formas de se tentar contornar esta situação, nos casos urgentes.

Bibliografia

ASSAN, Osires Eilei. *Da tutela antecipada*. Campinas: Agá Júris, 1998.

CANOTILHO, J. J. Gomes. *Direito constitucional e teoria da Constituição*. 7. ed. 7. reimp. Coimbra: Almedina, 1998.

CASTELO, Jorge Pinheiro. *Tutela antecipada*. 1. ed. São Paulo: LTr, 1999. v. I.

_____. *Tutela antecipada*. 1. ed. São Paulo: LTr, 1999. v. II.

CHIOVENDA, Giuseppe. *Instituições de direito processual civil*. 2. ed. São Paulo: Saraiva, 1965. v. I.

CINTRA, Antônio Carlos de Araújo; GRINOVER, Ada Pellegrini; DINAMARCO, Cândido Rangel. *Teoria geral do processo*. 19. ed. São Paulo: Malheiros, 2003.

COSTA, Armando Casimiro; FERRARI, Irany; MARTINS, Melchíades Rodrigues. *Consolidação das leis do trabalho* (Compilação de). 35. ed. São Paulo: LTr, 2008.

FERREIRA, Aurélio Buarque de Holanda. *Novo dicionário Aurélio da língua portuguesa*. 3. ed. Curitiba: Positivo, 2004.

FRIEDE, Reis. *Aspectos fundamentais das medidas liminares*. 4. ed. Rio de Janeiro: Forense Universitária, 1999.

LIEBMAN, Enrico Tullio. *Manual de direito processual civil*. 2. ed. Rio de Janeiro: Forense, 1985. v. 1.

MACHADO, Antônio Cláudio da Costa. *Tutela antecipada*. 2. ed. São Paulo: Oliveira Mendes, 1998.

MALLET, Estêvão. *Antecipação da tutela no processo do trabalho*. 2. ed. São Paulo: LTr, 1999.

MARCATO, Antônio Carlos. Ação monitória e antecipação de tutela. FREDIANI, Yone (coord.). *Tendências do direito material e processual do trabalho*. São Paulo: LTr, 2000.

MARTINS, Sergio Pinto. *Tutela antecipada e tutela específica no processo do trabalho*. 2. ed. São Paulo: Atlas, 2000.

_____. *Medidas cautelares no processo do trabalho*. 1. ed. São Paulo: Malheiros, 1996.

MARTINS FILHO, Ives Gandra da Silva (org.). *Direito e processo do trabalho em transformação*. 1. ed. Rio de Janeiro: Elsevier, 2007.

MOREIRA, José Carlos Barbosa. *O novo processo civil brasileiro*. 25. ed. Rio de Janeiro: Forense, 2007.

NEGRÃO, Theotonio; GOUVÊA, José Roberto F. *Código de processo civil e legislação processual em vigor*. 39. ed. São Paulo: Saraiva, 2007.

OLIVEIRA FILHO, Cândido Luiz Maria de. *Curso de prática do processo*. 1. ed. Rio de Janeiro: Jornal do Commercio, 1911. v. 1.

SÜSSEKIND, Arnaldo; MARANHÃO, Délio; VIANNA, Segadas; TEIXEIRA, Lima. *Instituições de direito do trabalho*. 18. ed. São Paulo: LTr, 1999. v. 2.

Mandado de Segurança e Reclamação Correicional [*]

Jorge Pinheiro Castelo [**]

Mandado de Segurança

1. Fundamento constitucional

Do inciso LXIX do art. 5º da CF

Dispõe o inc. LXIX do art. 5º da CF que:

Conceder-se-á mandado de segurança para proteger direito líquido e certo, não amparado em *habeas corpus* ou *habeas data*, quando o responsável pela ilegalidade ou abuso de poder for autoridade pública ou agente de pessoa jurídica no exercício do Poder Público.

2. Da Lei n. 12.016/2009

Dispõe o art. 1º da Lei n. 12.016/2009 que:

Conceder-se-á mandado de segurança para proteger direito líquido e certo, não amparado por *habeas corpus* ou *habeas data*, sempre que, ilegalmente ou com abuso de poder, qualquer pessoa física ou jurídica sofrer violação ou houver justo receio de sofrê-la por parte de autoridade, seja de que categoria for e sejam quais forem as funções que exerça.

(*) Artigo elaborado com base e no formato da palestra proferida no dia 8.6.2011, na AASP.
(**) Advogado, especialista (pós-graduação), mestre, doutor e livre docente pela Faculdade de Direito da Universidade São Paulo. Sócio do Escritório Palermo e Castelo Advogados.

3. Do cabimento do mandado de segurança

O Mandado de Segurança cabe justamente onde o comum, o ordinário, se mostrar incapaz de impedir a ameaça ou reparar, de pronto, a violação de direito líquido e certo por ato ilegal ou abusivo de autoridade pública.

O *mandamus* é o instrumento que completa o sistema de remédios organizados pelo legislador processual, cobrindo as falhas neste existentes no que diz respeito à tutela de direitos líquidos e certos cabe, pois, a Segurança, quando não haja outra medida eficaz para impedir a ofensa de direito líquido e certo, com dano de difícil reparação.

O objeto do mandado de segurança é sempre a correção de ato ou omissão de autoridade, desde que ilegal e ofensivo de direito individual, líquido e certo.

É cabível o *writ* contra ato judicial de qualquer natureza e instância desde que ilegal e violador de direito líquido e certo do impetrante e não haja possibilidade de coibição eficaz e pronta pelos remédios comuns.

Não há motivos para restrição à segurança em matéria judicial, uma vez que a Constituição da República e a lei a concede amplamente para proteger direito líquido e certo não amparado por *habeas corpus*, seja qual for a autoridade responsável pela ilegalidade ou abuso de poder.

4. Da inexistência e impossibilidade de se manusear qualquer recurso imediato e eficaz

O Mandado de Segurança, sim, é admissível contra vício de Juízo ou *error in iudicando*, cabe, portanto, contra decisões interlocutórias, sentenças, acórdãos, desde que não exista recurso próprio, ou havendo não tenha efeito suspensivo e possa haver dano irreparável.

Por exemplo, não tendo o impetrante qualquer recurso próprio contra a decisão que houve por bem, em violação à coisa julgada, autorizar a penhora nos rostos dos autos e a promoção de execução contra o exequente na sua própria ação/execução.

Com efeito, tendo em vista que, no processo principal, ainda não foram homologados os cálculos da liquidação, não tem o impetrante a possibilidade de arguir tal ilegalidade por meio da oposição de Embargos à Execução ou Impugnação à Sentença de Liquidação, e, posterior Agravo de Petição.

Até porque, tampouco o D. Juízo de primeiro encontra-se seguro, assim, também, por tal motivo não há a possibilidade de se questionar tal decisão violadora de direito líquido e certo, com grave ilegalidade e nulidade contra a coisa julgada e o procedimento executório, através de oposição de Embargos à Execução ou Impugnação à Sentença de Liquidação e, posterior Agravo de Petição.

5. Mais ainda do cabimento do mandado de segurança quando não interposto o recurso: da preclusão fora do processo somente depois de esgotadas as ações constitucionais e legais para resguardá-las

Existem matérias que, pela sua importância e repercussão no sistema processual, não precluem senão depois do julgamento das ações e remédios judiciais *ad extra* ao processo original que o sistema aditou aos recursos específicos, como a ação de embargos de terceiro, ou mesmo depois, quando passíveis de rescisão pela via da ação rescisória ou da ação anulatória, e, finalmente, da ação de fundo constitucional e de segurança do sistema que é o Mandado de Segurança.

Noutras palavras, como os recursos processuais não constituem um fim em si mesmos, são meios de defesa do direito das partes, em se tratando de matéria de ordem pública, o sistema processual aditou, para além dos recursos específicos previstos para atacar a decisão judicial dentro do mesmo processo, outras vias e remédios para suprir a suas deficiências ou a suas preclusões, com o objetivo de proteger o indivíduo e o interesse público contra ilegalidades que afetam o regular exercício da jurisdição.

No caso de violação de direito líquido e certo e que, ainda, envolva dano irreparável ou de difícil reparação, particularmente, em se tratando de matéria que envolva ordem pública, o sistema processual e a Constituição, em aditamento ao sistema recursal endoprocessual, ou seja, específico daquele próprio processo onde ocorreu a lesão, outorga à parte, dentro de um prazo exíguo, um remédio heróico, uma ação constitucional, que é o Mandado de Segurança, como forma de se obter a pronta reparação e tutela do direito líquido e certo — e, assim, que garante a segurança e a própria constitucionalidade do sistema processual que exige a imediata, efetiva e eficaz reparação do direito líquido e certo violado.

Com efeito, como esclarece Kazuo Watanabe:

> Todos esses julgados são marcados pela louvável preocupação de fazer justiça no caso concreto... em todos eles, as seguintes notas comuns: a) manifesta ilegalidade ou abuso de poder a ofender direito líquido e certo apurável sem dilação probatória; b) irreparabilidade do dano pelos remédios processuais comuns...
>
> Em nenhum deles se condicionou à manifestação oportuna e concomitante do recurso sem efeito suspensivo à admissibilidade do *writ*, concedendo-se a este, ao revés, o mesmo alcance do recurso comum.

Também, nesse sentido, é o entendimento da SBDI do C.TST:

> Tribunal: TST acórdão n.: 2362. Decisão: 17.8.1993 Proc: ROMS n.: 73827 ano: 1993 Região: 3 UF: MG. Recurso ordinário em Mandado de Segurança órgão julgador — seção especializada em dissídios individuais. Turma: DI. Fonte DJ data: 17.9.1993 p: 19036. Partes recorrentes: Magda Regina Caldeira de Oliveira. Recorrido: Paulo Roberto Bedete da Silva. Autoridade coatora: juiz-presidente da segunda JCJ de Belo Horizonte. Relator ministro Guimarães Falcão. EMENTA. MANDADO DE SEGURANÇA. TERCEIRO INTERESSADO. Esgotado o prazo de oposição de embargos de terceiro, previsto no art. 1.048 do CPC, o terceiro prejudicado com a alienação de bem, cuja propriedade, alega, dispõe de mandado de segurança. O Enunciado n. 33 não incide, na espécie, com supedâneo no art. 472 do CPC. Decisão votação: unânime. Resultado: provido.

6. DA POSSIBILIDADE E NECESSIDADE DO *WRIT*, COMO ÚNICA VIA PARA GARANTIR O CUMPRIMENTO DA COISA JULGADA VIOLADA

Não cabe Mandado de Segurança contra decisão transitada em julgado, mas, cabe o Mandado de Segurança para garantir o cumprimento da coisa julgada violada.

Com efeito, no sentido, da tese exposta no presente mandado de segurança, é o entendimento do Pleno do Colendo Tribunal Superior do Trabalho:

> Tribunal: TST acórdão n.: 106. Decisão: 23.2.1989 Proc: ROMS n. 63. Ano: 1988. Região: 2 UF: SP. Recurso ordinário em mandado de segurança órgão julgador — tribunal pleno turma: TP fonte DJ data: 17.3.1989 p: 3674 Relator ministro Barata Silva. EMENTA. MANDADO DE SEGURANÇA. DECISÃO PROFERIDA EM AGRAVO DE PETIÇÃO. O Enunciado n. 33 do colendo Tribunal Superior do Trabalho não se aplica na hipótese em que o mandado de segurança é impetrado dentro do prazo que a parte tinha para interpor a sua revista. O mandado de segurança não é cabível para atacar a coisa julgada, mas o é, para fazer prevalecer, em seus efeitos, a decisão não mais sujeita a recurso. Se, no processo de execução o juiz, ao apreciar o *modus faciendi* da mesma, viola a decisão transitada em julgado, então também agrava direito líquido e certo do respectivo titular, cujo gravame, não sendo corrigível, com eficácia, por outro remédio legal, determina o cabimento e a procedência do *writ*. Recurso ordinário em ação de mandado de segurança conhecido e provido.

7. DO DIREITO LÍQUIDO E CERTO

Tratando do direito líquido e certo Buzaid afirma que "a nota marcante do instituto não está propriamente na inexistência de discussão em torno do direito afirmado pelo impetrante, mas na existência de um direito líquido e certo insuscetível de discussão judicial".

"A característica do direito líquido e certo não é assim a sua simplicidade, em contraposição a um direito complicado, que comporta questões de alta indagação. O direito, por menos simples, não se torna por isso incerto. Complexidade não é sinônimo de incerteza."

"O fato complexo, em oposição ao fato simples, é aquele que abrange muitos elementos ou partes, que têm entre si ligação. A complexidade dos fatos não exclui a impetração do mandado de segurança se todos se encontram comprovados de plano."

"Não tem importância a alegação de que o fato é complexo, tampouco basta dizer que o fato é incontroverso. Cumpre verificar, isto sim, se a lei incidiu sobre o fato. Só quando isso ocorre é que se pode dizer que surge o direito subjetivo do impetrante."

Direito líquido e certo corresponde "à ideia de sua incontestabilidade, isto é uma afirmação jurídica que não pode ser séria e validamente impugnada pela autoridade pública, que pratica um ato ilegal ou de abuso de direito".

As partes têm o direito a uma determinada decisão a respeito da concessão ou indeferimento da segurança/liminar, não estando ao livre arbítrio do julgador o poder de conceder ou não o provimento.

Quando o juiz se deparar com conceitos indeterminados e verificar, após a realização da tarefa interpretativa, que a situação concreta se enquadra no modelo previsto na norma, ele deverá obrigatoriamente conceder a liminar. O juiz não tem, segundo nosso entendimento, a discricionariedade de escolher entre conceder ou não a liminar se verificar que os pressupostos para a sua concessão estão presentes. Não há, nestes casos, aquele tipo de discricionariedade em que é facultado ao aplicador da norma agir ou omitir, tomar ou não uma medida. Ele terá sempre a obrigação de conceder a liminar se concluir pela existência dos requisitos e a obrigação de indeferi-la se estes requisitos estiverem ausentes.

A lei, ao estabelecer os *standards* jurídicos que devem ser perquiridos pelo julgador e o alcance de sua decisão (efeitos), deixa evidente que se trata de um juízo de legalidade (de interpretação do direito), afastando a possibilidade de se tratar de um juízo de oportunidade contido na discricionariedade.

Cabe, pois, ao julgador, mas, apenas praticando um juízo de legalidade (de interpretação do direito), verificar se estão presentes ou não os pressupostos (de conveniência e oportunidade já previamente) impostos pela lei.

8. Casos — exemplos

8.1. Mandado de segurança contra indeferimento de perícia médica no caso de pleito relacionado a doença profissional.

8.2. Mandado de segurança para plano de saúde — internação gestante, cirurgia etc.

8.3. Penhora em dinheiro em execução provisória tendo sido oferecidos bens.

8.4. Mandado de segurança para prevalecer coisa julgada — intervenção contra decisão civil contrária.

8.5. Mandado de segurança: reintegração não concedida em liminar de reintegração de estável.

RECLAMAÇÃO CORRECIONAL

I. DA RECLAMAÇÃO CORREICIONAL — E DA DISTINÇÃO ENTRE MANDADO DE SEGURANÇA E RECLAMAÇÃO CORREICIONAL

1. CONCEITO

O Tribunal Superior do Trabalho e os Tribunais Regionais do Trabalho em seus regimentos internos tratando da correição parcial esclarecem que a medida objetiva modificar despachos desviados de seu verdadeiro propósito, ou, ainda, corrigir omissões do juiz, na direção do processo, desde que não haja recurso previsto para a espécie, nem a possibilidade de serem corrigidos por outro meio admitido em lei.

2. DESTINAÇÃO

A correição parcial se presta a emendar erros ou abusos que importarem inversão tumultuária dos atos e fórmulas de ordem legal do processo, quando para o caso não existir recurso.

3. EXERCÍCIO DE PODER

As atividades jurisdicionais são preordenadas para o exercício do poder e onde há exercício do poder existe sempre sujeição.

Todavia, a limitação do poder e da sujeição integra a ideia e o valor liberdade e do Estado de Direito, posto que não é legitimo o exercício indiscriminado do poder.

4. FORMAS LEGAIS/DEVIDO PROCESSO LEGAL

Como forma de impedir o exercício arbitrário do poder é que se estabeleceu, na esfera da democracia, o devido processo legal.

Realmente, o desrespeito à ordem processual legal torna o processo inseguro e autoritário, violando o disposto nos arts. 2º do CPC e 763, da CLT, LIII, LIV, LV e XXXV, do art. 5º da CF e art. 114 da CF.

Daí, deve-se dar garantias de participação daquele que está em estado de sujeição e da observância dos modelos legais das atividades jurisdicionais, além do texto constitucional (art. 5º da CF), também, dispõe o art. 2º do CPC "Nenhum juiz prestará a tutela jurisdicional senão quando a parte ou interessado requerer, nos casos e formas legais".

Noutros termos, o direito processual determina, com antecipação, o que o Juiz deve ou pode fazer na condução do processo quanto à observância das formas do devido processo legal.

O juiz deve agir e atuar nos termos do processo legal, ao qual a parte tem o direito subjetivo (art. 2º do CPC e art. 5º da CF).

5. Error in procedendo x error in iudicando

Entretanto, o julgador vai além da letra fria da interpretação do texto legal ao aplicar a lei ao caso concreto. É a independência jurídica do juiz.

A independência jurídica do juiz deve ser desenvolvida nos limites das regras processuais vigentes, sob pena de gerar um desvio do objetivo do poder jurisdicional. Este desvio, caso não haja recurso previsto para corrigi-lo, dá ensejo à interposição da Correição Parcial.

Contra sentença e decisão interlocutória não cabe correição parcial, tendo em vista a carga de juízo de valor que trazem.

A correição parcial cabe contra vício de atividade ou *error in procedendo*, ou seja, não cabe contra decisão que implique em juízo de valor (*error in judicando*), posto que a decisão correcional não pode adentrar no juízo de valor, não pode mandar o juiz julgar valorativamente (com exceção da Súmula Vinculante) de uma forma ou de outra.

O âmbito da correição parcial é ordenar ao juiz que observe a ordem natural do processo.

Logo, cabe contra erro de procedimento, abuso de poder, ou omissão de procedimento legal.

O Mandado de Segurança, sim, é admissível contra vício de juízo de valor ou *error in iudicando*, cabe, portanto, contra decisões interlocutórias, sentenças, acórdãos, desde que não exista recurso próprio, ou havendo não tenha efeito suspensivo e possa haver dano irreparável.

Por último, a Correição Parcial não é tampouco correição medida disciplinar.

II. CORREIÇÃO PARCIAL ESPECIAL — PODER GERAL DE CAUTELA DO CORREGEDOR GERAL DA JUSTIÇA DO TRABALHO

1. Do cabimento de reclamação correicional com fundamento no inciso II do art. 709 da CLT, bem como no § 1º do art. 13, no item II do art. 40 e § 4º do art. 290 do regimento interno da corregedoria da justiça do trabalho:

a) Dispõe o inciso II do art. 709, da CLT, ao enumerar as atribuições do Corregedor-Geral da Justiça do Trabalho, que lhe compete:

decidir reclamações contra os atos atentatórios da boa ordem processual praticados pelos Tribunais Regionais e seus presidentes, quando inexistir recurso específico.

b) Além disso, estabelece o art. 13 e seu § 1º do Regimento Interno da Corregedoria-Geral da Justiça do Trabalho que:

Art. 13. A reclamação correicional é cabível para corrigir erros, abusos e atos contrários à boa ordem processual e que importem em atentado a fórmulas legais de processo, quando para o caso não haja recurso ou outro meio processual específico.

§ 1º Em situação extrema ou excepcional, poderá o Corregedor-Geral adotar as medidas necessárias a impedir lesão de difícil reparação, assegurando, dessa forma, eventual resultado útil do processo, até que ocorra o exame da matéria pelo órgão jurisdicional competente.

c) Dessa forma, o cabimento da reclamação correicional pressupõe o atendimento de dois requisitos: a) irrecorribilidade do ato impugnado; b) tumulto processual, em tese.

III. DO CABIMENTO DA CORREIÇÃO PARCIAL E INDEFERIMENTO DE LIMINAR EM MANDADO DE SEGURANÇA NA HIPÓTESE DE INEXISTÊNCIA DE AGRAVO REGIMENTAL CONTRA ATO QUE NÃO APRECIA E NÃO CONCEDE LIMINAR EM MANDADO DE SEGURANÇA — EX.: CONFORME REGIMENTO INTERNO DO E. TRT/SP

a) O Regimento Interno do E. TRT de São Paulo (art. 175, § 2º, inciso II) determina que não cabe Agravo Regimental contra decisão que indefere liminar em Mandado de Segurança (docs. incluso).

Noutras palavras, contra o indeferimento da Liminar requerida no *writ* primitivo não existe recurso específico.

Logo, presentes a irrecorribilidade do ato e o dano irreparável e a possibilidade da Correição Parcial.

b) No caso, em tese, afigurar-se-ia atentatório da boa ordem processual o procedimento adotado pelo D. Juiz de primeiro grau, sendo que a não concessão da liminar, em Mandado de Segurança, no âmbito do Tribunal Regional, em última análise endossa o tumulto processual originado na primeira instância.

c) Ou seja, o indeferimento da liminar requerida no Mandado de Segurança, ao manter os efeitos e consequências do ato ilegal, injustificável, tumultuário, com denegação e distorção do sentido da prestação jurisdicional, inovação, criando embaraço ilegal e injustificável, *v. g.*, violando a coisa julgada, o regular exercício da jurisdição e o procedimento e processo legal, com dano iminente e irreparável à parte, termina por padecer, absorver e gerar os mesmos vícios e consequências.

d) O indeferimento da liminar, pois, no Mandado de Segurança, culmina por consumar e endossar inversão tumultuária no processo originário, a que cumpre pôr cobro, quer pelo disposto no inciso II do art. 709 da CLT, quer pelo disposto no art. 13, § 1º do Regimento Interno da Corregedoria-Geral da Justiça do Trabalho, em que é imperativa a adoção de providência acautelatória destinada a impedir que as partes sofram dano irreparável.

e) *In casu*, em virtude de erro judiciário, consistente em decisões que configuram atentados à boa ordem processual, com manifesta violação de direito, fundada em decisões teratológicas que lhe fecharam qualquer via, estará o então impetrante e depois corrigente desamparado de qualquer medida eficaz que não seja a Reclamação Correicional para que o Corregedor-Geral, exercendo seu Poder Geral de Cautela, impeça dano irreparável, em especial face o caráter de urgência urgentíssima da liminar do *Mandamus* não concedida e da necessidade de imediata intervenção Correicional sobre o tumulto e a balbúrdia processual que se configurou, na reclamação trabalhista originária, por exemplo, a partir da negação da autoridade da coisa julgada, de forma a se reestabelecer a própria dignidade da Justiça e o exercício regular da jurisidição.

f) Nesse sentido, é o precedente da Corregedoria-Geral da Justiça do Trabalho:

TRIBUNAL SUPERIOR DO TRABALHO PROCESSO TST-RC N. 187934/2007-000-00-00.8 FONTE DJ 11.12.2007. DESPACHO. Trata-se de reclamação correicional formulada por xxxxxxxxxxxxxxxxxxxxxxxx S/A contra a v. decisão não concessiva de liminar, proferida pela Exma. Juíza do Eg. TRT da 2ª Região, Dra. Laura Rossi, nos autos do mandado de segurança n. TRT/SP-13913/2007-000-02-00 (fl. 153). Manteve-se, assim, decisão proferida pela Exma. Juíza da MM. 78ª Vara do Trabalho de São Paulo que, em execução provisória, rejeitou bens oferecidos à penhora e determinou o bloqueio *on line* de suas contas correntes. Alega que o indeferimento da liminar pela Autoridade ora Requerida corroborou o tumulto processual causado pela MM. Vara de origem, porquanto a penhora em numerário em execução provisória, quando nomeados outros bens pela Executada, contraria os arts. 620 do CPC, a Súmula n. 417, item III, do TST e o princípio do devido processo legal. Alega ainda tratar-se de situação extrema, que atrairia a aplicação do art. 13, § 1º, do Regimento Interno da Corregedoria-Geral da Justiça do Trabalho, haja vista a iminência de consumação de lesão de difícil reparação, consistente no não pagamento dos salários dos empregados da ora Requerente. Ao final, requer "seja cassada a r. decisão corrigenda, ordenando à D.

Desembargadora do TRT da 2ª Região, o imediato desbloqueio das contas correntes da ora Reclamante e também a imediata liberação da penhora *on line*, com a expedição de alvará para liberação da quantia penhorada" (fl. 51). É o relatório. **DECIDO. SALIENTE-SE, PRIMEIRAMENTE, A IRRECORRIBILIDADE DO ATO ORA IMPUGNADO, A JUSTIFICAR O CABIMENTO DA PRESENTE RECLAMAÇÃO CORREICIONAL ANTE A VEDAÇÃO DO AGRAVO REGIMENTAL "CONTRA DEFERIMENTO OU INDEFERIMENTO DE LIMINAR", DE ACORDO COM O REGIMENTO INTERNO DO EG. TRT DA 2ª REGIÃO (art. 175, § 2º, inciso II)**. Entendo que a **pretensão ora deduzida pela Requerente deve ser examinada à luz do art. 13, § 1º, do Regimento Interno da Corregedoria-Geral da Justiça do Trabalho, de seguinte teor: "§ 1º Em situação extrema ou excepcional, poderá o Corregedor-Geral adotar as medidas necessárias a impedir lesão de difícil reparação, assegurando, dessa forma, eventual resultado útil do processo, até que ocorra o exame da matéria pelo órgão jurisdicional competente"**. (grifo nosso) Contempla-se aí, como visto, uma modalidade de reclamação correicional de natureza eminentemente acautelatória, que visa impedir a consumação de prejuízos irreversíveis à parte, enquanto pendente de julgamento em definitivo o processo principal. No caso vertente, exsurge nítido o justificado receio de dano de difícil reparação à ora Requerente, NA MEDIDA EM QUE A V. DECISÃO ORA IMPUGNADA, AO INDEFERIR A LIMINAR EM MANDADO DE SEGURANÇA, MANTEVE O POTENCIAL LESIVO DA DECISÃO PROFERIDA NO PROCESSO DE EXECUÇÃO, advindo da apreensão de numerário, mediante bloqueio *on line* de conta corrente, na pendência de execução provisória. Senão, vejamos. O exame dos autos demonstra que a Exma. Juíza da MM. 78ª Vara do Trabalho de São Paulo, nos autos do processo trabalhista n. 02622-2003-078-02-00-4, rejeitou os bens indicados à penhora pela ora Requerente, e determinou o bloqueio de numerário depositado em contas correntes de sua titularidade. Sucede, todavia, que se cuida de execução provisória, porquanto não julgado agravo de instrumento em recurso de revista contra a r. sentença exequenda (Processo TST-AIRR n. 2622/2003-078-02-40.9). Em semelhante circunstância, *data venia* do posicionamento adotado pelo Juízo de origem, a recusa de bens oferecidos à penhora e a preferência por numerário, em estrita observância ao art. 655 do CPC, vai de encontro ao princípio jurídico do menor sacrifício do Executado, estampado no art. 620 do CPC. A jurisprudência remansosa do Tribunal Superior do Trabalho, inclusive, consagra tal entendimento na Súmula n. 417, item III, de seguinte teor: "Em se tratando de execução provisória, fere direito líquido e certo do impetrante a determinação de penhora em dinheiro, quando nomeados outros bens à penhora, pois o executado tem direito a que a execução se processe da forma que lhe seja menos gravosa, nos termos do art. 620 do CPC". Observo ainda que já me pronunciei nesse mesmo sentido, analisando a reclamação correicional TST-RC n. 179714/2007-000-00-00.3, também apresentada pela ora Requerente, em que analisei questão substancialmente idêntica à dos presentes autos (decisão publicada no DJ de 12.4.2007). DESSE MODO, A NÃO CONCESSÃO DA LIMINAR DO MANDADO DE SEGURANÇA E A MANUNTEÇÃO da ordem de bloqueio *on line* de contas correntes, EM ÚLTIMA ANÁLISE, ENDOSSOU O TUMULTO PROCESSUAL ORIGINADO NA PRIMEIRA INSTÂNCIA, ALÉM DE PODER ACARRETAR GRAVES PREJUÍZOS DE DIFÍCIL REPARAÇÃO À ORA REQUERENTE, em virtude do comprometimento de numerário, sem que haja sequer consolidação acerca do valor do crédito trabalhista. POR TAL

RAZÃO, DEFIRO A LIMINAR, ORA REQUERIDA, para: a) suspender a eficácia da v. decisão não concessiva de liminar nos autos do mandado de segurança TRT/SP n. 13913.2007.000.02.00-0 (fl. 153); b) sustar a ordem de bloqueio *on line* das contas correntes da ora Requerente, emanada da MM. 78ª Vara do Trabalho de São Paulo, até o trânsito em julgado da decisão proferida no processo principal (TST-AIRR n. 2622/2003-078-02-40.9). Dê-se ciência, com a máxima urgência, via *fac-símile*, do inteiro teor da presente decisão à MM. 78ª Vara do Trabalho de São Paulo e à Autoridade ora Requerida, dra. Laura Rossi, solicitando-lhe, ainda, que preste as informações necessárias, no prazo de 10 (dez) dias. Determino, outrossim, à MM. 78ª Vara do Trabalho de São Paulo a expedição de alvará para liberação dos valores já bloqueados na pendência de execução provisória. Reautue-se para que conste como Terceiro Interessado José Roberto Garcia. Intimem-se a Requerente e o Terceiro Interessado. Publique-se. Brasília, 7 de dezembro de 2007. João Oreste Dalazen Ministro Corregedor-Geral da Justiça do Trabalho.

h) Nesse sentido, entendimento da Corregedoria-Geral da Justiça do Trabalho, deixando claro, em casos de denegação da pronta prestação jurisdicional, a necessidade de se afastar tecnissísmos e interpretação fria da regra processual, para se conceder a tutela de urgência, garantidora da cobertura integral do sistema processual que não pode deixar o jurisdicionado sem cobertura contra situações ilegais e teratológicas:

Processo TST-RC n. 184740/2007-000-00-00.2. Fonte DJ 13.8.2007 DESPACHO. Trata-se de reclamação correicional formulada pelo SIMPI — Sindicato da Micro e Pequena Indústria do Tipo Artesanal do Estado de São Paulo, contra despacho da lavra da Exma. Juíza do Eg. TRT da 2ª Região, dra. Rilma Aparecida Hemetério, nos autos da Medida Cautelar TRT-MC n. 00130- 2007-000-02-00-6. Por meio dele, a Autoridade ora Requerida declarou-se funcionalmente incompetente para o exame da referida ação cautelar, remetendo os autos à Presidência do TRT, com fulcro no art. 800, parágrafo único, do CPC. Relata o Requerente haver ajuizado a referida ação cautelar incidentalmente aos autos da ação anulatória n. 01571200708702008, ora em grau de recurso ordinário. Por meio da referida ação (fls. 57/102), ajuizada em 1º.8.2007, insurgiu-se o Sindicato contra deliberação da Diretoria da Federação das Indústrias do Estado de São Paulo — FIESP, no sentido de dar continuidade ao processo de eliminação do SIMPI do quadro de filiação da Federação, conforme audiência a ser realizada em 9 de agosto de 2007 (fl. 522). Diante da iminência de realização da referida audiência, postulou o Requerente a concessão de tutela antecipada, a fim de "suspender a 'audiência' prévia a ser realizada entre o Autor e a Diretoria Eleita da FIESP, em sua sede, no próximo dia 9 de agosto, às 16 horas, até decisão final da presente demanda ou até decisão final da anteriormente citada Ação Anulatória de Atos Decisórios n. 0372620060870200" (fl. 101). A MM. 87ª Vara do Trabalho de São Paulo, contudo, em 2.8.2007, declarou-se materialmente incompetente, determinando a remessa dos autos à MM. 13ª Vara Cível de São Paulo (fls. 107/109). Esta, por sua vez, igualmente julgou-se incompetente, suscitando conflito negativo de competência, pendente de apreciação no Eg. Superior Tribunal de Justiça. De toda sorte, contra a v. decisão proferida pela MM. Vara do Trabalho, o ora Requerente interpôs recurso ordinário em 6.8.2007 (fls. 113/130). Paralelamente, ajuizou também ação cautelar (fls. 547/578), renovando a pretensão suscitada na tutela antecipada, de suspensão da iminente audiência a ser realizada na FIESP, o que ensejou a v. decisão ora impugnada, proferida pela autoridade requerida em 7.8.2007. Nas razões da presente reclamação correicional, o Requerente justifica o cabimento da medida "para resguardar o direito do Requerente, que está na iminência de sofrer prejuízos irreparáveis ou prejuízos de difícil reparação" (fl. 5), decorrentes da iminente realização de audiência que iniciará o processo de sua exclusão do quadro associativo da FIESP. No mérito, reputa atentatório à boa ordem processual o despacho ora impugnado, por meio do qual a autoridade requerida devolveu a ação cautelar ao Presidente do TRT, "deixando na prática o Reclamante sem qualquer alternativa processual" (fl. 5). Pugna, assim, pela revogação da "decisão ora impugnada que nada decide e cria um incidente processual de difícil solução no tempo necessário para uma decisão eficaz". Em sequência, reitera o pedido de concessão da liminar formulado na ação cautelar, suscitando, para tanto, os argumentos constantes do processo principal. Ao final, formula os seguintes pedidos: a) "a revogação do ato judicial da MM. Juíza Relatora da Medida Cautelar Incidental n. 00130200700002006, do E. Tribunal Regional do Trabalho da 2ª Região (...), determinando que a autoridade judicial proceda ao processamento e julgamento da aludida medida cautelar, em todos os seus aspectos"; e b) "revogando/reformando a ordem indeferitória da liminar, conceda-a, com fundamento no poder geral de cautela, para justamente suspender a reunião designada para 9 de agosto p.f. a ser promovida pela FIESP em detrimento deste Requerente" (fl. 46). É o relatório. DECIDO. A hipótese vertente encontra respaldo na exceção de que cogita o § 1º do art. 13 do Regimento Interno da Corregedoria-Geral da Justiça do Trabalho, que assim prescreve: "§ 1º Em situação extrema ou excepcional, poderá o Corregedor-Geral adotar as medidas necessárias a impedir lesão de difícil reparação, assegurando, dessa forma, eventual resultado útil do processo, até que ocorra o exame da matéria pelo órgão jurisdicional competente". Contempla-se aí, como visto, uma espécie de reclamação correicional de natureza eminentemente acautelatória, cujo escopo é impedir a consumação de prejuízos irreversíveis à parte, enquanto pendente de julgamento em definitivo o processo principal, o que parece ocorrer no presente caso. Senão, vejamos. Como visto, em 7.8.2007, a autoridade ora requerida declarou-se incompetente para o exame de medida cautelar, por meio da qual se buscava a suspensão de ato a ser consumado no intercurso de apenas dois dias. Fê-lo ao fundamento de que o art. 800, parágrafo único, do CPC autorizaria a remessa dos autos à Presidência do Tribunal, caso não sorteado Relator do recurso principal. O referido dispositivo legal, ao disciplinar a competência funcional para apreciação de medida cautelar incidental a recurso, limita-se a determinar que, "interposto o recurso, a medida cautelar será requerida diretamente ao tribunal". Conclui-se, pois, sem maiores dificuldades, que o CPC limitou-se a estabelecer a competência do Tribunal *ad quem* para conhecer de medidas cautelares cujo processo principal esteja em grau de recurso. O certo é que, no que toca à competência interna no âmbito do Tribunal, o invocado artigo não trata, explicitamente, da questão, deixando a cargo da doutrina e da jurisprudência tal mister. De toda sorte, entendo que, diante do silêncio da lei e da configuração de situação emergente, em que a parte alega dano iminente, a ser consumado em apenas três dias após o ajuizamento da ação cautelar, incumbiria à Autoridade Requerida apreciar, de imediato, a postulação acautelatória, sob pena de total ineficácia da medida intentada. NO ENTANTO, O QUE SE VIU NA

HIPÓTESE VERTENTE, CONSTITUIU, NO MÍNIMO DENEGAÇÃO DA OUTORGA DA PRONTA PRESTAÇÃO JURISDICIONAL REQUERIDA. ABSTRAINDO A URGÊNCIA QUE A CIRCUNSTÂNCIA IMPUNHA, procedeu-se à remessa dos autos à Presidência da Corte, EM PRIVILÉGIO À FRIA E TECNICISTA APLICAÇÃO DAS REGRAS PROCESSUAIS, SEGUNDO UMA INTERPRETAÇÃO SEQUER EXPLÍCITA NO TEXTO LEGAL, e que, de todo modo, refoge à natureza premente ínsita às medidas de natureza cautelar. ENTENDO, POIS, QUE A OMISSÃO EM OUTORGAR A PRESTAÇÃO JURISDICIONAL URGENTE, mediante remessa dos autos da ação cautelar à Presidência do TRT, EM ÚLTIMA ANÁLISE, IMPORTOU SUBVERSÃO PROCEDIMENTAL ao comprometer o resultado útil do processo, ALÉM DE MENOSCABO ÀS NORMAS DO ART. 5º, INCISO LXXVIII e XXXVI, DA CONSTITUIÇÃO FEDERAL. Por essa razão, embora escape à competência da Corregedoria-Geral da Justiça do Trabalho o exame da suposta irregularidade na deliberação para a exclusão do Sindicato do quadro de filiação da FIESP, saltam à vista os temerários efeitos decorrentes da manutenção do v. despacho ora impugnado. Julgo prudente, assim, determinar a suspensão da reunião marcada para o dia 9.8.2007 a ser promovida pela FIESP em detrimento do ora Requerente, bem assim ordenar que Eg. Regional processe e julgue a ação cautelar (TRT-MC n. 00130200700002006), como entender de direito. Ante o exposto, decido: a) suspender, *ad cautelam*, a reunião marcada para o dia 9.8.2007 a ser promovida pela FIESP, em virtual detrimento do ora Requerente, SIMPI — Sindicato da Micro e Pequena Indústria do Tipo Artesanal do Estado de São Paulo; b) recomendar ao Exmo. Juiz Presidente do Tribunal Regional do Trabalho da 2ª Região, com quem estão conclusos os autos, que determine o mais prontamente possível o julgamento da ação cautelar (TRT-MC n. 00130200700002006). Dê-se ciência, com a máxima urgência, via *fac-símile*, do inteiro teor da presente decisão: a) à Terceira Interessada, Federação das Indústrias do Estado de São Paulo — FIESP, no número de telefone indicado às fls. 46/47; b) ao Exmo. Juiz Presidente do Eg. TRT da 2ª Região, Dr. Antônio José Teixeira de Carvalho; e c) à Autoridade ora Requerida, Dra. Rilma Aparecida Hemetério, solicitando-lhe, ainda, que preste as informações necessárias, no prazo de 10 (dez) dias. Intime-se o Requerente. Publique-se. De Porto Velho para Brasília, 8 de agosto de 2007, 22:30 h. João Oreste Dalazen Ministro Corregedor--Geral da Justiça do Trabalho.

IV. Do não cabimento da reclamação correicional contra decisões de órgãos colegiados — do cabimento do mandado de segurança

Nesse sentido, dispõe o plenário do C. TST:

Processo: ED-AG-RC n. 519207. Ano: 1998. Publicação: DJ 16.6.2006 Proc. TST-ED-AG-RC n. 519.207/1998.3. Acórdão Pleno RB/TB/MM/AC. EMBARGOS DE DECLARAÇÃO EFEITO MODIFICATIVO — Verifica-se a ocorrência de omissão no acórdão embargado, tendo em vista que não foi apreciada questão devidamente suscitada pelo ora embargante, no sentido do não cabimento de reclamação correicional para atacar decisão proferida por órgão colegiado em sede de agravo regimental. Suprindo essa omissão, confere-se efeito modificativo aos embargos de declaração, para indeferir a petição inicial e extinguir o processo, sem julgamento do mérito, com apoio nos arts. 295, inciso V, e 267, inciso I, do CPC. Embargos de declaração acolhidos para suprir omissão, conferindo-lhes efeito modificativo. Vistos, relatados e discutidos estes autos de Embargos de Declaração em Agravo Regimental em Reclamação Correicional TST-ED-AG-RC n. 519.207/1998.3, em que é Embargante Sindicato dos Enfermeiros do Estado do Espírito Santo, e Embargado Instituto Estadual de Saúde Pública — IESP. Tratam os autos de reclamação correicional ajuizada pelo Instituto Estadual de Saúde Pública IESP contra acórdão do Tribunal Regional do Trabalho da 17ª Região em agravo regimental, nos autos do Pedido de Providência n. 102/1998, apresentado pelo Sindicato dos Enfermeiros do Estado do Espírito Santo, determinando-se o bloqueio de valores na conta bancária do Instituto. Por meio do despacho de fl. 70, o então Corregedor-Geral da Justiça do Trabalho deferiu a liminar requerida e determinou a suspensão da ordem de sequestro deferida pelo TRT da 17ª Região. Posteriormente, em análise de mérito, a reclamação correicional foi julgada procedente, cassando-se a ordem de sequestro na conta corrente do reclamante, pelos seguintes fundamentos (fls. 80/81): (...) Declara a Suprema Corte não configurar a preterição de que trata o art. 100, § 2º, da Constituição da República, o fato de o devedor não incluir no orçamento verba necessária ao pagamento do débito judicial, ou não saldar o compromisso até final do exercício financeiro seguinte ao ano de apresentação do precatório. A decisão dá ao art. 100 e parágrafos interpretação que orienta no sentido de ser admissível o sequestro de quantia necessária à satisfação do débito, desde que seja a requerimento do credor e exclusivamente para o caso de preterimento de seu direito de precedência. No caso em tela, a falta de quitação do precatório em apreço não importou em desprezo à sua posição na fila dos que ainda aguardam pagamento, segundo se depreende de sua posição na relação juntada às fls. 29/37. Assim, visto pela ótica da decisão do STF, não resta caracterizada a hipótese prevista na parte final do § 2º, do art. 100 da Constituição Federal. Destarte, a decisão do TRT da 17ª Região, determinando o sequestro da quantia necessária à quitação do débito, contraria a boa ordem processual. Contra essa decisão, o Sindicato dos Enfermeiros do Estado do Espírito Santo, na qualidade de litisconsorte, apresentou Agravo Regimental. Parecer do Ministério Público do Trabalho, às fls. 105/108. O Agravo Regimental foi julgado mediante acórdão de fls. 115/117. O Sindicato dos Enfermeiros do Estado do Espírito Santo opôs embargos de declaração às fls. 120/122, apontando contradição no acórdão. Sustentou que os fundamentos utilizados são no sentido de negar provimento ao recurso, mas, na parte dispositiva, constou que o apelo foi provido, julgando-se prejudicada a reclamação correicional. Reitera que, na hipótese, deve ser extinto o presente processo, já que é incabível reclamação correicional contra acórdão proferido por Tribunal Regional em julgamento de agravo regimental. Foi deferido o prazo de 5 (cinco) dias para manifestação da parte contrária (fl. 124) que, entretanto, manteve-se silente (fl. 125). Os autos foram enviados à Secretaria da Corregedoria-Geral da Justiça do Trabalho, onde ficaram aguardando o julgamento do Conflito de Competência n. 30.079/ES, pelo Superior Tribunal de Justiça. A Secretaria da Corregedoria-Geral da Justiça do Trabalho, à fl. 127, informou que o mencionado Conflito de Competência foi julgado, motivo pelo qual os autos vieram-me conclusos. Em Mesa. É o relatório. VOTO. Satisfeitos os pressupostos extrínsecos de admissibilidade, CONHEÇO dos embargos de declaração. Assiste razão ao embargante, quando aponta contradição no acórdão de fls. 115/117, pois seus fundamentos são no sentido de negar provimento ao Agravo Regimental, enquanto na parte dispositiva do voto consta que o agravo foi provido, julgando-se prejudicada a reclamação correicional. Assim sendo, os presentes embargos de declaração devem ser acolhidos para, sanando a contradição indicada, alterar a parte dipositiva do acórdão de fls. 115/177, fazendo constar que os Ministros do Pleno do Tribunal Superior do Trabalho acordaram, à unanimidade, negar provimento ao agravo regimental. Por outro lado, verifica-se a ocorrência de omissão no acórdão embargado, pois não foi apreciada questão devidamente suscitada pelo ora agravante, no sentido do não cabimento da reclamação correicional, haja vista atacar decisão proferida por órgão colegiado em sede de Agravo Regimental. Passo a suprir a omissão, consignando que razão assiste ao embargante. Com efeito, conforme decidido pelo Tribunal Pleno nos autos do Processo AGRC n. 71.214/2002-000-00-00-0, em face do que dispõe o art. 709 da CLT, é inviável a intervenção da Corregedoria-Geral para reexame de decisão consubstanciada em acórdão de Tribunal Regional, independente da natureza da matéria controvertida, porquanto a função dela está adstrita ao controle administrativo disciplinar. Só os órgãos judiciários com função jurisdicional conferida por lei estão autorizados a revisar/reformar decisão de órgão colegiado. Justifica-se tal ilação pelo fato de que o julgamento de um recurso pelo órgão competente, como, no caso, o Agravo Regimental, desde que sejam respeitadas as fases processuais precedentes estabelecidas em lei e no Regimento Interno do órgão julgador, não pode ser considerado como atentatório dos princípios processuais ou tumultuário das fórmulas procedimentais, porque a decisão emanada desse julgamento jamais poderá encerrar *error in procedendo*, mas, eventualmente, *error in judicando*. Esse último, entretanto, não pode ser objeto de correição parcial. Só os atos de conteúdo meramente processual ou ordinatório é que podem ser corrigidos por reclamação correicional. Estão fora do seu alcance os atos de julgamento. No mesmo sentido, acórdão do Tribunal Pleno no Processo AG-RC n. 70.768/2002, DJ 24.10.2003. Assim sendo, conclui-se que, de fato, a presente reclamação correicional é manifestamente incabível, já que objetiva impugnar decisão colegiada, o que extrapola da competência do órgão corregedor. Pelo exposto, ACOLHO os embargos de declaração para sanar contradição e suprir omissão, conferindo-lhe efeito modificativo a fim de declarar incabível a reclamação correicional e, assim, indeferir a petição inicial e extinguir o processo, sem julgamento do mérito, nos termos dos arts. 295, inciso V, e 267, inciso I, do CPC. ISTO POSTO, ACORDAM os Ministros do Tribunal Pleno do Tribunal Superior do Trabalho, por unanimidade, acolher os embargos de declaração para: a) sanando contradição, alterar a parte dispositiva do acórdão de fls. 115/177, de modo a constar que a decisão foi no sentido de "negar provimento ao agravo regimental"; b) suprindo omissão, conferir-lhe efeito modificativo, a fim de declarar incabível a reclamação correicional e, assim, indeferir a petição inicial e extinguir o processo, sem julgamento do mérito, nos termos dos arts. 295, inciso V, e 267, inciso I, do CPC. Brasília, 4 de maio de 2006. Rider de Brito Ministro Relator.

Nesse sentido, o entendimento desse E. Tribunal:

Tipo: Mandado de Segurança. Data de Julgamento: 23.11.2006. Relator(a): Anelia Li Chum. Revisor(a): Maria Aparecida Duenhas. Acórdão n. 2006021620. Processo n. 12044-2004-000-02-00-3. Ano: 2004. Turma: SDI. Data de Publicação: 9.1.2007. Partes: Impetrante(a): Clovis Tagawa. Impetrado(a): Ato do Exmo. Juiz Presidente da C. 8ª Turma deste E. Tribunal. Litisconsorte(s): Companhia Siderúrgica Paulista —

COSIPA. EMENTA: MANDADO DE SEGURANÇA. LEI N. 7.115/1983. DECLARAÇÃO DE POBREZA. PRESUNÇÃO DE VERACIDADE. JUSTIÇA GRATUITA. Restando demonstrado o direito líquido e certo do impetrante aos benefícios da Justiça Gratuita, ante a presunção de veracidade de sua declaração de pobreza (Lei n. 7.115/1993), deve ser parcialmente concedido o *writ* para que tal direito seja declarado. Mandado de Segurança parcialmente concedido.

V. Casos — EXEMPLOS

1. Proibição de retirar autos sem a prévia intimação para devolver.

2. Exigir todos os pedidos líquidos.

3. Indeferir indicação de paradigmas diferentes com pedido feito em ordem sucessiva.

4. Aguardar julgamento de ação civil de causa prejudicial trabalhista heterogênea.

ELEMENTOS DA RESPONSABILIDADE CIVIL NOS ACIDENTES DO TRABALHO

José Affonso Dallegrave Neto[*]

Os elementos que integram o instituto da Responsabilidade Civil ecoam na órbita da reparação dos danos oriundos dos acidentes do trabalho. São eles: a. Dano: material e moral; b. Culpa ou Atividade especial de risco; c. Nexo Causal.

1. DANO ACIDENTÁRIO

O principal elemento da responsabilidade civil é o dano, o qual se subdivide em material ou moral. O dano material, segundo dispõe o Código Civil, art. 402, abrange tanto os danos já consumados (emergentes) quanto o prejuízo decorrente do que a vítima deixou de auferir em razão do sinistro (lucro cessante).

E assim são também os danos materiais decorrentes do acidente do trabalho. Interessante lembrar, a propósito, o conceito legal de dano acidentário previsto no art. 286 do Código do Trabalho de Portugal (Lei n. 99/2003): "Considera-se dano a lesão corporal, perturbação funcional ou doença que determine redução na capacidade de trabalho ou de ganho ou a morte do trabalhador resultante direta ou indiretamente de acidente de trabalho".

Se colacionarmos o referido art. 402 do Código Civil brasileiro com as regras indenizatórias previstas em seus arts. 948 a 950, perceberemos perfeito compasso entre eles tendo como norte o princípio da reparação integral (*restitutio in integrum*) de que trata o art. 944, *caput*, do Código Civil.

---

[*] Mestre e Doutor em Direito pela Universidade Federal do Paraná; Professor da pós-graduação dos cursos da Unicuritiba, PUC, Amatra — IX e IELF; Advogado membro do IAB — Instituto dos Advogados Brasileiros; Membro da ANDT — Academia Nacional de Direito do Trabalho e da JUTRA — Associação Luso-brasileira de Juristas do Trabalho.

O legislador do Código Civil previu o tema da indenização acidentária por dano material[1] da seguinte forma:

a) Indenização no caso de morte da vítima (art. 948, CC);

b) Indenização no caso de incapacidade temporária (art. 949, CC);

c) Indenização no caso de incapacidade permanente, total ou parcial (art. 950, CC).

Quanto ao *dano moral,* a sua caracterização se dará quando os efeitos da ação originarem angústia, dor, sofrimento, tristeza ou humilhação à vítima, trazendo-lhe sensações e emoções negativas[2]. Não se pode negar que todos esses sentimentos afloram na vítima do acidente e das doenças do trabalho. Isso sem falar dos inúmeros constrangimentos perante familiares, amigos e a sociedade em geral em face da ofensa sofrida em sua imagem original de pessoa sadia e fisicamente perfeita. Essas aflições persistem no tempo e as sequelas são irreversíveis[3], conforme já decidiu o STF:

> O dano moral exsurge do fato de a autora ter que conviver com o defeito físico oriundo do acidente, sem possibilidade de recuperação, e impedida, igualmente, de desenvolver as costumeiras tarefas diárias, por mais singelas que sejam, necessitando de ajuda externa. (STF, RE 431977/PR, Rel. Min. Sepúlveda Pertence, DJ 8.9.2004)

Assim, o dano moral torna-se inevitável e presumido da violação ao direito geral de personalidade e ao princípio da dignidade humana.

> Na concepção moderna da reparação do dano moral, prevalece a orientação de que a responsabilidade do agente se opera por força do simples fato da violação, de modo a tornar-se desnecessária a prova do prejuízo em concreto. (STJ, Resp. 173.124, 4ª Turma, Rel. Ministro César Asfor Rocha, DJ 19.11.2001)

José Cairo Júnior enumera de que modo se manifesta a dor moral nos acidentes do trabalho: a) pecha de inválido; b) medo da morte prematura; c) receio do desemprego; d) mutilação[4].

Não se perca da memória a existência de um amplo *direito geral de personalidade* consubstanciado no art. 1º, III, da Carta da República, sendo que no art. 5º, X, o constituinte apenas assinalou, de forma exemplificativa, que a intimidade, a vida privada, a honra e a imagem das pessoas são invioláveis, assegurando à

---

(1) Registre-se que tais regras indenizatórias aplicam-se tanto aos acidentes de trabalho quanto aos acidentes de trânsito.
(2) MORAES, Maria Celina Bodin de. *Danos à pessoa humana:* uma leitura civil-constitucional dos danos morais. Rio de Janeiro: Renovar, 2003. p. 157.
(3) SWIECH, Maria Ângela Szpak. *Obrigações patronais quanto à segurança e saúde ocupacional.* Texto inédito distribuído aos alunos do VI Ciclo de Conferências de Direito do Trabalho, intitulado "Acidente e contrato de trabalho: dano moral e material", promovido pela Academia Paranaense de Estudos Jurídicos, Curitiba, 19.9.2003, Auditório do Instituto Romeu Bacellar.
(4) CAIRO JÚNIOR, José. *O acidente do trabalho e a responsabilidade civil do empregador.* São Paulo: LTr, 2003. p. 97.

vítima o direito à indenização pelo dano material ou moral decorrente de sua violação. Por certo que esses quatro valores não são taxativos, sendo devida a reparação por dano moral cada vez que a personalidade do trabalhador for violada em qualquer de suas singularidades.

Sobre a redação do § 2º, do art. 5º, da Constituição Federal, Ingo Wolfgang Sarlet assim pontifica:

> A citada norma traduz o entendimento de que, para além do conceito formal de Constituição (e de direitos fundamentais), há um conceito material, no sentido de existirem direitos que, por seu conteúdo, por sua substância, pertencem ao corpo fundamental da Constituição de um Estado, mesmo não constando no catálogo. Neste contexto, importa salientar que o rol do art. 5º, apesar de analítico, não tem cunho taxativo.[5]

Nessa esteira, a Ministra Maria Cristina Peduzzi lembra que "ao se adotar o critério da interpretação ampla, o princípio da dignidade da pessoa humana compreenderia direitos fundamentais assegurados pelo art. 5º e seus incisos, da Constituição da República, como o direito à vida, à honra, à imagem e à personalidade"[6]. Logo, há uma harmônica imbricação dos valores arrolados no inciso X, do art. 5º, com o princípio da dignidade da pessoa humana (art. 1º, III, CF).

2. CULPA ACIDENTÁRIA (E A RESPONSABILIDADE SUBJETIVA)

Como é cediço, o Brasil é um dos recordistas mundiais em acidentes de trabalho[7]. Em flagrante paradoxo a esses dados, constata-se que o nosso país contém uma das legislações mais avançadas e pormenorizadas em matéria de saúde do trabalhador. Logo, é possível asseverar que o problema brasileiro não é legislativo, mas proveniente da cultura empresarial mercantil e imediatista que se nega a investir em prevenção de acidentes, tratando com total menoscabo a legislação infortunística.

Em verdade, conforme assinalou o Min. Orozimbo Nonato em decisão histórica do STF, realizada em 1949, a lógica deve ser outra, qual seja o empregador deve tratar a saúde de seus empregados com o mesmo zelo que costuma ter com a sua própria integridade física e psíquica:

---

(5) SARLET, Ingo Wolfgang. *A eficácia dos direitos fundamentais*. 4. ed. Porto Alegre: Livraria do Advogado, 2004. p. 90/91.

(6) PEDUZZI, Maria Cristina Irigoyen. *O princípio da dignidade da pessoa humana na perspectiva do direito como integridade*. São Paulo: LTr, 2009. p. 18.

(7) Conforme dados oficiais do Ministério da Previdência, em 2006 o Brasil teve 503.890 acidentes, sendo 403.264 acidentes típicos, 73.981 acidentes de trajeto e 26.645 doenças ocupacionais. Em 2007 tivemos um total de 659.523 acidentes e em 2008, 747.663 acidentes. É verdade que em 1975 o número total de acidentes chegou a 1.916.187, contudo nos últimos cinco anos verifica-se um aumento sensível superior a 40%. Registre-se que tais números levam em conta apenas os sinistros que sofreram notificações oficiais e as doenças em que o INSS concedeu benefício B-91. Vale dizer: os números estão subestimados.

É dever do empregador zelar pela segurança, saúde e higiene de seus empregados com a diligência que costuma ter com a própria integridade física e psíquica. (STF, RE n. 10.391, Rel. Min. Orozimbo Nonato, DJ 18.8.1949, p. 2.484)

Com base na melhor doutrina sobre o tema[8], é possível asseverar que a culpa patronal se caracteriza de duas formas:

a) Culpa por violação à norma legal; aqui se incluindo as normas da Constituição Federal, da CLT, dos instrumentos normativos da categoria e das NRs do Ministério do Trabalho e Emprego.

b) Culpa por violação ao dever geral de cautela; aqui se incluindo os deveres de prevenção e precaução.

A Carta Constitucional assegura a todo trabalhador o direito à redução dos riscos inerentes ao trabalho. Nesse sentido é a redação do art. 7º, XXII:

Art. 7º São direitos dos trabalhadores urbanos e rurais, além de outros que visem à melhoria de sua condição social:

XXII — redução dos riscos inerentes ao trabalho, por meio de normas de saúde, higiene e segurança.

Com esteio nesse dispositivo, o trabalhador tem o direito fundamental de trabalhar em ambiente hígido e salubre, com redução e prevenção dos riscos concernentes à atividade laborativa de modo a preservar a sua saúde e segurança física. Tal regramento tem como destinatário o empregador, contudo também vincula o legislador e o julgador[9].

Não se negue que dentre os chamados deveres anexos de conduta, existe o dever de proteção ao patrimônio físico, psicológico e moral do trabalhador. Nas palavras de José Cairo Júnior, tal dever "impõe ao empregador o dever de proporcionar segurança, higiene e saúde para os seus empregados, também denominada obrigação de custódia, dever de segurança ou cláusula de incolumidade"[10].

Nos termos do art. 389 do Código Civil,[11] cada vez que o contratante descumprir uma de suas obrigações, responderá por perdas e danos. Tal regra aplica-se não apenas à obrigação patronal de remunerar, mas a todas as obrigações legais, coletivas e em especial aquelas que versam sobre a prevenção de acidentes e doenças ocupacionais (infortunística).

---

(8) Nesse sentido mencione-se OLIVEIRA, Sebastião Geraldo de. *Indenização por acidente do trabalho ou doença ocupacional*. 2. ed. São Paulo: LTr, 2006. p. 150 e ainda CAVALIERI FILHO, Sérgio. *Programa de responsabilidade civil*. 6. ed. Rio de Janeiro: Malheiros, 2005. p. 65.

(9) MACHADO, Sidnei. *O direito à proteção ao meio ambiente de trabalho no Brasil*: os desafios para a construção de uma racionalidade normativa. São Paulo : LTr, 2001. p. 88

(10) CAIRO JÚNIOR, José. *O acidente do trabalho e a responsabilidade civil do empregador*. São Paulo: LTr, 2003. p. 69.

(11) Art. 389 do CC: "Não cumprida a obrigação, responde o devedor por perdas e danos, mais juros e atualização monetária segundo índices oficiais regularmente estabelecidos, e honorários de advogado".

Com outras palavras: o empregador tem a obrigação de zelar pela conservação da saúde de seus empregados, sendo que quanto maior for a exposição do empregado a riscos ambientais do trabalho, maior deverá ser o cuidado e a prevenção de acidentes.

A lei incumbe o empregador de zelar pela integridade física dos seus empregados. Nesse sentido, o art. 157 da CLT determina às empresas: "I — cumprir e fazer cumprir as normas de segurança e medicina do trabalho". Assim também dispõe o § 1º do art. 19 da Lei n. 8.213/1991, depois de definir o acidente do trabalho: "A Empresa é responsável pela adoção e uso das medidas coletivas e individuais de proteção e segurança da saúde do trabalhador". O risco do negócio é sempre do empregador; assim sendo, quanto mais perigosa a operação, quanto mais exposto a risco estiver o empregado, tanto mais cuidado se exige daquele quanto à prevenção de acidentes. Nesse diapasão, evidencia-se a culpa do empregador pelo infortúnio acontecido ao empregado, quando o primeiro não se desincumbe das determinações previstas pelos dispositivos legais sobreditos e, além disso, descumpre a NR-12, item 12.2.2, do Ministério do Trabalho e Emprego, ao não instalar dispositivo de segurança para o acionamento da máquina utilizada pelo empregado. (TRT — 3ª Região, 2ª Turma, Rel: Juiz Sebastião Geraldo de Oliveira, DJ de 18.8.2006).

Importa sublinhar que a configuração da culpa patronal, no campo dos acidentes do trabalho, ocorre em um plano objetivo. Vale dizer, não está em jogo a conduta odiosa ou moralmente reprovável do sujeito (concepção subjetiva), mas o simples descumprimento de obrigações contratuais e legais (infortunística) ou do dever de prevenção do acidente (concepção objetiva). Nesse sentido, Anderson Schreiber esclarece:

> O agente não é mais tido em culpa por ter agido de forma reprovável no sentido moral, mas simplesmente por ter deixado de empregar a diligência social média, ainda que por sua capacidade se encontre aquém deste patamar. Em outras palavras, o indivíduo pode ser considerado culpado ainda que "tenha feito o seu melhor para evitar o dano".[12]

Nos casos de doença ocupacional a culpa patronal também se caracteriza pelo descumprimento do dever de prevenção ou da violação de normas de higiene, medicina e segurança do trabalho:

> Provada a culpa do empregador pelas lesões por esforços repetitivos adquiridas por empregados, por haver violado diversos dispositivos legais sobre higiene e segurança do trabalho (sobrecarga laborativa abusiva

---

(12) SCHREIBER, Anderson. *Novos paradigmas de responsabilidade social*. Da erosão dos filtros da reparação à diluição dos danos. São Paulo: Atlas, 2007. p. 35. Em igual sentido leciona Massimo Césare Bianca assinala: "Il soggetto che tiene un comportamento non conforme ai canoni obiettivi della diligenza è in colpa anche se abbia fatto del suo meglio per evitare il danno, senza riuscirvi a causa della sua inettitudine personale(imperizia, mancanza del normale grado di intelligenza, età avanzata, ecc.) od economica". *Diritto civile*. Milão: Giuffrè, v. 5, p. 157.

pelas características do trabalho, falta de pausas no serviço repetitivo, uso de mobiliário e equipamentos antiergonômicos e falta de orientação quanto às posturas adequadas) cabe-lhe o dever de lhes prestar indenização por dano material e moral. (2º TACSP — Ap. c/ Rev. n. 603.804-00/7 — 5ª C. Rel Juiz Dyrceu Cintra, DOESP 17.8.2001)

O dever geral de cautela subdivide-se em prevenção e precaução. O primeiro encontra-se expresso em Norma Regulamentadora com força normativa. Trata-se da NR 1.7: "Cabe ao empregador: I — prevenir atos inseguros no desempenho do trabalho". O segundo encontra-se consolidado e erigido no Princípio 15 da Declaração do Rio de Janeiro, ECO-RIO 1992, Conferência das Nações Unidas sobre o Meio Ambiente e Desenvolvimento.

Interessante é a distinção doutrinária entre o *princípio da prevenção* e o *princípio da precaução*. No primeiro, previne-se porque há certeza do dano e conhecimento científico das consequências maléficas. No segundo princípio, o da precaução, previne-se porque não se sabe quais são as consequências maléficas da substância ou do empreendimento[13]; assim, por haver temerosa incerteza científica, é que deve existir a cautela.

Ambos os princípios (prevenção e precaução) decorrem do dever geral de cautela que se espera do empregador quando se trata de saúde do trabalhador; um comportamento diligente que deve exceder aquele praticado pelo homem médio, máxime porque a observância do cumprimento da legislação e do dever de prevenção constituem obrigações previstas em leis.

2.1. GRAUS DE CULPA

Não se ignore que em relação ao tema "graduação de culpa", temos: a) a culpa grave — caracterizada pela negligência grosseira; b) a culpa leve — aquela evitável por pessoa normalmente diligente (homem médio); c) a culpa levíssima — aquela evitável apenas por pessoa excepcionalmente diligente.

Com o advento da Constituição Federal de 1988, basta a culpa levíssima para responsabilizar o empregador pelo dano a que deu causa:

> A caracterização da culpa prevista no art. 7º, XXVIII, da CF/1988, independe do grau com que esta se verifique. Em outras palavras, o empregador responde por ato omissivo ou comissivo, tenha ele concorrido com culpa grave, leve ou levíssima. No presente caso, a reclamada não promoveu o treinamento adequado e ainda permitiu que a máquina empregada na compactação do lixo, fosse utilizada de forma inadequada, o que certamente deu causa ao infortúnio experimentado pelo reclamante. (TRT, 8ª R., 4ª T., RO 1826-2005-010-8-00-2)

---

(13) BELFORT, Fernando José Cunha. *Meio ambiente do trabalho. Competência da justiça do trabalho.* São Paulo: LTr, 2003. p. 48.

Observa-se que tanto a precaução quanto a prevenção de infortúnios no trabalho encerram valor jurídico muito maior que a mera reparação pecuniária do dano, vez que o respeito à dignidade do trabalhador pressupõe a preservação de sua saúde física, mental e emocional.

Com efeito, quando a empresa constitui sua atividade econômica e dela retira lucro com a participação direta do serviço prestado por seus empregados, passa também a ter o dever de assegurar a integral incolumidade física, moral e mental dos seus colaboradores partícipes[14]. Não se perca de vista a parêmia de que quem detém o bônus, tem também o ônus (*ubi emolumentum, ibi onus*).

Sebastião Geraldo de Oliveira faz interessante observação acerca da conveniência estratégica dos empresários que devem observar a legislação a fim de evitar expressivas indenizações judiciais e até mesmo inquinar a imagem institucional da empresa:

> Enquanto a norma praticamente se limitava a conclamar o sentimento humanitário dos empresários, pouco resultado foi obtido; agora, quando o peso das indenizações assusta e até intimida, muitos estão procurando cumprir a lei, adotando políticas preventivas, nem sempre por convicção, mas até mesmo por conveniência estratégica. Gostando ou não do assunto, concordando ou discordando da amplitude da proteção, o certo é que o empresário contemporâneo, com vistas à sobrevivência econômica no século XXI, terá de levar em conta as normas a respeito da saúde no ambiente de trabalho e a proteção à integridade física e mental dos seus empregados.[15]

O douto jurista mineiro escreveu esse texto em julho de 2005, poucos meses após a publicação da EC n. 45. Hoje, passados alguns anos em que a competência para julgar a ação acidentária deslocou-se da Justiça Comum para a Justiça do Trabalho[16], o que se verifica, infelizmente, é uma sensível diminuição dos valores fixados e arbitrados para a indenização acidentária. Boa parte dos juízes do trabalho vem demonstrando preocupação excessiva com os cofres da empresa em detrimento da fixação de uma indenização plena e legalmente devida ao acidentado.

A fim de ratificar essa inferência, basta comparar os valores indenizatórios até então fixados pela Justiça Comum Estadual com as indenizações pífias doravante estabelecidas por boa parcela do Judiciário Trabalhista. Assim, por exemplo, no

---

(14) SWIECH, Maria Ângela Szpak. *Obrigações patronais quanto à segurança e saúde ocupacional*. Texto inédito distribuído aos alunos do VI Ciclo de Conferências de Direito do Trabalho, intitulado "Acidente e contrato de trabalho: dano moral e material", promovido pela Academia Paranaense de Estudos Jurídicos, Curitiba, 19.9.2003, Auditório do Instituto Romeu Bacellar. p. s/n.
(15) OLIVEIRA, Sebastião Geraldo de. *Indenizações por acidente do trabalho ou doença ocupacional*. 2. ed. São Paulo: LTr, p. 202.
(16) Esse deslocamento de competência jurisdicional ocorreu a partir da Emenda Constitucional n. 45 em vigor a partir de 1º de janeiro de 2005, mormente pela aplicação do art. 114, VI, da CF.

caso de óbito decorrente de acidente do trabalho, o STJ vem deferindo indenização a título de dano moral em valor equivalente a 500 (quinhentos) salários-mínimos[17], conforme se vê dos julgados abaixo:

> Dano moral devido como compensação pela dor da perda de filho menor de idade, no equivalente a 500 (quinhentos) salários-mínimos, condizente com a gravidade do dano. Precedentes. (STJ, REsp 731.527, Proc. n. 2005/0038003-3, SP, 4ª T., Rel. Min. Aldir Guimarães Passarinho Junior, DJE 17.8.2009)

> Dano moral. Morte de esposa e mãe. Deferimento de indenização equivalente a 500 salários-mínimos, a ser repartida igualmente entre os beneficiários. Recurso conhecido em parte pela divergência e provido parcialmente. (STJ, RESP 163484, RJ, 4ª. T., Rel. Min. Ruy Rosado de Aguiar Júnior, DJU 13.10.1998, p. 125)

Enquanto isso, alguns pretórios trabalhistas vêm deferindo valores bem aquém a título de dano moral decorrente de morte em acidente do trabalho.

Ainda assim é possível vislumbrar três vantagens para a vítima do acidente em razão desse deslocamento da competência para a Justiça do Trabalho: a especialidade desse ramo do Judiciário, a celeridade do trâmite[18] e a dispensa de pagamento antecipado das custas processuais[19].

Não se ignore que essa postura de condescendência de boa parcela da judicatura desestimula a empresa ao cumprimento rigoroso da legislação infortunística, por já saber, de antemão, que o valor da condenação judicial será mitigado. Tal fato, ainda que por via oblíqua, acaba fomentando os dados estatísticos acidentários que coloca o Brasil como detentor do infausto título de recordista mundial.

Sobre o tema Carlos Pianovski Ruzyk bem acentua:

> A fixação do *quantum* indenizatório é um dos momentos em que a responsabilidade civil pode atuar como instrumento para efetivação do

---

(17) Registre-se que às vezes o valor chega a ser superior a 500 SM, conforme se vê da seguinte ementa do STJ: "(...) 13. No dano moral por morte, a dor dos pais e filhos é presumida, sendo desnecessária fundamentação extensiva a respeito, pois seria absurdo ao Direito exigir das vítimas a prova do óbvio. 15. Em entendimento conciliatório e de forma a refletir a jurisprudência firmada nesta Corte, o patamar indenizatório fixado pelas Instâncias Ordinárias, na espécie, merece ser reduzido para 600 (seiscentos) salários-mínimos, equivalentes a R$ 228.000,00 (duzentos e vinte e oito mil reais). 16. Ressalva do ponto de vista do Relator para quem, considerando a situação específica dos autos, está caracterizada a especial gravidade das consequências causadas em uma criança de tenra idade (3 anos), que se viu injustamente privada de crescer ao lado da companhia, cuidado, carinho e orientação de ambos os pais, de modo que se apresenta adequado e razoável o patamar indenizatório fixado pelo Juízo Sentenciante e mantido pelo Tribunal local — 2.000 (dois mil) salários-mínimos —, não havendo exorbitância apta a justificar a intervenção do STJ, já que a família é a "base da sociedade" e deve merecer especial proteção do Estado. (STJ, REsp 866.447, Proc. n. 2006/0139201-2-RS, 2ª T., Rel. Min. Herman Benjamin, DJE 11.11.2009).

(18) No cível o juiz sequer designa data para prolação da sentença (o que é um acinte ao princípio constitucional da razoável duração do processo, previsto no art. 5º, LXXVIII, da CF).

(19) Haverá gratuidade das custas sempre que o Reclamante obtiver êxito na Ação Trabalhista. Em sendo improcedente a ação, com a rejeição *in totum* dos pedidos, o Autor será condenado ao pagamento das custas processuais, após o trânsito em julgado da decisão, na forma do art. 789, II, da CLT.

princípio da dignidade humana, na hipótese de dano à dignidade da pessoa produzido por conta do exercício de atividade econômica.

Todo e qualquer benefício econômico que o agente tenha obtido com a produção do dano, seja pelo fato de não expender recursos para preveni-lo (ato omissivo), seja por ter sofrido um efetivo acréscimo patrimonial pelo exercício da atividade danosa (ato comissivo), deve ser acrescido ao cômputo da indenização.[20]

Tal problema é muito mais uma questão de consciência e postura do que propriamente de legislação anacrônica. Até porque, conforme já disse anteriormente, a infortunística brasileira é uma das mais avançadas do mundo.

Nessa esteira invoque-se a disposição do § 1º, do art. 19 da Lei n. 8.213/1991: "A Empresa é responsável pela adoção e uso das medidas coletivas e individuais de proteção e segurança da saúde do trabalhador".

Em igual sentido, mencionem-se os arts. 162 e 166, todos da CLT, os quais estabelecem a obrigatoriedade da adoção de medidas que visam à prevenção de acidentes e doenças decorrentes do trabalho. Sobre o tema, transcreva-se a seguinte ementa elucidativa:

> O empregador que não adota medidas adequadas para a prevenção de acidentes do trabalho, deixando de instruir os empregados acerca das normas de higiene, saúde e segurança no trabalho, além de não lhes fornecer equipamentos de segurança individual adequados ao risco da atividade, incorre na violação aos arts. 157, inciso II, 162 e 166 da CLT. O descumprimento da conduta legalmente prescrita já é a confirmação da negligência do empregador, caracterizando a culpa contra a legalidade. (TRT — 3ª R., 2ª Turma, Rel: Sebastião Geraldo de Oliveira, Proc n. 1465-2005-048-03-00-4-RO, DJMG 18.8.2006)

Não há duvidas de que a inobservância de tais obrigações de normas cogentes da CLT caracteriza a culpa patronal capaz de responsabilizar o empregador. Além dessas, registre-se a existência das chamadas Normas Regulamentadoras (NRs) as quais devem ser observadas por todos os empregadores.

2.2. A força das Normas Regulamentadoras (NR do MTE)

A CLT contém disposições expressas no sentido de que o Ministério do Trabalho e Emprego detém competência para estabelecer normas pertinentes à prevenção de acidentes e doenças ocupacionais.

---

(20) RUZIK, Carlos Eduardo Pianovski. A responsabilidade civil por danos produzidos no curso de atividade econômica e a tutela da dignidade da pessoa humana: o critério do dano ineficiente. In: RAMOS, Carmem Lucia Silveira (org.) *et al. Diálogos sobre direito civil.* Construindo a racionalidade contemporânea. Rio de Janeiro: Renovar, 2002. p. 142.

Art. 155. Incumbe ao órgão de âmbito nacional competente em matéria de segurança e medicina do trabalho:

I — estabelecer, nos limites de sua competência, normas sobre a aplicação dos preceitos deste Capítulo, especialmente os referidos no art. 200.

Art. 200. Cabe ao Ministério do Trabalho estabelecer disposições complementares às normas de que trata este Capítulo, tendo em vista as peculiaridades de cada atividade ou setor de trabalho, especialmente sobre:

I — medidas de prevenção de acidentes e os equipamentos de proteção individual em obras de construção, demolição ou reparos.

Não se ignore que tais dispositivos mantêm fina sintonia com o já mencionado art. 7º, XXII, da Constituição Federal.

Nessa esteira axiológica não restam dúvidas de que a Carta Constitucional de 1988 recepcionou a Portaria n. 3.214/1978 do MTE (Ministério do Trabalho e Emprego) e suas inúmeras Normas Regulamentadoras (NRs) de observância obrigatória a todos os empregadores:

NR 1.1. As Normas Regulamentadoras — NR, relativas à segurança e medicina do trabalho, são de observância obrigatória pelas empresas privadas e públicas e pelos órgãos públicos de administração direta e indireta, bem como pelos órgãos dos poderes legislativo e judiciário, que possuam empregados regidos pela Consolidação das Leis do Trabalho — CLT.

Ao julgador cabe efetivar estas regras de prevenção, seja para contribuir para a redução dos altos índices de acidentes e doenças do trabalho seja para prestigiar a interpretação sistêmica e conforme à Constituição Federal.

Não se duvide da força normativa dessas NRs, pelo simples fato de elas serem Portarias do MTE e, portanto, meros atos regulamentares do Poder Executivo. De uma adequada interpretação do sistema jurídico, verifica-se que tanto a lei (art. 200, da CLT) quanto a Constituição Federal (art. 7º, XXII) inspiram, referendam e impulsionam as aludidas NRs, conferindo-lhes indubitável e autêntica normatividade.

Exemplo de sua plena aplicabilidade ocorre nos enquadramentos dos pedidos de insalubridade e de periculosidade nos termos da NR-15 e NR-16, respectivamente. Ora, durante décadas a Justiça do Trabalho vem aplicando com acerto as Normas Regulamentadoras e nunca ninguém obteve êxito na alegação de "ilegalidade" ou "ausência de força normativa". O próprio STF já pacificou este entendimento ao editar a Súmula n. 194: "é competente o MTE para especificações das atividades insalubres".

Nesse mesmo diapasão, o tema ganha destaque na caracterização da chamada "culpa acidentária", a qual resta configurada cada vez que o empregador descumprir uma das disposições da infortunística, incluindo-se as Normas Regulamentadoras do MTE:

Indenização por dano acidentário. Culpa. Configuração. A Constituição assegura aos trabalhadores a "redução dos riscos inerentes ao trabalho por normas de saúde, higiene e segurança" (art. 7º, XXII). *As Normas Regulamentares traçam as medidas mínimas de proteção, individuais e coletivas, que devem ser observadas pelo empregador* para, quando menos, atenuar os riscos aos quais se expõem para que se atinjam os fins colimados pela empresa. Sendo assim, se as normas são descumpridas, revela-se a culpa em potencial que se qualifica quando o dano físico é revelado, como no caso presente. De tal modo, por força da regra do artigo 159 do Código Civil, deve o empregador reparar o dano sofrido pelo empregado, ao qual culposamente deu causa. (TRT — 2ª Reg. — 20010153017/01 — 8ª T. — Ac. 20020279960 — Rev. Maria Luíza Freitas — DJSP 14.5.2002)

O art. 154 da CLT preceitua que a observância das disposições sobre medicina e segurança do trabalho, previstas na Consolidação, "não desobriga as empresas do cumprimento de *outras disposições*" relativas à matéria. Como se vê, a sua abrangência é ampla e atinge qualquer tipo de norma cujo conteúdo verse sobre segurança e saúde. Logo, cabe ao empregador obedecer a toda e qualquer norma a respeito, seja ela prevista em lei, tratados internacionais, instrumento normativo da categoria ou portarias ministeriais.

Em alguns casos, a Norma Regulamentadora constitui fundamento legal até mesmo para deferir pedido de horas extras e intervalos especiais, conforme se infere da aplicação da NR-17, que ao tratar da ergonomia instituiu importante obrigação ao empregador quanto à redução dos riscos ocupacionais, como por exemplo aqueles inerentes ao processamento eletrônico de dados (digitação), disposta na alínea "c" de seu item "17.6.4"[21] ou mesmo no caso do Anexo II[22] referente ao trabalho em teleatendimento e *telemarketing*.

As NRs do MTE detêm força normativa e estão em perfeita harmonia com a ordem jurídica. Trata-se da chamada "competência normativa secundária" ou "delegação normativa", traduzida nas palavras do jurista paranaense Marçal Justen Filho como "o poder atribuído constitucionalmente ao Legislativo de transferir ao

---

(21) "17.6.4. Nas atividades de processamento eletrônico de dados deve-se, salvo o disposto em convenções e acordos coletivos de trabalho, observar o seguinte: (...) c) *O tempo efetivo de trabalho de entrada de dados não deve exceder o limite máximo de 5 (cinco) horas*, sendo que no período de tempo restante da jornada, o trabalhador poderá exercer outras atividades, observado o disposto no art. 468 da Consolidação das Leis do Trabalho, *desde que não exijam movimentos repetitivos, nem esforço visual.*"

(22) Item 5.3. O tempo de trabalho em efetiva atividade de teleatendimento/*telemarketing* é de, no máximo, 6 (seis) horas diárias, nele incluídas as pausas, sem prejuízo da remuneração.
Item 5.4. Para prevenir sobrecarga psíquica, muscular estática de pescoço, ombros, dorso e membros superiores, as empresas devem permitir a fruição de pausas de descanso e intervalos para repouso e alimentação aos trabalhadores.
5.4.1. As pausas deverão ser concedidas: a) fora do posto de trabalho; b) em 2 (dois) períodos de 10 (dez) minutos contínuos; c) após os primeiros e antes dos últimos 60 (sessenta) minutos de trabalho em atividade de teleatendimento/telemarketing.

Executivo a competência para editar normas complementares àquelas derivadas da fonte legislativa"[23].

Nesse contexto impende lembrar ser da competência privativa da União legislar sobre direito do trabalho (art. 22, I, da CF). Com efeito, considerando que a delegação normativa para estabelecer disposição complementar às normas de prevenção em acidentes encontra-se expressamente prevista em norma federal (art. 200, I, da CLT), tem-se que as NRs encontram-se revestidas de perfeita normatividade, máxime porque prestigiam o Princípio da Unidade da Constituição.

Neste sentido é a Orientação Jurisprudencial n. 345, editada pela SBDI-I do TST, em situação análoga:

> A exposição do empregado à radiação ionizante ou à substância radioativa enseja a percepção do adicional de periculosidade, pois a regulamentação ministerial (Portarias do Ministério do Trabalho ns. 3.393, de 17.12.1987, e 518, de 7.4.2003), ao reputar perigosa a atividade, reveste-se de plena eficácia, porquanto expedida por força de delegação legislativa contida no art. 200, *caput*, e inciso VI, da CLT. No período de 12.12.2002 a 6.4.2003, enquanto vigeu a Portaria n. 496 do Ministério do Trabalho, o empregado faz jus ao adicional de insalubridade.

A fim de não pairar qualquer dúvida, cabe lembrar que o STF já examinou este tema quando da Ação Direta de Inconstitucionalidade n. 1.347-5, interposta pela CNT — Confederação Nacional de Transportes, incidente sobre os Atos que reformularam as NR-7 (PCMSO) e NR-9 (PPRA) previstas na Portaria n. 3.214/1978. Além de não conhecer da aludida ADI-MC n. 1.347-5 do STF, em sua composição plena, fez questão de registrar que "a preservação da saúde da classe trabalhadora constitui um dos graves encargos de que as empresas privadas são depositárias", nos termos do que dispõe o art. 1º, IV, da Constituição Federal.

2.3. ATIVIDADES DE RISCO (E A RESPONSABILIDADE OBJETIVA)

Quando o acidente de trabalho decorrer do descumprimento de dever patronal atinente às normas de saúde, medicina e higiene do trabalho, o empregado terá direito à indenização respectiva, nos termos do art. 7º, XXVIII, da Constituição, que dispõe:

> Art. 7º São direitos dos trabalhadores urbanos e rurais, além de outros que visem à melhoria de sua condição social:
>
> XXXVIII — seguro contra acidentes de trabalho, a cargo do empregador, sem excluir a indenização a que este está obrigado, quando incorrer em dolo ou culpa.

---

[23] JUSTEN FILHO, Marçal. *Curso de direito administrativo*. 2. ed. São Paulo: Saraiva, 2006. p. 169. Em igual sentido OLIVEIRA, Sebastião Geraldo de. *Indenizações por acidente do trabalho ou doença ocupacional*. 4. ed. São Paulo: LTr, 2008. p. 171.

O esteio legal da indenização devida ao empregado encontra-se na Constituição Federal junto com os demais direitos trabalhistas arrolados no artigo sétimo. De forma supletiva, a reparação civil acidentária se ampara no Código Civil:

> Art. 927. Aquele que, por ato ilícito (arts. 186 e 187), causar dano a outrem, fica obrigado a repará-lo.
>
> Parágrafo único. Haverá obrigação de reparar o dano, independentemente de culpa, nos casos especificados em lei, ou quando a atividade normalmente desenvolvida pelo autor do dano implicar, por sua natureza, risco para os direitos de outrem.

Observa-se que enquanto a Constituição Federal condiciona o recebimento da indenização à comprovação de dolo ou culpa, o parágrafo único do art. 927 do novo Código Civil prevê situação em que a obrigação de reparar o dano independe de culpa do agente.

Nem se diga, contudo, que o parágrafo único do art. 927 do novo Código Civil é inconstitucional por suposta afronta à parte final do art. 7º, XXVIII, da Constituição Federal. A melhor exegese sistêmica da ordem constitucional garante legitimidade ao parágrafo único do art. 927 do novo Código Civil, vez que o *caput* do art. 7º da Constituição Federal assegura um rol de *direitos mínimos* sem prejuízo de outros que visam à melhor condição social do trabalhador.

De um simples exercício hermenêutico já se conclui que as disposições do referido art. 7º da CF deverão ser vistas como um *minus* de proteção ao trabalhador e nunca como diques ou limitações de direitos sociais. Foi exatamente isso que declarou o STF, em julgamento que teve como Relator o Min. Joaquim Barbosa, quando apreciou a ADI n. 639/DF[24]. Do seu voto constou que "o acidente de trabalho é regulado, em última análise, para assegurar a dignidade do trabalhador no momento em que não possui capacidade efetiva de trabalho (e que) o rol de garantias do art. 7º da CF *não esgota a proteção aos direitos sociais*".

Recentemente, a Subseção I, Especializada em Dissídios Individuais, do Colendo TST sinalizou com acerto para a admissão da responsabilidade objetiva:

> No caso em exame, o empregado foi vitimado enquanto trabalhava como vigilante para a reclamada, por disparos de arma de fogo, vindo a falecer no local de trabalho. Remanesce, portanto, a responsabilidade objetiva, em face do risco sob o qual o empregado realizou suas funções, adotando a teoria do risco profissional com o fim de preservar valores sociais e constitucionais fundamentais para as relações jurídicas, em especial a dignidade da pessoa humana. Recurso de embargos conhecido e desprovido.
>
> (TST, Processo: E-RR — 1538/2006-009-12-00.7, Relator Min. Aloysio Corrêa da Veiga, Subseção I Especializada em Dissídios Individuais, DEJT 13.2.2009)

---

(24) Julgado em 2 de junho de 2005.

Em igual sentido a I Jornada de Direito do Trabalho promovida pela Anamatra e com o apoio do TST[25] aprovou e editou o seguinte verbete:

Enunciado n. 37. Aplica-se o art. 927, parágrafo único, do Código Civil nos acidentes do trabalho. O art. 7º, XXVIII, da Constituição da República, não constitui óbice à aplicação desse dispositivo legal, visto que seu *caput* garante a inclusão de outros direitos que visem à melhoria da condição social dos trabalhadores.

Ademais, se é certo que no regime da responsabilidade subjetiva a indenização acidentária está condicionada à comprovação da culpa do empregador, não se pode negar que a regra do parágrafo único do art. 927 do novo Código Civil encerra cláusula geral de responsabilidade objetiva e que, portanto, prescinde da apuração de culpa patronal.

Tal dispositivo contempla a Teoria do Risco Criado, a qual atinge todos os casos em que a atividade empresarial normalmente desenvolvida implicar, por sua própria natureza, riscos aos seus empregados. São situações especiais que refogem à regra geral de responsabilidade subjetiva e, portanto, justificam o enquadramento na responsabilidade objetiva.

Sob o viés constitucional, que coloca a pessoa humana em posição proeminente, não parece razoável que o trabalhador seja vítima de agressões em seu ambiente do trabalho, ainda que causadas sem intenção ou culpa patronal. A opção do legislador pela proteção da vítima em detrimento do agente faz parte de um sentimento geral de consciência da nossa coletividade em presumir que a vítima sofreu injustamente o dano e por isso merece ser reparada[26].

Em verdade, o novel Codex acabou por incorporar a tendência jurisprudencial da teoria do risco criado, confirmando a lição de Josserand de que "a história da responsabilidade civil é a história da jurisprudência"[27].

> 1. É responsável aquele que causa dano a terceiro no exercício de atividade perigosa, sem culpa da vítima. 2. Ultimamente vem conquistando espaço o princípio que se assenta na teoria do risco, ou do exercício de atividade perigosa, daí há de se entender que aquele que desenvolve tal atividade responderá pelo dano causado. (STJ, Resp. 185.659/SP, Rel. Min. Nilson Chaves, DJU 18.9.2000, p. 126)

Na prática, a configuração de "atividade normal de risco" aludida no parágrafo único do art. 927 do Código Civil se dá por uma técnica que pode ser alcunhada de "método comparativo setorial".

---

(25) O evento foi realizado nos dias 21 a 23 de novembro de 2007 na sede do TST e com a participação ativa de boa parcela de ministros e magistrados do Brasil inteiro. Da mesma forma houve ativa representação dos advogados e procuradores do trabalho. Pessoalmente, tive a honra de compor o grupo de juristas convidados para atuar como moderador na IV Comissão que versou sobre "Responsabilidade Civil do Empregador", coordenada pelo Min. João Oreste Dalazen.
(26) MORAES, Maria Celina Bodin de. *Danos à pessoa humana*: uma leitura civil-constitucional dos danos morais. Rio de Janeiro: Renovar, 2003. p. 157.
(27) JOSSERAND, Louis. Evolução da responsabilidade civil. *Revista Forense*, Rio de Janeiro, v. 68, p. 548-559, jun. 1961.

Com efeito, é possível asseverar que determinado acidente em determinado ramo de atividade empresarial encontra-se, estaticamente, abaixo ou acima da média. Assim, por exemplo, a queimadura é um tipo de acidente raro na estatística do setor da construção civil, contudo o traumatismo craniano decorrente de queda livre é um acidente comum e bem acima da média em relação aos demais ramos de atividade. Ainda, a contração de doença pulmonar é rara no setor bancário, contudo a LER (lesão por esforço repetitivo) constitui moléstia amiúde aos bancários.

Reforçando o silogismo que embasa a nossa tese, Cléber Lúcio de Almeida assinala:

> Diz-se *responsabilidade objetiva especial* porque vincula *aos riscos típicos* da atividade do empregador. Note-se que não se trata do risco relacionado à atividade preponderante do empregador, mas do risco de cada setor de sua atividade total (assim, em estabelecimento bancário, por exemplo, considera-se risco típico em membros superiores dos caixas digitadores).[28]

Destarte, constatada a atividade de risco exercida pelo autor, não há como eximir a empresa da responsabilidade pela indenização do dano, conforme já decidiu, acertadamente, a 6ª Turma do TST:

> Se existe nexo de causalidade entre a atividade de risco e o efetivo dano, o empregador deve responder pelos prejuízos causados à saúde do empregado, tendo em vista que a sua própria atividade econômica já implica situação de risco para o trabalhador. Assim, constatada a atividade de risco exercida pelo autor, não há como se eliminar a responsabilidade do empregador, pois a atividade por ele desenvolvida causou dano ao empregado, que lhe emprestou a força de trabalho. (TST, 6ª T., RR 155/2003-045-03-00.1, Aloysio Veiga, DJ 8.6.2007)

Logo, é possível concluir que toda espécie de sinistro, ocorrido em determinado setor empresarial, que se encontra dentro de faixa estatística acima da média na tabela de notificações acidentárias do INSS, será considerada como decorrente de "atividade normal de risco", de que trata o parágrafo único do art. 927 do Código Civil. Assim, o empregado acidentado deverá demonstrar que o tipo de acidente de que foi vítima é comum naquele ramo de atividade da empregadora; para tanto poderá carrear aos autos a respectiva tabela comparativa do INSS.

Em sede judicial, caberá ao Reclamante requerer seja oficiado o INSS para que informe os dados das notificações acidentárias. Pode acontecer de a própria empresa, no caso "o reclamado", ter interesse em carrear aludida tabela de notificações acidentárias a fim de demonstrar o inverso, ou seja, que aquele tipo de acidente, naquele ramo de atividade empresarial, traduziu-se em mera fatalidade e, portanto, fora da chamada *atividade normal de risco*.

---

(28) ALMEIDA, Cleber Lúcio de. *Responsabilidade civil do empregador e acidente do trabalho*. Belo Horizonte: Del Rey, 2003. p. 69.

Nessa esteira, registre-se a edição da Lei n. 11.430 (DOU 26.12.2006) que introduziu o art. 21-A na Lei n. 8.213/1991, determinando que a perícia médica do INSS considerará caracterizada a natureza acidentária quando constatar NTEP (nexo técnico epidemiológico) entre o trabalho e o agravo.

Vale dizer: para fins de concessão de benefícios ligados à incapacidade (auxílio--doença acidentário, aposentadoria por invalidez) presumir-se-á configurada a natureza ocupacional da doença (equiparada a acidente de trabalho) cada vez que a patologia elencada na CID (Classificação Internacional de Doenças) encontrar-se relacionada com a atividade da empresa (CNAE — Classificação Nacional de Atividade Econômica)[29].

Aludido NTEP pautado em estatísticas epidemiológicas constitui eficaz critério de enquadramento da atividade como sendo "normal de risco" para efeitos de caracterização de doenças ocupacionais.

3. NEXO CAUSAL E AS EXCLUDENTES DA RESPONSABILIDADE

O terceiro elemento da responsabilidade civil é o nexo causal. Nos termos do art. 403 do Código Civil, nem todas as causas têm relevância jurídica para caracterizar o nexo, mas apenas aquelas que forem as mais diretas e determinantes. Com efeito, no terreno acidentário, o nexo causal traduz-se na relação de causalidade entre o dano e o ato culposo do empregador. Com outras palavras: o dano do trabalhador, material ou moral, há de ter como fator determinante a execução regular ou irregular do contrato de trabalho.

> É necessário existir entre o ato ilícito e o dano relação de causa e efeito, ou seja, que a lesão seja resultado desse ato, "sem o que a responsabilidade não ocorrerá a cargo do autor material do fato. Daí a relevância do chamado nexo causal". Na verdade, o nexo causal "é um elemento referencial entre a conduta e o resultado. É por meio dele que poderemos concluir quem foi o causador do dano, ou, em outras palavras, se o dano causado teve origem naquela conduta do agente" (TEIXEIRA, Sálvio de Figueiredo; DIREITO, Carlos Alberto M.; CAVALIERI, Sérgio (coords.). *Comentários ao novo código civil.* Rio de Janeiro: Forense, 2004. v. XIII, p. 77-78). (TRT 2ª R., RO 02090-2004-463-02-00-0, Ac. 2008/0831090, 12ª Turma, Rel. Benedito Valentini, DOESP 3.10.2008, p. 195)

Nos casos especiais de responsabilidade civil objetiva, o nexo causal se configura pela relação etiológica entre o dano da vítima e a atividade empresarial de risco. Assim, não basta ao empregado provar que a empresa contém setores de risco, mas que o dano emergiu em uma dessas áreas especiais. Por exemplo: um empregado que foi vítima de uma explosão no trabalho terá que provar a culpa

---

(29) Nesse sentido é o art. 2º, § 3º, da IN INSS/PRES n. 16, DOU 28.3.2007.

patronal (responsabilidade subjetiva) ou que o sinistro estava dentro da área de risco previsível (responsabilidade objetiva).

A partir da legislação civil, a doutrina sistematizou as chamadas excludentes da responsabilidade civil. São elas:

a) cláusula de não indenizar;

b) força maior;

c) fato de terceiro;

d) culpa exclusiva da vítima.

Com exceção da cláusula de não indenizar (mais próxima do conceito de renúncia ao direito), a caracterização de uma dessas excludentes afasta o nexo causal ente o dano e o ato culposo do empregador ou mesmo entre o dano e a atividade especial de risco.

Quanto à *clausula de não indenizar*, Silvio Venosa a conceitua como aquela pela qual "uma das partes contratantes declara que não será responsável por danos emergentes do contrato, seu inadimplemento total ou parcial". Essa cláusula colima modificar o sistema de risco no contrato, transferindo-o contratualmente para a vítima[30].

Não se negue que qualquer inserção de regra contratual que tente eximir o empregador da sua obrigação de indenizar o dano infligido ao empregado será declarada nula de pleno direito, seja porque ofende a previsão expressa do art. 7º, XXVIII, da CF, seja porque os direitos trabalhistas são irrenunciáveis. Aplica-se aqui a regra do art. 444 da CLT que confere liberdade às partes para fixar o conteúdo contratual "em tudo que não contravenha às disposições de proteção ao trabalho, aos contratos coletivos que lhes sejam aplicáveis e às decisões das autoridades competentes".

Quanto aos denominados *casos fortuitos* ou de *força maior*, urge observar que são institutos afins e que produzem exatamente os mesmos efeitos. Por tal motivo, a sua distinção é despicienda. Ademais, a doutrina não é uníssona na delimitação dos conceitos[31].

Ao nosso crivo, a força maior está relacionada com um evento da natureza; conhecido, contudo inevitável. São exemplos a inundação, o terremoto, o raio de

---

(30) VENOSA, Silvio S. *Teoria geral das obrigações e teoria geral dos contratos*. 2. ed. São Paulo: Atlas, 2002. p. 58/59.
(31) Silvio Venosa observa não existir interesse prático na distinção dos conceitos, inclusive pelo fato de o código civil não tê-lo feito (art. 393 da CC/2002 e art. 1.058 do CC/1916). In: *Teoria geral das obrigações e teoria geral dos contratos*. 2. ed. São Paulo: Atlas, 2002. p. 254.

chuva etc. No caso fortuito o evento decorre de uma fatalidade imprevisível, como, por exemplo, uma queda traumática ou um assalto[32].

Na esfera do direito comum tanto o caso fortuito quanto a força maior excluem o direito de indenização e a configuração de tais institutos ocorre pela inevitabilidade do evento. Muitas vezes o episódio é até previsível, *v. g.* enchente, mas é inevitável ou impossível de impedir, incorrendo no que dispõe o art. 393, parágrafo único, do Código Civil:

> Art. 393. O devedor não responde pelos prejuízos resultantes de caso fortuito ou força maior, se expressamente não se houver por eles responsabilizado.
>
> Parágrafo único. O caso fortuito ou de força maior verifica-se no fato necessário, cujos efeitos não era possível evitar ou impedir.

Nessa direção vem se posicionando boa parte da jurisprudência trabalhista:

> A queda de árvore decorrente de forte chuva de verão denota a imprevisibilidade característica do caso fortuito de forma a quebrar o nexo de causalidade entre o fato e o resultado havidos, e, por via de arrastamento, apresenta-se como excludente de responsabilidade do dever de indenizar. (TRT 23ª R. — RO n. 00228.2005.066.23.00-9 — Paulo Brescovici — DJMT 2.2.2006 — p. 26)

Ocorre que na esfera do direito do trabalho, em face do seu conteúdo tutelar e mais social do que os contratos civilistas, o dano do empregado ocorrido no ambiente do trabalho, ainda que decorrente de força maior ou caso fortuito não exime, por completo, o empregador. Assim, ao nosso crivo, por aplicação analógica dos arts. 501 e 502, II, da CLT[33], a indenização deverá ser fixada pela metade.

Observe-se que essa solução é consentânea com a tendência do novo Código Civil, quando em seus arts. 944 e 945 autoriza a redução da indenização conforme o grau de culpa do agente. É exatamente o fundamento da nossa tese que parte de um juízo de ponderação por parte do julgador, ou seja, se de um lado o empregador não concorreu para o dano motivado por um evento inevitável e imprevisível, de outro lado está o empregado que foi vítima de um dano manifestado durante a execução do contrato de trabalho e que merece ser reparado, máxime porque o empregador quando decide explorar alguma atividade econômica assume os riscos dela decorrentes, nos termos do art. 2º da CLT.

---

(32) Sobre o tema, Agostinho Alvim observa: "A distinção que modernamente a doutrina vem estabelecendo, aquela que tem efeitos práticos e que já vai se introduzindo em algumas leis, é a que vê no caso fortuito um impedimento relacionado com a pessoa do devedor ou com a sua empresa, enquanto que a força maior é um acontecimento externo". ALVIM, Agostinho. *Da inexecução das obrigações e suas consequências.* 4. ed. São Paulo: Saraiva, 1972. p. 330.

(33) Art. 501, CLT. Entende-se como força maior todo acontecimento inevitável, em relação à vontade do empregador, e para a realização do qual este não concorreu, direta ou indiretamente. § 1º A imprevidência do empregador exclui a razão de força maior.

Art. 502. Ocorrendo motivo de força maior que determine a extinção da empresa, ou de um dos estabelecimentos em que trabalhe o empregado é assegurada a este, quando despedido, uma indenização na forma seguinte: II — não tendo direito à estabilidade, metade da que seria devida em caso de rescisão sem justa causa.

Com efeito, diante desse conflito axiológico, aplica-se o princípio da proporcionalidade, reduzindo-se pela metade a indenização a ser paga pelo agente-empregador, conforme já havia previsto o legislador trabalhista em situação similar envolvendo rescisão do contrato por força maior, *ex vi* do art. 502 da CLT.

Reforça essa tese de ponderação a diretriz hermenêutica prevista no parágrafo único do art. 8º da CLT, quando estabelece que o direito comum (*in casu* a regra do art. 393 do Código Civil), será "fonte subsidiária do direito do trabalho, naquilo em que não for incompatível com os princípios fundamentais deste". Ora, um dos princípios fundamentais do Direito do Trabalho é justamente o de tutelar o trabalho e o trabalhador. Logo, entre a aplicação supletiva do art. 393 do Código Civil e a aplicação analógica do art. 502 da CLT, parece-nos que a segunda é a que encerra maior sintonia com os princípios fundamentais do *Jus Laboral*.

Quanto ao *fato de terceiro*, é importante explicar que a sua caracterização se dará quando o agente causador exclusivo do dano seja um terceiro diverso das pessoas do contratante e do contratado. Não se considera terceiro para fins de excludente da responsabilidade os prepostos do empregador ou mesmo os prestadores terceirizados.

Nesse sentido é oportuno transcrever a regra do art. 932, III, do Código Civil:

> São também responsáveis pela reparação civil: III — o empregador ou comitente, por seus empregados, serviçais e prepostos, no exercício do trabalho que lhes competir, ou em razão dele.

Como se vê da norma legal, o empregador responde pelos atos praticados por seus empregados e prepostos no exercício do trabalho que lhes incumbir. É a chamada responsabilidade civil por fato de terceiro.

Da mesma forma a NR-4 do Ministério do Trabalho e Emprego diz claramente que a tomadora deve estender seus serviços de segurança aos empregados da prestadora de serviços.

Há ocasiões em que o terceiro culpado não pode ser identificado, *v. g.* quando o acidente é provocado pelo fogo de um balão de São João soltado por terceiro e que ao cair no pátio do estabelecimento causa danos físicos (queimadura) ao empregado da fábrica que lá se encontrava trabalhando. Quando ocorre esse tipo de infortúnio, anota Aguiar Dias, "não há fato de terceiro, mas caso fortuito ou de força maior", recordando-se "que é muito difícil e delicado precisar a diferença entre o fato de terceiro e o produzido pelas forças naturais"[34].

Uma questão prática bem esclarece o que vem a ser o *fato de terceiro* como excludente da responsabilidade civil. Trata-se do dano decorrente de roubo a mão armada durante a execução do contrato de trabalho. Diante dessa situação cabe a

---

(34) DIAS, José de Aguiar. *Da responsabilidade civil*. 3. ed. Rio de Janeiro: Forense, 1954. v. 2, p. 665.

indagação: O empregador terá que indenizar o dano material e moral sofrido pelo empregado em assalto ocorrido na empresa?

Essa questão é instigante e a sua resposta carece da investigação das circunstâncias em que ocorreu o assalto. Assim, via de regra, o empregador não assume qualquer responsabilidade pelo dano daí decorrente, vez que a segurança pública é dever do Estado nos termos do art. 144 da Constituição Federal:

> A segurança pública é dever do Estado, exercida para preservação da ordem pública e da incolumidade das pessoas e do patrimônio, não cabendo ao cidadão comum ou às empresas a execução de atividades de defesa civil (art. 144, CF/1988). Por isso, o falecimento de funcionário alvejado por disparo de arma de fogo, em assalto durante a jornada de trabalho e no exercício de sua atividade profissional, não caracteriza a culpa da empregadora, seja pela inexistência de dever legal, seja porque o evento era totalmente imprevisível e inevitável. (SP. STACivSP. 7. Câm. Apelação com revisão n. 563.884-00/9, Willian Campos, julgado em 22.2.2000)

Contudo, se ficar demonstrado que as vítimas dos disparos ocorridos no assalto sofreram danos por culpa concorrente da empresa, a responsabilidade recairá sobre ela. A título de exemplo, mencione-se o caso em que a ação do assaltante foi deflagrada por ato temerário do preposto da empresa:

> Os danos resultantes dos ferimentos produzidos por arma de fogo, embora resultem de ato de terceiro (assaltante), serão reparados pelo empregador quando comprovado que a ação do meliante foi *deflagrada pelo ato impensado de um preposto da empresa*, o qual emitiu gritos durante a ação criminosa, em resposta aos quais foram efetuados os disparos. A responsabilidade atribuída ao empregador conta com o respaldo do art. 932, III, do Código Civil. (TRT 3ª R., RO 00665-2006-131-03-00-7, 7ª T., Rel. Wilmeia da Costa Benevides, DJ 17.5.2007).

Ainda, caso o empregador seja uma instituição financeira que movimente dinheiro, a responsabilidade pelos danos decorrentes do roubo recairá sempre sobre a empresa por força de expressa disposição legal prevista na Lei n. 7.102/1983:

> Por estar a instituição financeira obrigada por lei (Lei n. 7.102/1983) a tomar todas as cautelas necessárias a assegurar a incolumidade dos cidadãos, inclusive seus funcionários diretos e terceirizados, não pode alegar força maior, por ser o roubo previsível na atividade bancária. (SP. STACivSP. 7ª Câm. Apelação com revisão n. 666.188-00/2, Rel.: Paulo Ayrosa, julg. 13.4.2004)

A última excludente da responsabilidade civil é a *culpa exclusiva da vítima*. Assim, caso o dano acidentário tenha sido causado exclusivamente por culpa do empregado, máxime quando a empresa observou *in totum* as normas de segurança e medicina do trabalho, inclusive as NRs do MTE, tendo se comportado de forma prudente na prevenção do dano, neste caso ela (empregadora) estará alijada de qualquer indenização:

> Comprovada nos autos a entrega e fiscalização do uso de equipamentos individuais de segurança, bem como o fato de o autor estar embriagado no momento do acidente,

não há que se falar em responsabilidade do empregador. O acidente de trabalho ocorreu por exclusiva culpa do empregado, não fazendo jus à indenização postulada. (TRT-PR-99513-2006-661-09-00-3-ACO-15828-2006 — 4ª T., Rel. Sergio Murilo Rodrigues Lemos, DJPR: 30.5.2006)[35]

Sebastião Geraldo de Oliveira traz conceito preciso do que vem a ser a *culpa exclusiva da vítima*, dizendo ser aquela em que "a causa única do acidente do trabalho tiver sido a sua conduta, sem qualquer ligação com o descumprimento das normas legais, contratuais, convencionais, regulamentares, técnicas ou do dever geral de cautela por parte do empregador"[36].

Deveras, havendo culpa exclusiva da vítima faltará o nexo etiológico capaz de responsabilizar o empregador. É por tal razão que também nos casos de responsabilidade objetiva a caracterização de culpa exclusiva da vítima isenta o empregador do pagamento da indenização, vez que nessa hipótese faltará a ligação causal entre o dano e a execução normal do trabalho.

A perda prematura de uma vida reveste-se de inegável gravidade — contudo, a pretensão almejada deve manter estrita observância aos requisitos da responsabilidade civil — caracterizada a culpa exclusiva da vítima e quebrado o nexo causal entre a conduta do empregador ou a prestação de serviços e o infortúnio, não é possível conceder qualquer valor a título de compensação pelo dano moral sofrido. (TRT 21ª R. — RO 00298-2005-006-21-00-4 — (57.490) — Rel. José Vasconcelos da Rocha — DJRN 7.12.2005)

Geralmente, nos casos de atividade normal de risco, é pouco provável que o acidente ocorra por culpa exclusiva da vítima. O que sói acontecer é o sinistro resultar da culpa concorrente da vítima com as condições inseguras ou de risco verificadas no ambiente de trabalho.

Não se ignore a distinção entre culpa exclusiva da vítima e culpa concorrente. Esta, ao contrário daquela, não exclui a indenização, mas apenas autoriza a sua redução proporcional, conforme dispõe o art. 945 do CC, *in verbis*: "se a vítima tiver concorrido culposamente para o evento danoso, a sua indenização será fixada tendo-se em conta a gravidade da culpa em confronto com a do autor do dano".

Registre-se que a culpa concorrente não implica, necessariamente, redução da indenização pela metade. O correto é o julgador adotar o princípio da proporcionalidade, fixando a indenização de acordo com a parcela de culpa de cada parte.

Malgrado o acidente que decepou dedos da mão do empregado tenha ocorrido no ambiente de trabalho e no atendimento de ordens do patrão, verifica-se a culpa

---

(35) Em igual sentido, registre a seguinte ementa: "Se o obreiro exerce a função de ordenhador e, sem a autorização de empregador, assume a direção de um trator, sem nenhum motivo relacionado com o labor, vindo a falecer em desastre na estrada, este fato não configura acidente do trabalho". (São Paulo, STACivSP. 3ª Câmara. Apelação sem revisão n. 424.872-00/6, Rel. Juiz Gomes Varjão, julgado em 7.3.1995, Revista dos Tribunais, v. 723. p. 400, jan. 1996)
(36) OLIVEIRA, Sebastião Geraldo de. *Indenizações por acidente do trabalho ou doença ocupacional*. São Paulo: LTr, 2005. p. 146.

concorrente do empregado que, sem equipamento de proteção individual ou preparo técnico para tanto, manipula máquina de serralheria. A repartição da responsabilidade não implica em divisão matemática dos respectivos ônus. Embora haja concorrência de culpas, deve a empresa indenizar o ex-empregado pelos danos experimentados. (TJBA — AC 35.585-1/2004 — (21.164) — 2ª C.Cív. — Rel. Des. Waldemar Ferreira Martinez — J. 24.10.2006)

Em ambos os casos de culpa concorrente ou exclusiva da vítima, o ônus da prova será sempre do empregador, vez que se traduz em fato modificativo ou impeditivo do direito, aplicando-se o art. 818 da CLT combinado com o art. 333, II, do CPC:

> Ao alegar a culpa exclusiva ou concorrente da vítima, a empresa atrai o ônus da prova, de que, na hipótese dos autos, não se desincumbiu. Recurso provido para condenar a ré ao pagamento de indenização por danos morais e materiais. (TRT-PR-99561-2006-069-09-00-3-ACO-03124-2008 — 2ª T. Relatora Marlene T. Fuverki Suguimatsu, DJPR 8.2.2008)

Outra situação relevante no campo prático é aquela que leva em conta o grau de culpa para fixação do *quantum* indenizatório, prevista no parágrafo único do art. 944 do CC: "se houver excessiva desproporção entre a gravidade da culpa e o dano, poderá o juiz reduzir, equitativamente, a indenização". Com tal dispositivo, a irrelevância dos graus de culpa permanece válida para fins de configuração do dever de indenizar (*an debeatur*), não já para sua quantificação (*quantum debeatur*)[37].

Na Jornada de Direito Civil, promovida pelo Conselho da Justiça Federal[38], fora editado o Enunciado n. 46 que reza:

> A possibilidade de redução do montante da indenização em face do grau de culpa do agente, estabelecida no parágrafo único do art. 944 do novo Código Civil, deve ser interpretada restritivamente, por representar uma exceção ao princípio da reparação integral do dano, não se aplicando às hipóteses de responsabilidade objetiva.

Como se vê, o princípio geral que informa a responsabilidade civil é aquele que propugna pela máxima tutela da vítima, visando à reparação integral do dano (art. 944, *caput*, do CC/2002). Logo, qualquer tentativa de relativizar essa máxima deverá ser vista com a devida cautela. Não se olvide a vetusta lição hermenêutica de que as normas excepcionais encerram interpretação restritiva.

---

(37) SCHREIBER, Anderson. *Novos paradigmas de responsabilidade social*. Da erosão dos filtros da reparação à diluição dos danos. São Paulo: Atlas, 2007. p. 43.
(38) Em setembro de 2002.

Quadro esquemático

Os elementos da responsabilidade civil no campo dos acidentes do trabalho podem ser assim esquematizados:

1. Dano
- Material
  - emergente
  - lucro cessante
- Moral
  - da vítima
  - dos familiares[39] do *de cujus*

2. Culpa
- por violação legal
  - CF
  - CLT
  - NR
- por violação ao dever de cautela
  - prevenção
  - precaução

ou Risco
- Atividade normal de risco
- Dano ambiental

3. Nexo Causal e as excludentes de responsabilidade
- Culpa exclusiva da vítima
- Fato de terceiro
- Força maior

---

(39) Este tipo de dano moral abrange não só os familiares, mas todos aqueles que mantinham forte laço afetivo com a vítima que faleceu em acidente do trabalho.

O Processo do Trabalho e as Novas Tecnologias

Luis Carlos Moro (*)

Introdução

É preciso agradecer a Associação dos Advogados de São Paulo pela iniciativa de, a partir de suas salas de aula, constituir um livro que apanha o conjunto de aulas e lhes dá sistematicidade.

E de sistemas trataremos na aula que aqui é brevissimamente retratada, como um pontapé inicial das reflexões que o tema suscita.

A vida humana hoje é permeada pelas novas tecnologias, que nos proporcionam maravilhas: a biotecnologia, que permite modificações incríveis na agricultura e pecuária, alterando o primeiro setor da economia, além de possibilitar o sequenciamento do patrimônio genético, os exames médicos de imagens incríveis, impressas em três dimensões, cirurgias robóticas; a tecnologia industrial, que proporciona uma verdadeira revolução agrícola, novas máquinas, equipamentos, veículos e transportes mais ágeis, entre outras novidades; a tecnologia da comunicação, com os seus instrumentos e novos companheiros das pessoas: os telefoninhos e os indefectíveis fones de ouvidos geradores de ouvidos moucos para tudo o mais que se põe ao redor do ouvinte; tudo a gerar meios de comunicação mais eficientes e a encurtar distâncias.

(*) Advogado, sócio de Moro e Scalamandré Advocacia. Professor, é Master Interuniversitário em Emprego, Relações Trabalhistas e Diálogo Social em Europa pela Universidad Castilla La-Mancha, na Espanha, especialista em Direito do Trabalho pela Faculdade de Direito da Universidade de São Paulo, conselheiro e diretor da Associação dos Advogados de São Paulo.

A tecnologia também alcançou os serviços, que estão envoltos em meio à tecnologia da informação. Não há empresa em que não haja o tititi da TI. Sabe-se quem navega por mares cibernéticos "nunca dantes navegados", assim como aqueles que transitam pelas marés que todos adoram atravessar, embora, no trabalho, não lhes seja dado singrar. São dados, imagens, um mundo inteiro digital.

Assim, a tecnologia, além de proporcionar efeitos gozosos, também cobra seu preço: O direito de estar só hoje é constantemente assestado. Alteram-se as esferas de intimidade e privacidade. E, nas relações de produção, caminhamos para bancos sem bancários, brinquedos que tudo fazem, suprimindo a ação da criança, ou mesmo a preterição da brincadeira em favor do brinquedo eletrônico, substituindo o lúdico para o eletrolúdico.

Máquinas, equipamentos, siglas e mais siglas nos preenchem a memória. Tudo se acelera. Natural que a velocidade traga impacto não apenas nas relações humanas, mas também nos processos de trabalho. E, dentre estes, inclusive, nos processos judiciais.

Dizer de tecnologia no processo proporciona múltiplas abordagens. Aqui, vamos tratar de direito processual do trabalho. No entanto, não há o propósito de minudenciar o iminente processo judicial eletrônico, por cuja generalização se aguarda ansiosamente e tampouco este artigo será uma análise específica a Lei n. 11.419/2006.

O objetivo é proporcionar uma reflexão sobre os impactos das novas tecnologias aplicadas e aplicáveis ao processo do trabalho, louvando aquelas que proporcionam a aceleração dos procedimentos, mas advertindo para os riscos que toda alteração implica, inclusive os de natureza principiológica do processo.

UM MUSEU DE NOVIDADES. MANUSCREVER OU DATILOGRAFAR?

A tecnologia sempre esteve presente no processo. E, em particular, no processo do trabalho. A Consolidação das Leis do Trabalho, quando buscou reunir as normas esparsas que havia na primeira metade do século passado, apresentou duas novidades tecnológicas importantes: a datilografia e o carimbo. Diz:

> Art. 771. Os atos e termos processuais poderão ser escritos a tinta, datilografados ou a carimbo.

De notar que escrever a tinta era o normal. A jurisdição, como o nome indica, era oral: dicção do direito. O Código de Processo Civil de 1939 previa a prolação da sentença na própria audiência (art. 271), e deveria ser reduzida a termo mediante ditado, por extenso (art. 272). Depois de assinada por juiz, procuradores, órgão do Ministério Público e o escrivão, aperfeiçoava-se. Isso assegurava, ao menos em tese, a presença dos circunstantes no ato de proferir a sentença e a possibilidade de fiscalização da realização do pessoal e indelegável do juiz pelo próprio julgador.

Antes disso, no tempo em que o processo se regia por normas estaduais, no *Código de Processo Civil e Comercial do Estado de São Paulo*, o art. 333 esclarecia: "A sentença, que será escripta, datada e assignada pelo juiz, deverá conter:...".

O registro da patente de Christopher Latham Sholes, tido como o inventor da máquina de escrever, com os teclados em formação "QWERTY", tal como conhecemos, nos Estados Unidos, ocorrera em 1868. Há registros mais antigos de tentativas de produzir algo similar, cada país suscitando um caso diferente. Para alemães, foi o tirolês Peter Mitterhofer o pai da máquina de escrever, pois construiu um modelo que presenteou ao imperador Francisco José, da Áustria, em 1866. Antes disso, um pároco brasileiro, José Francisco de Azevedo, matemático e mecânico, apresentara (sem patentear) um protótipo. Chegou a ser premiado em exposições públicas (no Pernambuco e no Rio de Janeiro, em 1861). Sustenta-se que Pratt e Sholes teriam obtido o seu projeto por meios ilícitos.

A Remington, antiga fábrica de armas, trocou arcabuzes por uma arma mais poderosa: a palavra. E passou a produzir em série, a partir de 1877, a máquina de escrever. E o sucesso foi tal que em 1919 já se podia comemorar a marca de um milhão de equipamentos vendidos em todo o mundo, em suas distintas marcas.

Mesmo assim, não foi sem custo que a datilografia sucedeu aos textos manuscritos.

Conta-se que em Minas Gerais, no começo do século XX, uma sentença foi anulada por conter um gravíssimo vício: foi datilografada. O Juiz, ao utilizar uma então moderníssima máquina de escrever, impedia aferir a identidade física do prolator da sentença. Uma vez datilografada, qualquer alfabetizado poderia, em tese, lavrá-la.[1]

Hoje, a discussão se dá às avessas. Contestam-se sentenças manuscritas, como se observa da ementa abaixo:

EMENTA: AGRAVO DE PETIÇÃO. SENTENÇA MANUSCRITA. Ausência de norma legal que imponha ao juiz a obrigação de apresentar sua solução ao litígio de forma datilografada ou digitada. Hipótese em que a sentença manuscrita não causou qualquer prejuízo aos litigantes, já que perfeitamente claro seu conteúdo e alcance, oportunizando o exercício do contraditório e da ampla defesa. Inexistência de vício endógeno a impedir sua eficácia, porque assentada em fundamentos juridicamente sustentáveis. Prestação jurisdicional completa. Agravo de petição do executado que buscava a transcrição da sentença na forma datilografada ou digitada que se rejeita, deixando-se de aplicar multa por ato atentatório à dignidade por ainda não se perceber oposição maliciosa à execução. (TRT 4ª Região, 7ª Turma Processo n. 00427-2000-022-04-00-1 AP. Relator Juiz convocado Lenir Heinen. Publ. DOE-RS 4.10.2006).

Mas à Consolidação das Leis do Trabalho deve-se a introdução, na lei processual, do carimbo. Aqui, temos a herança lusitana. Dom Diniz, em 1305, estipulou por

---

(1) Disponível em: <http://mpbertasso.wordpress.com/2009/04/> Acesso em: 1º.12.2011.

decreto que, para que um documento tivesse validade, haveria de ser escrito por tabeliães portugueses e ser autenticado por selo e carimbo da vila ou cidade e presenciado por cinco testemunhas. O carimbo permanecia na posse de um "homem bom", nomeado pelo Rei, o qual deveria jurar fidelidade sobre os Santos Evangelhos.

Mas se os carimbos, no início, tinham o propósito de autenticação de documentos e aferição de pessoalidade e autenticidade do que fora produzido, a Consolidação das Leis do Trabalho inaugurou o carimbo como um mecanismo tecnológico de reprodução de atos repetitivos e privativos da jurisdição. Em uma palavra: delegação. Em três: delegação do indelegável. Por meio dos carimbos, permitia-se que o juiz delegasse a outrem os despachos de mero expediente, permitindo a agilização dos procedimentos judiciais.

Os instrumentos de tecnologia de informação são, de certo modo, os antigos carimbos atualizados. Carimbos flexíveis e multiplicáveis em número e grau. Memórias de autotextos, hipertextos, recursos de recuperação de dados e tecnologia de informação.

E nesse sentido, já não são tão novos os métodos tecnológicos que impõem determinados progressos. Na década dos noventas, a evolução dos editores de texto já permitia que alguns juízes conduzissem audiências mediante o ditado de códigos de autotextos com teclas de atalho que produziam uma comunicação dificílima. Se um advogado contraditasse uma testemunha, por exemplo, o juiz ditava: "Control F5". E os circunstantes ficavam a olhar-se reciprocamente, com expressões alvares, sem noção do que se tratava... Liam a ata ao final, onde se achava o registro da contradita, o seu indeferimento e até mesmo a consignação de protestos do advogado cujo pedido houvera sido indeferido.

O fato importante é que há um nítido descompasso entre a lei processual e os meios tecnológicos. Se na década dos quarentas a Consolidação das Leis do Trabalho inovava ao permitir expressamente o carimbo como meio de reprodução de decisões e despachos repetitivos, hoje, seu dispositivo é objeto de chacota.

A nossa Consolidação, porém, estava à frente do seu tempo. Não previa a sentença como um ato indelegável, porque concebeu a Justiça do Trabalho apenas com órgãos colegiados, cujas decisões eram frutos de uma construção coletiva.

Mesmo o Código de Processo Civil de várias décadas depois, no art. 146, determina que as sentenças sejam redigidas pelos juízes, podendo ser proferidas verbalmente. Redigidas ou verbalizadas, constituem atos que devem dimanar exclusivamente de um juiz. O seu parágrafo único, incluído pela Lei n. 11.419/2006, autoriza a assinatura eletrônica, com certificação digital. Mas não desonerou o julgador da redação da sentença, que se presume ato do juiz.

E o Código de Processo Penal também não escapa à tradição da identidade física do magistrado em relação à prolação da sentença. Determina, no art. 399, § 2º, que o juiz que presidiu a instrução deverá proferir a sentença. Isso em termos adotados pela Lei n. 11.719/2008, que se completam pelo art. 388 que possibilita ao juiz datilografar a sentença, desde que a rubrique em todas as folhas.

Esse descompasso exige que tenhamos normas abertas quanto à utilização de meios tecnológicos. Impõe que o rigor formal que sempre inspirou a nós, brasileiros, na formação de normas processuais, mereça uma redução significativa, a fim de se possa acolher a evolução dos meios tecnológicos de modo a não suscitar conflito com os expressos termos da lei processual, que não pode ser exposta como um museu das novidades existentes ao tempo em que promulgada.

Os meios tecnológicos mais fidedignos de registro da instrução processual

Sabe-se que o processo de cognição é presidido pelo juiz de primeiro grau que se converte no intermediário e tradutor dos fatos para os julgadores do segundo grau de jurisdição. Estes, por sua vez, interpretando os fatos intermediatos pelo juiz de primeiro grau, fixam a verdade dos autos. Se real ou ficta, para o nosso sistema não importa. A verdade fática é assentada por quem não presidiu as provas; por quem não as colheu, não as viu e que, para tanto, precisa confiar cegamente na capacidade de precisão do colega de primeiro grau no traslado do que se colheu do mundo real para o mundo ficto dos autos.

O método mais antigo que se tem notícia é o da narrativa. É a partir da narrativa que se tem a fase introdutória do processo e a formação da litiscontestação. Na fase instrutória ou probatória do processo, *per seculum securolum*, procedeu-se a juntada de documentos, além da oitiva de partes e testemunhas. Exceção feita aos documentos, tudo narrado pelo julgador de primeiro grau. Provas periciais constituem exceção, mas também se dão por meio de narrativa mediada pelo conhecimento técnico.

A partir da possibilidade dos registros audiovisuais, a narrativa mediada pela palavra pode ser substituída pelas imagens e sons diretamente captados nos fatos.

Hoje, a distribuição massiva de câmaras de vigilância e de gravadores digitais permite a superação da tradição da narrativa pela captação da cena em si, do fato durante a sua ocorrência. Captam-se imagens em que os gravados podem participar ativa ou passivamente da gravação. Com ou sem conhecimento de que estejam sendo gravados. Em ambientes públicos ou privados. Em momentos de privacidade ou até intimidade. E isso, de certo modo, revoluciona o processo.

Os debates que essa matéria suscita são tão amplos que merecem estudo aprofundado e específico, não comportando inserção num contexto tão genérico quando o presente.

Há, no entanto, um aspecto que é de ressaltar.

Os autos do processo correspondem a uma compilação de provas. Os termos e registros de audiência não são senão a prova do que se fez, declarou, deduziu e demonstrou no *iter* processual.

E nesse sentido, há experiências significativas de modificação do registro da audiência e da instrução processual. E isso não se dá sem resistências no âmbito do próprio Poder Judiciário.

A Associação dos Advogados de São Paulo, por meio de seu Centro de Estudos, editou um opúsculo em volume, mas uma obra de referência em conteúdo, acerca do direito autônomo das partes de produzir a sua prova do que se passou na própria audiência, por meio de gravação digital de imagens e/ou sons, cuja conclusão assenta ser direito líquido e certo das partes de produzir os seus registros do que passou, não apenas para atribuir segurança a todos os circunstantes, mas também para o cotejo entre o que foi transcrito no termo de audiência e o que foi efetivamente dito.

Esse método tem recebido algumas críticas por parte da magistratura, que se sente coartada em seu poder de polícia e no direito de conduzir a audiência, presidindo-a. Contra essa oposição, assentam-se as bases da lei processual, cujo art. 417 do Código de Processo Civil é de solar clareza quanto ao direito das partes de registrar a audiência e os depoimentos que nela se dão.

Em 15 de abril de 2009, a *Folha de S. Paulo*, caderno Brasil, noticiou que Juízes resistem à audiência gravada em DVD e pedem a transcrição em papel. Referia-se à gravação em vídeo de audiências criminais, repelidas pelo Tribunal de Justiça do Estado de São Paulo. É que o Código de Processo Penal, assim como o Código de Processo Civil, também abriu a possibilidade da gravação dos interrogatórios dos réus e depoimentos das testemunhas.

Esse procedimento elimina a transcrição posterior, pelo juiz, do que foi dito. Acaba com as lesões de esforços repetitivos dos digitadores, estenógrafos, agiliza audiências, julgamentos, além de reproduzir com fidelidade todos os aspectos do depoimento, detalhes que são perdidos na transcrição comum, imagens de sinais exteriores de nervosismo, ansiedade, sudorese, rubor na face, tudo a contribuir com uma mais abrangente análise do desempenho da testemunha e da efetiva correlação do quanto narra com a verdade real.

Tanto as gravações oficiais, feitas pelo Judiciário, quanto àquelas produzidas pelas partes, ambas possuem valor probante. E devem passar a ser admitidas. Advogados têm a responsabilidade da disseminação do método.

Trata-se de um grande contributo ao processo, à exortação para que todos mantenham um comportamento condizente com o que se espera de autoridades, servidores, advogados e partes em litígio perante o Poder Judiciário, elevando-se os níveis atuais de urbanidade e respeito.

Além disso, a gravação de audiências produz um avanço significativo no papel do magistrado, que perde um pouco a função de tradutor do quanto colhe para se dedicar precipuamente à condição de intérprete do direito aplicável aos fatos ali verificados. Isso amplia as possibilidades de revisão pelos Tribunais, nos casos em que houver recurso e tende a aumentar o grau de aceitação dos julgados de primeiro grau, na medida em que a prova deixa de ser passível de um equívoco de transcrição.

A tecnologia, assim, muda os meios de prova. Altera e amplia a possibilidade de visibilidade plena dos fatos. Conduz-nos a um ambiente de tentativa de imposição da verdade real sobre a verdade formal, fictícia, determinada pela necessidade de impor decisão às lides ou pela questão tormentosa da decidibilidade que assesta o Poder Judiciário.

Gravar as audiências é um imperativo imposto pela tecnologia. Se as gravações serão feitas pelo próprio Judiciário ou diretamente pelas partes é uma opção que incumbirá muito mais ao Judiciário, porque as partes bem assistidas seguramente o farão. E seus registros, mesmo que não tenham exclusivamente essa finalidade, poderão vir a ser utilizados para a desconstituição da presunção ficta de fidedignidade dos registros oficiais atuais.

Os meios tecnológicos no processo de execução

Foi-se o tempo da ocultação do executado. Estamos hoje no período da perda total da privacidade. Registramo-nos em órgãos públicos, nos bancos, no comércio, nos serviços, nas portarias de edifícios, nos hotéis, deixando um rastro de dados pessoais, um itinerário de nossas condutas e ações.

Nesse sentido, a execução, que no âmbito do processo do trabalho processa-se de ofício, ganhou nos últimos anos instrumentos preciosos de recuperação da força da jurisdição trabalhista.

Convênios importantes com o Banco Central do Brasil (Bacen), do qual surgiu o sistema Bacen-Jud; com o Registro Nacional de Veículos Automotores (Renavam), do qual adveio o Renajud; com a Secretaria da Receita Federal para acesso à base de dados das declarações de Imposto de Renda (Infojud). Caminhamos para o convênio com os Registros de Imóveis (Rijud) e muitos outros mais.

Além disso, passos importantes na direção da confiabilidade e centralização dos dados de penhora, execuções, emissão de certidões negativas ou positivas de débitos trabalhistas, tudo isso tem se agregado ao arsenal de possibilidades dos credores e da Justiça para a satisfação plena dos créditos trabalhistas judicialmente reconhecidos.

Os bancos de dados, sempre em expansão, infinitos enquanto duram, amoldam-se às necessidades específicas dos processos. Há hoje dados importantíssimos disponíveis em órgãos públicos, cujo acesso é permitido aos magistrados e também aos credores.

Assim, as Agências Nacionais, como a de Informações (ABIn) as da Aviação Civil (ANAC), a de Energia Elétrica (ANEEL), Previdência Complementar, entre outras, podem aportar seus dados ao processo, se devida e convenientemente provocadas.

Concessionárias de Serviço Público podem auxiliar na localização de pessoas. As telefônicas, as elétricas, as de distribuição de água, são todas dotadas de bancos de dados que podem ser consultados pelo Poder Judiciário.

No âmbito do mundo financeiro, as bolsas de valores como Bovespa e BM&F, os bancos, além de órgãos e bancos de dados vinculados ao Estado que trabalham com essas matérias, como o Conselho Nacional de Controle de Atividades Financeiras, a Superintendência de Seguros Privados (SUSEP), o Sistema de Investigação de Movimentações Bancárias (SIMBA), o Sistema Integrado de Administração Financeira do Governo Federal (SIAFI), o Departamento de Recuperação de Ativos e Cooperação Jurídica Internacional (DRCI) do Ministério da Justiça, a Unidade de Inteligência Financeira da Receita Federal (UIF), o Cadastro Nacional de Informações Sociais (CNIS), o Cadastro Geral de Empregados e Desempregados (CAGED) do Ministério do Trabalho, os cartórios (de títulos, documentos, imóveis, registro civil), tudo isso promove a construção de uma imensa teia de informações que pode e deve ser consultada.

Não é mais admissível que tenhamos uma taxa de congestionamento da execução correspondente a 69% (sessenta e nove por cento), como atesta o discurso de posse do Ministro Presidente do Tribunal Superior do Trabalho, João Oreste Dalazen.

O Tribunal Regional do Trabalho da 3ª Região, em Minas Gerais, criou um Núcleo de Pesquisa Patrimonial, capaz de auxiliar a magistratura na busca de bens, valores e patrimônio de devedores que insistem em ocultar-se à ação do Judiciário.

Nesse sentido, a tecnologia é uma grande aliada da efetividade da justiça. No entanto, ainda achamos unidades judiciárias avessas à utilização de tais mecanismos. Exceção feita ao Bacen-Jud, convênio que de fato se universalizou no âmbito da Justiça, a busca ativa do Poder Judiciário, por meio de expedição de ofícios, pesquisa de bancos de dados públicos e privados, muitas vezes ainda é vista com reservas, como se a atividade da execução fosse algo que concernisse tão somente ao credor.

Processo (inclusive execução) é matéria de ordem pública. É interesse da sociedade que todas as execuções se satisfaçam e que sejam cumpridas pelo efetivo devedor. Nota-se hoje em dia que, ao invés do aprofundamento da pesquisa para identificação de onde está o efetivo devedor, o Judiciário tem partido para o alargamento da quantidade de responsáveis.

Não se nega a importância de medidas de ampliação da base de responsáveis por créditos de natureza alimentar, como o são os trabalhistas. No entanto, se somos detentores de meios e tecnologias bastantes à efetiva identificação e localização de bens dos devedores, estes devem preferir aos demais.

O PROCESSO JUDICIAL ELETRÔNICO

Depois de algumas idas e vindas, de iniciativas insulares, algumas melhor sucedidas que outras, anuncia-se, finalmente, a implantação do processo judicial eletrônico.

Trata-se de uma media que vai além dos limites da Lei n. 11.419/2006, cujo propósito se acha em seu art. 1º, que estabelece o uso de meio eletrônico na tramitação de processos judiciais, comunicação de atos e transmissão de peças processuais.

Temos notado que há iniciativas profundamente preocupantes, que se valem do processo judicial eletrônico não apenas como um acelerador de procedimentos ou como um veículo que preserva princípios constitucionais caros ao processo: como o do acesso à justiça, o do contraditório e devido processo legal, com ampla defesa e os meios e recursos que lhe são inerentes.

Há muito por observar no desenvolvimento do processo judicial eletrônico. Há garantia do direito de petição? Há garantia do direito de defesa? Há asseguração dos direitos constitucionais em matéria probatória?

Sabemos de casos em que se tentou limitar o peticionamento eletrônico, com a vedação a que se ultrapassem determinadas páginas ou tantos caracteres. Converter a petição inicial num formulário também é um mecanismo que, de certo modo, já se impõe, quando da classificação dos pedidos segundo as tabelas expedidas pelo Conselho Nacional de Justiça.

Entendemos, no entanto, que o direito de petição deve ser assegurado em sua amplitude. Assumir os ônus de expor longamente os fatos de um caso deve ser a arriscada opção do advogado das partes, jamais uma imposição por parte dos analistas de sistemas do processo no âmbito do Poder Judiciários.

Por isso, impor limites de páginas ou de bytes para as peças processuais é estabelecer limitação de acesso à justiça incompatível com os princípios democráticos que hoje dão substância à ciência processual.

Igualmente, o processo eletrônico não pode alijar quem não tenha aderido aos meios cibernéticos. Não se pode exigir, de modo peremptório, a utilização de um sistema de informática que, sem lei que obrigue ao povo, alija o peticionamento comum.

É preciso que se notem as vantagens da utilização dos meios eletrônicos. A Associação dos Advogados de São Paulo, por exemplo, saiu adiante de outras entidades representativas da advocacia e inscreveu-se como autoridade registradora do certificado digital. E expediu quase vinte mil certificados desse jaez.

A adesão, pelos advogados, aos sistemas de peticionamento e remessa eletrônica de peças e dados processuais, dá-se por opção, pela adesão natural e voluntária a um sistema que ofereça segurança, rapidez, eficiência e baixo custo.

Impor o sistema não seria democrático. Tampouco constitucional

Outra dessas iniciativas preocupantes é o julgamento virtual, sobre a qual já me pronunciei, juntamente com José Fernando Moro, em artigo publicado no sítio Consultor Jurídico[2], em que dissemos, em linhas interrogativas que ainda nos fazem pensar:

> É possível que a "eletronização" das tarefas processuais transfira a condução do processo do julgador para o sistema?
>
> Poderemos admitir que o processo seja parametrizado não pela lei, mas por resoluções que imponham determinações a um gerenciador de programas e sistemas?

Pois nos parece que assim as coisas têm se encaminhado. No processo tradicional, se é verdade que se admite a existência, por um lado, de uma enorme variação de procedimentos em cada unidade de jurisdição, por outro, gozamos de uma liberdade de trabalho constitutiva de nossa profissão de advogados, liberdade essa que só pode ser tolhida por iniciativa legal e não pelo estabelecimento de sistemas.

Sistemas gizam os procedimentos. Mas são gizados pelo processo. Não podem, a pretexto de estabelecer os mecanismos tecnológicos do processo, alterar os seus princípios, notadamente aqueles que se inscrevem como relacionados ao processo democrático.

O processo eletrônico, infelizmente, em grande parte, tem sido compreendido (e vendido, propagado, difundido) como um mecanismo de automatização do trabalho dos juízes, quando, no máximo, poderia ser admitido como um mecanismo de automatização das atividades meio, das secretarias, cartórios, ofícios e serventias, ampliando-se o acesso ao processo, da publicidade, da transparência e não da opacidade...

Necessitamos da cidadania eletrônica e não a eletrocução dos direitos do cidadão. Por isso, lamentamos dizer que o processo eletrônico precisa ser difundido e preservado, mas não para servir somente aos juízes, servidores ou advogados, mas, principalmente, ao jurisdicionado, ao processo em si, num primeiro momento e, mediatamente, às partes e procuradores que nele intervêm.

A cidadania eletrônica pressupõe transparência, clareza ou, o que Boaventura de Souza Santos bem qualifica: a fiscalidade, ou possibilidade, ao menos em potência, da fiscalização dos procedimentos públicos: a accountability dos americanos.

---

(2) Disponível em: <http://www.conjur.com.br/2011-ago-05/processo-eletronico-prejudicar-direito-ampla-defesa-jurisdicionados> <http://www.conjur.com.br/2011-ago-05/processo-eletronico-prejudicar-direito-ampla-defesa-jurisdicionados?pagina=2> e <http://www.conjur.com.br/2011-ago-05/processo-eletronico-prejudicar-direito-ampla-defesa-jurisdicionados?pagina=3> Acesso em: 1º.12.2011.

O professor canadense Don Tapscott[3] diz da nova "civillização da internet", mas sobre os primados da colaboração, abertura, compartilhamento, independência e integridade.

O que temos visto, no entanto, é a tentativa de automação da atividade humana da jurisdição para preservação apenas da independência e integridade do Judiciário.

Isso requer abertura, colaboração e compartilhamento, sem o que toda iniciativa, por mais generosa que seja, por de melhor fé que se entranhe, resulta na eletrocução dos direitos do cidadão pela imposição, sem lei, sem debate, sem razão, de inúmeras restrições, em iniciativas mais ou menos institucionais, para a complexidade ainda maior do exercício da advocacia.

Já há diversas limitações, todas elas com algum fundamento, mas nenhuma lei: limitação do número de páginas das petições[4], do uso do sistema[5], do número de bytes do arquivo[6], da remessa de petições em segundo grau[7], dos horários de atendimento.

A PRINCIPIOLOGIA QUE PRECISA SER DEFENDIDA

A apresentação de meios novos tecnológicos e sua inserção no âmbito do processo deixam expostos vários aspectos que demandam um tratamento muito delicado.

Pode, por exemplo, o *Diário Oficial*, eletrônico ou não, ser substituído por métodos eletrônicos de intimação?

---

(3) *Vide Folha de S. Paulo* de 29 de julho de 2011, p. B14.
(4) TRT da 3ª Região editou a IN n. 3/2006, passando a determinar que as petições e seus anexos, tenham no máximo 50 folhas impressas (respeitado o limite de dois megabytes), sob pena de seu não processamento. Há notícia de decisão que incrivelmente considera "intempestivo" o recurso que suplante tais limites.
(5) Em duas Varas do Trabalho de Manaus, os advogados foram proibidos, por meio de portarias, de enviar petições por meio eletrônico. Agora, só vale a versão em papel. Os magistrados argumentam que o Sistema Integrado de protocolização e fluxo de documentos eletrônicos (e-Doc), adotado em todo o país pela Justiça do Trabalho, está sendo utilizado por advogados "de forma indiscriminada e sem controle". Editaram então portarias, os juízes Lairto José Veloso e Mauro Augusto Ponce de Leão Braga, titulares da 3ª e da 5ª Vara do Trabalho de Manaus, que, respectivamente, informam que o uso do e-Doc aumentou "significativamente" o fluxo de trabalho, "além de onerar de forma substancial os cofres públicos com gasto excessivo de papel e material de informática".
(6) O próprio Tribunal Superior do Trabalho não permite a remessa de arquivos e anexos com volume superior a 2mb. O lote de arquivos, constituído em arquivo principal e seus anexos, não pode ultrapassar 2 megabytes. Não são aceitos documentos fracionados, ou seja, que parte do documento (petição ou documento que a acompanha) seja enviado em um lote e o restante em outro lote.
(7) No âmbito do Tribunal Regional do Trabalho da Segunda Região, o e-PET — Peticionamento Eletrônico, restrito para o envio de petições relativas a ações em grau de recurso, limita em aproximadamente duas páginas o tamanho de cada petição enviada.

A lei de eletronicização do processo até permite. Mas isso necessita ser obtemperado pelos princípios constitucionais. A publicidade dos atos imposta pelo inciso IX do art. 93 não autoriza que dados da privacidade ou intimidade possam vir a ser expostos, sem dúvida.

No entanto, não permite que dados públicos, de lavra pública, que devem ser expostos e sujeitos à democrática fiscalização pública, possam, em nome da brevidade ou agilização do procedimento, ser convertidos num diálogo privado entre jurisdicionado e jurisdicionante.

A publicação das sentenças, decisões interlocutórias e despachos em Diário Oficial é um imperativo de publicidade do que é público. Encerrar a comunicação dos atos processuais aos partícipes do processo é transformar o que é, por natureza, público, em, por natureza, privado.

Quando se deixa de publicar as decisões judiciais em órgão público de imprensa, ainda que eletrônica, as múltiplas decisões judiciais passam a ser atomizadas em comunicações fracionárias, que impedem a fiscalidade do todo.

Esse aspecto, que pode parecer pequenino detalhe, é de imensa importância e está profundamente vinculado à conceituação de democracia moderna, que pressupõe exercício do poder legitimado pela sua legalidade (cujo controle pode ser abstrato ou difuso, exercido pela parte ou por terceiros), legalidade expressa no amplo direito de defesa, com todos os meios e recursos a ela inerentes, no princípio da paridade de armas e do contraditório, pela sua fiscalidade (plena visibilidade pública e impossibilidade de convertê-lo numa relação triangular cerrada e sem transparência entre partes e Estado-Juiz) e pela sua legitimação intrínseca (a fundamentação do livre convencimento motivado do juiz).

Fora desses parâmetros, o processo eletrônico perde a sua sustentação constitucional e abandona os princípios democráticos. E então estará reaberto o velho campo de batalha para imposição da democracia sobre o império da força ilegítima.

O processo eletrônico e os meios tecnológicos empregados no âmbito do processo público nos convidam a pensar com profundidade. Não nos reservam apenas o papel de "usuários" do sistema. Nem nos relegam ao serviço de suporte telemático de um número 800 qualquer.

Enquanto houver inovações e melhorias a propor, esse processo deverá pressupor um diálogo social aberto, amplo, sem exclusão de nenhum partícipe dos interessados no pleno funcionamento do processo judicial eletrônico. Necessitamos ouvir julgadores, cujas queixas, em grande parte, são dotadas de absoluta procedência. Servidores devem ser auscultados. Sobre eles recaem atividades e responsabilidades importantíssimas para o êxito dos processos judiciais eletrônicos.

No entanto, partes e procuradores constituem os polos aos quais a jurisdição está voltada. Não podem ser considerados usuários passivos de um sistema para o qual devem ser apenas adestrados, como Pavlov fazia com seus animais. Temos o triste hábito de apenas reagirmos, tardiamente, quando os males estão postos. Talvez seja esse o nosso reflexo condicionado.

Cabe-nos, entretanto, identificar as oportunidades de inserção nos temas quando ainda em ebulição, no fogo da forja, no caldeirão de experimentação, no momento em que é possível inserir na formulação das ideias as nossas próprias ideias, conscientes de que isso tudo se trata de um processo coletivo de construção.

Não se inventou ainda tecnologia plenamente substitutiva do cérebro humano. E conferir às iniciativas os atributos da dignidade humana, sem que se permita a robotização de nossas atitudes, talvez seja o melhor contributo que possamos dar à tecnologia da informação e à formação da tecnologia aplicável ao processo.

A EXECUÇÃO DEVE SER CONDUZIDA PELO MEIO MENOS GRAVOSO AO DEVEDOR OU EM PROVEITO DO CREDOR?

Alberto de Paula Machado [*]
Denise Weiss de Paula Machado

BREVE REFERÊNCIA À EVOLUÇÃO LEGISLATIVA DO PROCESSO DE EXECUÇÃO

Desde a Constituição Federal de 1934 o Brasil adota o sistema unitário de competência legislativa, constando de nossa carta política as regras que disciplinam sobre quais matérias podem os Municípios, os Estados e a União legislar. Até o advento daquela carta, a competência legislativa da União recaía tao somente sobre o direito material, incumbindo aos Estados editar leis de natureza processual.

Assim, pertencendo a competência para fixar normas de direito processual exclusivamente à União, mantém-se certa uniformidade a respeito desse tema em todo o território nacional. É bem verdade que questões procedimentais são tratadas de modo diverso em vários Estados, muitas vezes até mesmo alterando algumas regras de processo. Porém, de modo geral, é possível ter-se clareza quanto às diretrizes básicas do sistema processual pátrio.

Com relação às normas processuais referentes ao processo de execução, é interessante fazer-se uma brevíssima observação a respeito de sua evolução legislativa. O Código de Processo Civil de 1939, inspirado em leis processuais dos Estados de Minas Gerais, Rio de Janeiro e Rio Grande do Sul, estabelecia regras e ritos únicos, entre os quais aqueles dirigidos à execução, denominada, à época, de Ação Executiva.

---

[*] Os autores são advogados no Paraná, o primeiro Vice-presidente nacional da OAB nacional e ex-Presidente da OAB Paraná e a segunda, Mestre em Direito e Professora Universitária.

Já no Código de 1973, o legislador adotou novas regras para a execução, objetivando com as mesmas *dar maior efetividade ao processo evitando-se o retardamento na decisão das causas ou na execução dos direitos já reconhecidos em juízo* (Exposição de Motivos, Alfredo Buzaid, Ministro da Justiça).

Durante muitas décadas, o ponto de vista preponderante sobre os princípios que regem a execução judicial, inclusive a execução trabalhista, inclinava-se no sentido de que a execução dever-se-ia *processar pelo meio menos gravoso ao devedor*.

Todavia, com o avançar dos anos e diante da pouca efetividade quanto aos resultados práticos da execução judicial — cujo procedimento acabava por arrastar-se ao longo de anos — uma nova leitura desses princípios ganhou corpo, passando a prevalecer a máxima de que a execução *deve ser conduzida em proveito do credor*, que tem sua razão e seu direito material já reconhecidos, necessitando tão somente da intervenção estatal para sua concretização.

Não sendo o direito algo imutável e assim, por consequência, sofrendo as influências do seu tempo, o pensamento atual dominante elege a efetividade do processo à categoria de valor que se sobrepõe a qualquer regra que tenha por finalidade proteger o devedor e que possa implicar em morosidade no processo.

As alterações da legislação processual ocorridas nesses anos demonstram que o legislador contemporâneo persegue o ideal de conferir maior efetividade ao processo e às decisões judiciais, preocupando-se igualmente com os princípios que assegurem o amplo direito de defesa e a presunção de inocência que se projeta sobre o devedor.

Duas regras processuais revelam a guarida a esses princípios, expressando de modo claro esse entendimento. A primeira, inserta no art. 620 do Código de Processo Civil, dispõe que a execução deve ser conduzida pelo meio menos gravoso ao devedor. Nesse mesmo passo, os arts. 612 e 655, do mesmo diploma, estabelecem que a execução deve ser conduzida em proveito do credor, que adquire, pela efetivação da penhora, o direito de preferência sobre os bens que desta foram objeto.

Partindo-se da premissa de que os princípios acima referidos são aplicáveis de forma subsidiária ao processo de execução trabalhista, é possível compreender toda a evolução legislativa dos últimos anos, valendo lembrar o Anteprojeto de lei elaborado recentemente pelo TST e até mesmo o projeto de um novo Código de Processo Civil, que se encontra em tramitação perante o Congresso Nacional.

No momento atual, o projeto do CPC prevê em seu art. 513 a possibilidade de expropriação de bens, mesmo na hipótese de o devedor impugnar a execução (nova figura que substitui os embargos).

Quanto ao processo do trabalho, o anteprojeto elaborado pelo TST, que dispõe sobre a reforma da execução trabalhista, prevê, entre outras mudanças, a possibilidade de o juiz fixar multa à parte que não comparecer em audiência designada para tentativa de conciliação na fase executória do processo.

O mesmo anteprojeto introduz o art. 878-D da CLT, que dispõe: "Havendo mais de uma forma de cumprimento da sentença ou de execução de título extrajudicial, o juiz adotará sempre a que atenda à especificidade da tutela, a duração razoável do processo e ao interesse do credor".

Há, portanto, claríssima modificação nos rumos da execução, seja no processo civil, seja no processo do trabalho.

Compreender este novo momento é fundamental para interpretar adequadamente as normas e enxergar as tendências da nossa jurisprudência.

1. Liquidação de sentença e sua natureza processual

Ponto importante a se esclarecer, a princípio, respeita à fase processual na qual se enquadra a liquidação de sentença. Ainda que possa parecer tal questão mero debate acadêmico, no que pertine ao processo do trabalho deve-se ressaltar que um considerável e expressivo número de execuções depende exatamente dessa fase de liquidação da sentença.

Parte da doutrina entende que se trata de fase intermediária que não pertence à execução trabalhista, configurando extensão do processo de conhecimento com vistas a, tão somente, tornar líquida a sentença exequenda.

Nas sentenças líquidas esta fase é inexistente, como, por exemplo, nos procedimentos sumaríssimos, em que há exigência legal de o credor individualizar e identificar expressamente o pedido na petição inicial, verificando-se, igualmente, imposição no sentido de que a sentença seja líquida, a permitir execução imediata, tal como preconiza o art. 852-B da CLT.

Porém, em regra, no processo do trabalho se faz necessária a liquidação de sentença.

É curioso notar que, pelos estritos termos da lei, as partes deveriam ser previamente intimadas para apresentação dos cálculos de liquidação. O § 1º-B do art. 879 da CLT dispõe que "As partes deverão ser previamente intimadas para a apresentação do cálculo de liquidação, inclusive da contribuição previdenciária incidente". Apesar de a Lei utilizar a expressão "deverão", na prática, boa parte dos Juízes envia o processo ao contador para a elaboração dos cálculos que, uma vez devolvidos, são homologados para, só depois disso, ser facultado às partes impugnar os cálculos apresentados, com indicação dos itens e valores controvertidos.

De qualquer modo, apesar das variações de procedimentos, o fato é que a fase de liquidação de sentença não pertence à execução propriamente dita, uma vez que esta se inicia com a citação do devedor para pagamento, o que se dá somente após a apresentação dos cálculos no processo.

A CLT trata a liquidação de sentença como fase preliminar da execução, inserindo as regras disciplinadoras desta etapa processual no Capítulo V do Título X da CLT, que regulamenta a execução trabalhista.

Importante ter-se clareza deste aspecto porquanto, pertencendo a liquidação à fase de execução, as decisões proferidas nessa fase processual são irrecorríveis, só sendo possível o oferecimento de recurso da decisão que resolveu os embargos à execução ou a impugnação à sentença de liquidação.

A decisão meramente homologatória dos cálculos de liquidação é irrecorrível, por entender-se interlocutória, aplicando-se a regra inserta no § 1º do art. 893 que diz que "os incidentes do processo serão resolvidos pelo próprio Juízo ou Tribunal, admitindo-se a apreciação do merecimento das decisões interlocutórias somente em recurso da decisão definitiva".

O recurso é cabível apenas da decisão que julga os embargos à execução opostos pelo devedor ou a impugnação à sentença de liquidação ofertada pelo credor.

2. Execução como processo autônomo

Ultrapassada essa fase e tornada líquida a sentença, inicia-se a fase de execução.

Ao longo de todos estes anos, eram recorrentes as considerações críticas ao processo do trabalho por profissionais com atuação em outras áreas do Direito, e em especial do processo civil, diante da simplicidade das regras processuais relativas à execução.

Ao revés, no atual momento, prestigiados processualistas defendem mudanças no processo civil, propondo alterações inspiradas em procedimentos adotados no processo trabalhista desde 1943.

Entre as inúmeras alterações que estão sendo absorvidas pelo processo civil, está a que se refere à união entre o processo de conhecimento e o processo de execução.

A Lei n. 11.232/2005, que implementou profundas alterações na execução de títulos judiciais no Código de Processo em vigor, introduziu no sistema pátrio o que alguns denominam de processo sincrético, no qual as fases de liquidação e cumprimento de sentença se seguem imediatamente ao processo de conhecimento, sendo superada a anterior autonomia do processo de execução de título judicial.

Também por força da lei mencionada acima, o art. 603, que previa a citação do devedor como marco inicial do processo de execução, foi revogado, bastando atualmente a intimação do devedor para pagar, em 15 dias, o valor a que foi condenado em sentença, sob pena de ser acrescido ao valor total da execução multa no importe de 10% (art. 475-J do CPC). Não efetuado o pagamento e acrescida a multa ao total da execução, o devedor poderá apresentar impugnação, o que é considerado o equivalente aos antes denominados embargos à execução.

Além de dar simplicidade ao processo, tal regra — a de que a execução é mera fase do processo de conhecimento — induziu a jurisprudência trabalhista a fixar alguns conceitos, como, por exemplo, o entendimento de caracterizar-se como fraude à execução o ato de alienação de seu patrimônio pelo devedor após ter sido notificado de processo trabalhista, mesmo que a demanda ainda se encontre em fase de conhecimento.

Tal entendimento é diverso do vigente na Justiça Comum, que vem no sentido de caracterizar-se fraude à execução somente quando a alienação de bens ocorrer após a citação do processo executivo.

Assim, a alteração do Código de Processo Civil no sentido de que a execução passa a ser considerada mera fase e não processo autônomo é positiva, pois absorve a dinâmica já existente na execução trabalhista, o que vem a dar maior efetividade à execução civil.

3. A POLÊMICA APLICAÇÃO SUBSIDIÁRIA DAS NOVAS REGRAS DO CPC

Conforme mencionado no tópico anterior, o Código de Processo Civil sofreu recente modificação e passou a adotar o procedimento de intimação do réu para pagar os valores a que foi condenado em sentença no prazo de 15 (quinze) dias ou então apresentar discordância (impugnação), sendo que, nesta segunda hipótese, ao valor da execução é acrescida uma multa de 10%.

Muito embora no processo do trabalho a execução tenha sempre se constituído em fase processual e não em processo autônomo, entende-se, ainda, ser necessária a citação do devedor, por força da regra do art. 880 da CLT. O entendimento decorre do fato de que havendo disposição expressa da CLT sobre o tema, é inviável a aplicação subsidiária do CPC.

Continua a persistir a interpretação de que o pagamento, na Justiça do Trabalho, deve ocorrer em 48 (quarenta e oito) horas da citação. Adaptando-se as regras ao processo do trabalho, embora haja discussão quanto ao tema, tem-se entendido que se o executado não pagar a execução, após ter sido citado, no prazo de 15 (quinze) dias, à execução será acrescida multa de 10% prevista no art. 475-J do Código de Processo Civil.

Porém, como dito acima, há polêmica sobre a adoção deste procedimento na Justiça do Trabalho, bem como se deve ser aplicada ou não a multa prevista no art.

475-J do CPC, pelo que não há uniformidade jurisprudencial sobre o assunto, havendo muitas divergências entre os tribunais e até mesmo no TST.

Não há dúvida de que a tendência dos tribunais trabalhistas é determinar a aplicação do mencionado dispositivo, persistindo, no entanto, o prazo de 48 horas para indicar bens e penhora e o prazo de 5 (cinco) dias para apresentar embargos à execução.

Também gera certa polêmica a persistência da figura dos embargos à execução no processo trabalhista ou a absorção das novas regras do CPC que disciplinam a matéria.

Os embargos à execução constituem-se em meio pelo qual o devedor se opõe total ou parcialmente à execução.

Não convém ingressar na discussão acerca da natureza jurídica dos embargos à execução, se de ação ou contestação. No simplificado processo do trabalho, a execução é mera continuidade do processo de conhecimento, de modo que o interesse conceitual é simplesmente acadêmico. Francisco Antonio de Oliveira (*op. cit.*, p. 632) deixa claro o seu entendimento de que os embargos têm natureza incidental à fase de execução do processo.

Na justiça do trabalho, aplica-se a regra do § 1º do art. 884 da CLT, pelo que são cabíveis embargos à execução, bem como é de 48 horas o prazo para garantir a execução.

Ou seja, além de o prazo para pagamento na CLT ser diverso daquele previsto no Código de Processo Civil, ainda persiste o conceito de embargos à execução, valendo lembrar que no processo civil a medida cabível em situação análoga denomina-se impugnação (nos casos de execução de título judicial), sendo que somente caberão embargos no processo comum nos casos de execução de título extrajudicial.

Convém, neste passo, referir que no texto da Consolidação das Leis Trabalhistas há menção tanto a embargos à execução quanto a embargos à penhora, não havendo, porém, uma diferenciação técnica ou prática a ser feita em relação a estas duas denominações, sendo certo que só há, aqui, uma confusão terminológica.

Talvez por erro de técnica, a CLT utiliza denominações distintas para a mesma figura processual.

No Título X, Capítulo V, da Seção III, da CLT, há a utilização da expressão Embargos à Execução enquanto que no § 3º do art. 884, da mesma seção, fala-se em Embargos à Penhora. Parte da doutrina enxerga distinção entre as duas denominações, entretanto, consolidou-se o entendimento de que os únicos embargos cabíveis são os à execução, sendo que os embargos à penhora constituem-se em mero ato integrante do universo executivo.

4. Garantia do Juízo como condição para oposição de embargos

O art. 884 da CLT estabelece como condição *sine qua non* para a oposição de embargos à execução a garantia do Juízo.

Indaga-se se há hipótese em que os embargos à execução poderim ser opostos sem garantia ao juízo, ou, ainda, na hipótese de haver garantia parcial da execução.

Parte da jurisprudência entende que apenas a execução totalmente garantida é que admite a oposição de embargos à execução.

Este último posicionamento, não raras vezes, afigura-se prejudicial ao credor diante da procrastinação indevida do feito em razão da insuficiência da garantia da execução. Nesse caso, pode ser interessante ao devedor sustentar que só depois de esgotada a discussão suscitada nos embargos, é que os bens poderiam ser finalmente expropriados.

Além disso, exigir que o executado garanta a execução para somente depois ter o direito de discuti-la ofende ao princípio da ampla defesa Constitucional, já que na hipótese de o executado não mais possuir bens, ficará privado de discutir o que está sendo cobrado.

Há julgados nesse sentido:

EXECUÇÃO DE SENTENÇA — EMBARGOS À EXECUÇÃO NÃO CONHECIDOS — AUSÊNCIA DE GARANTIA TOTAL DO JUÍZO — CERCEIO DE DEFESA — PROVIMENTO. Ofende o princípio da ampla defesa, e consequentemente viola de forma direta e literal o art. 5º, inciso LV, da Constituição Federal, o não conhecimento dos embargos à execução pelo fato de o Juízo não se encontrar totalmente garantido, quando o devedor alega não possuir outros bens para serem executados.

(AI-874/2000.00 de 2, 13 de março de 2002. Proc. ST-RR-n. 739.451/2001.8)

Seria mais adequado o entendimento de que o juiz pode intimar o executado para embargar a execução caso não possua mais bens, ainda que a execução não esteja suficientemente garantida. Aliás, o art. 736 do Código de Processo Civil prevê a possibilidade de embargos, ainda que a execução não esteja garantida.

Por outra perspectiva, pode configurar-se verdadeira armadilha ao devedor a oposição de embargos quando a execução não estiver totalmente garantida, eis que alguns juízes entendem pelo não conhecimento dos embargos e pela ocorrência da preclusão consumativa.

Entretanto, tal posicionamento está equivocado. Garantida a execução, ainda que parcialmente, desde que o executado não possua mais bens, devem ser os embargos processados.

Transcreve-se julgado no qual, em que pese não serem conhecidos os embargos por ausência de garantia integral da execução, houve ressalva no sentido de que não há que se falar em preclusão consumativa:

Os embargos à execução apresentados antes de garantida a execução não ensejam conhecimento, sendo tidos por inexistentes, uma vez se tratar de medida inadequada para este momento processual. Não caracteriza, pois, a preclusão consumativa, a oposição posterior de novos embargos quando observados os termos do art. 884 da CLT. (AP 146200801910000-DF 00146-2008-019-10-00-0 — TRT 10)

Aspecto a ser registrado é o inserido pela Emenda Constitucional n. 45 no qual, partindo o legislador da observação de que existe uma enorme quantidade de execuções não garantidas, fez constar no art. 3º da referida Emenda, a previsão de criação, por lei, do Fundo Garantidor de Execuções Trabalhistas composto de multas decorrentes de condenações pela Justiça do Trabalho e multas administrativas. Tal fundo ainda não foi criado, porém, certamente, resolveria muitas dificuldades enfrentadas hoje pelo poder judiciário.

5. EXCEÇÃO DE PRÉ-EXECUTIVIDADE NO PROCESSO DO TRABALHO

Na Justiça do Trabalho, admite-se a apresentação de exceção de pré-executividade, desde que seja matéria de ordem pública ou assemelhada, o que, no rigor da técnica, consubstancia matéria de objeção.

O bom-senso tem dirigido a apreciação de tal matéria, admitindo-se a análise de erro grosseiro de cálculo, existência de parte manifestamente ilegítima, dentre outros.

Há polêmica quanto à recorribilidade, mediante interposição de agravo de petição, da decisão que julga a exceção de pré-executividade, todavia, partilha-se do entendimento de que tal decisão é agravável.

A decisão abaixo demontra entendimento que vem se consolidando na Justiça do Trabalho de que é cabível a exceção de pré-executividade, mas não admite a possibilidade de recurso imediato contra a decisão que rejeita a exceção, admitindo-o apenas contra a decisão que acolhe a exceção.

> AGRAVO DE PETIÇÃO. EXCEÇÃO DE PRÉ-EXECUTIVIDADE. CABIMENTO NO PROCESSO DO TRABALHO. HIPÓTESES. NATUREZA DA DECISÃO PROLATADA. Admite-se a utilização de exceção de pré-executividade, no processo do trabalho, sem a exigência de garantia do juízo, para atender a situações verdadeiramente excepcionais e especialíssimas, nas quais se discutam as condições da ação, os pressupostos de constituição e de desenvolvimento válido e regular do processo, bem como outras questões que impliquem nulidade absoluta do processo executivo ou sua própria extinção e, ainda, matérias de mérito que importem em prejuízo definitivo à execução, tais como o pagamento, transação ou quitação dos débitos em execução. Em não se constatando as hipóteses acima elencadas, a via processual deve ser a dos embargos à execução, com a regular garantia do juízo da execução. Em sendo acolhida a exceção de pré--executividade, com a extinção do processo de execução trabalhista, o Agravo de Petição será o recurso cabível. Todavia, se rejeitado esse incidente da execução, dada

a natureza de decisão interlocutória, nenhum recurso trabalhista pode ser admitido. No processo do trabalho, o cabimento do Agravo de Petição é restrito às decisões terminativas ou definitivas nas execuções (CLT, art. 897, a). É obrigação dos juízes de primeiro grau negar seguimento a Agravos de Petição que não atendam aos requisitos legais. Tal procedimento representa apenas a observância do devido processo legal, bem como atende ao princípio da celeridade processual, e, ainda, obsta a utilização de recursos com características dos procedimentos que visam protelar a execução. Agravo de Petição a que não se conhece. (TRT-23ª – TRT-AP n. 1810/2000-AC. TP n. 2594/2000)

Observa-se, portanto, a admissão da exceção de pré-executividade na Justiça do Trabalho, nas hipóteses restritas anteriormente mencionadas.

Conclusão

As inovações legislativas dos últimos anos, bem como o avanço no entendimento jurisprudencial, têm dado claros sinais de que efetividade do processso passou a ser preocupação maior dos operadores do direito. De tal sorte, a interpretação das leis passa a ter como premissa básica a busca pela tão almejada efetividade, o que permite concluir que as normas devem ser aplicadas considerando que a execução judicial é conduzida em proveito do credor, ainda que possa adotar-se meio mais gravoso ao devedor.

Referências bibliográficas

MARTINS, Sergio Pinto. *Direito processual do trabalho*. 32. ed. São Paulo: Atlas, 2011.

OLIVEIRA, Francisco Antonio de. *Manual de processo do trabalho*. 4. ed. São Paulo: LTr, 2011.

SANTOS, José Aparecido dos Santos (coord.). *Execução trabalhista*. São Paulo: LTr, 2008.

TEXEIRA FILHO, Manoel Antonio. *Execução no processo do trabalho*. 7. ed. rev. e atual. São Paulo: LTr, 2001.

AGRAVO DE PETIÇÃO

Jorge Cavalcanti Boucinhas Filho [*]

INTRODUÇÃO

A fase de execução do processo, destinada a garantir a satisfação do crédito reconhecido durante a fase de conhecimento, também é marcada e orientada por decisões judiciais. Por se tratar de provimentos proferidos após a formação da coisa julgada (no caso das execuções definitivas) ou, quando menos, proferidos sob a expectativa de formação de uma coisa julgada (no caso das execuções provisórias), o âmbito de cognição do magistrado é substancialmente reduzido. Limita-se, em geral, a discussões acerca do montante do débito ou de equívocos procedimentais durante a fase de constrição de bens ou de alienação dos bens constritos.

Isso não as torna, contudo, menos importantes do que as proferidas na fase de conhecimento. Afinal, sendo o processo um caminhar para frente, orientado pelo princípio da preclusão, todas as decisões, mesmo aquelas proferidas na fase de execução, são fundamentais para que se chegue ao destino que é a entrega do bem da vida reconhecido como devido. Pensamento diferente resultaria em um processo no qual a parte venceria, mas não levaria jamais o seu prêmio.

Em um Estado Democrático de Direito, a existência de decisões judiciais demanda a criação de meios para impugná-las. O magistrado, como qualquer outro ser humano, está sujeito a equívocos que podem ser frutos de um mal-estar passageiro, de uma falha no canal de comunicação, ou do mais humano dos sentimentos de animosidade. Sendo assim, é preciso criar mecanismos para não

---

(*) Mestre e doutorando em Direito do Trabalho pela USP. Professor de Direito do Trabalho e Processo do Trabalho em diversos cursos de graduação e pós-graduação. Membro pesquisador do Instituto Brasileiro de Direito Social Cesarino Júnior. Advogado militante. Autor de obras e artigos jurídicos.

apenas reduzir os riscos de prejuízo para o jurisdicionado, mas, sobretudo, para viabilizar a correção de eventuais equívocos.

Essa necessidade levou o legislador a assegurar às partes, desde a época em que a "Justiça" do Trabalho ainda não integrava o Poder Judiciário, um meio de impugnação próprio para as decisões proferidas durante a execução de créditos trabalhistas. Com efeito, a primeira previsão de recurso na fase de execução do processo do trabalho encontra-se no art. 70 do Decreto-lei n. 1.237, de 2 de maio de 1939, que dispunha sobre a organização da Justiça do Trabalho. O recurso em questão, destinado a levar a discussão da 1ª instância para o órgão superior, era então chamado de *reclamação*.

Inspirado no Código de Processo Civil promulgado em 18 de setembro de 1939, que atribuiu a um recurso denominado "agravo de petição"[1] a função de impugnar as decisões extintivas do processo sem resolução do mérito que não fossem impugnáveis pelo agravo de instrumento, o legislador, ao organizar os recursos trabalhistas editando o Decreto-lei n. 1.237, de 12 de dezembro de 1940, optou por atribuir o mesmo nome ao recurso dirigido às decisões do juiz do trabalho proferidas na execução de sentença.

A Consolidação das Leis do Trabalho tratou, desde sua redação original, do meio de impugnação das decisões proferidas na execução em seu art. 897. Em um primeiro momento chamou-o apenas de agravo, instituindo-lhe prazo de cinco dias para interposição e efeito suspensivo em situações excepcionais, definidas a critério do juiz[2].

O Decreto-lei n. 8.737, de 19 de janeiro de 1946, inseriu pequenas modificações, dentre as quais a atribuição do qualificativo "de petição" para diferenciá-lo do outro agravo, o de instrumento[3] e a correção de terminologia para esclarecer

---

[1] A expressão "agravo de petição", contudo, não foi criada pelo Código de Processo Civil de 1939, como adiante se demonstrará.
[2] Art. 897. Cabe agravo das decisões do juiz, ou presidente, nas execuções.
§ 1º O agravo será interposto no prazo de cinco dias e não terá efeito suspensivo, sendo facultado, porém, ao juiz, ou presidente, sobrestar, quando julgar conveniente, o andamento do feito, até julgamento do recurso. § 2º O agravo será julgado pelo próprio tribunal presidido pela autoridade recorrida, salvo em se tratando de decisão de presidente de Junta ou de juiz de direito, quando o julgamento competirá ao presidente do Conselho Regional a que estiver subordinado o prolator da decisão agravada, a quem estes informará minuciosamente sobre a matéria controvertida ou remeterá os autos, se tiver sobrestado o andamento do feito.
[3] Art. 897. Cabe agravo: a) de petição, às decisões do juiz, ou presidente, nas execuções: b) de instrumento, dos despachos que denegarem a interposição de recursos. § 1º O agravo será interposto no prazo de cinco dias e não terá efeito suspensivo, sendo facultado, porém, ao juiz, ou presidente, sobrestar, quando julgar conveniente, o andamento do feito, até julgamento do recurso. § 2º Na hipótese da alínea *a*, o agravo será julgado pelo próprio tribunal presidido pela autoridade recorrida, salvo em se tratando de decisão de presidente da Junta ou de juiz de direito, quando o julgamento competirá ao presidente do Conselho Regional a que estiver subordinado o prolator da decisão agravada, a quem este informará minuciosamente sobre a matéria controvertida ou remeterá os autos, se tiver sobrestado o andamento do feito. § 3º Na hipótese da alínea *b*, o agravo será julgado pelo tribunal que seria competente para conhecer do recurso cuja interposição foi denegada.

que o juízo *ad quem* passou a ser, de acordo com a nova conformação da Justiça do Trabalho, um Tribunal e não mais um Conselho Regional. O prazo, entretanto, permaneceu de cinco dias, e o efeito suspensivo a exceção e não a regra, podendo, como antes, ser concedido por ato discricionário do magistrado.

A atual redação data, em sua quase integralidade, de 1992, tendo sido atribuída pela Lei n. 8.432[4]. O único acréscimo posterior foi introduzido pela Lei n. 10.035, de 25 de outubro de 2000, para adequar o recurso em questão aos novos mecanismos de execução das contribuições previdenciárias *ex officio* na própria Justiça do Trabalho. Segundo o novel dispositivo, quando o agravo de petição versar apenas sobre as contribuições sociais, o juiz da execução determinará a extração de cópias das peças necessárias, que serão autuadas em apartado e remetidas à instância superior para apreciação, após contraminuta.

1. NOMENCLATURA

A expressão "agravo de petição" foi utilizada pela primeira vez ainda no tempo das Ordenações. Como bem observa Wilson de Souza Campos Batalha, eram previstos, àquela época, o agravo ordinário (ou suplicação) e o agravo de Ordenação não Guardada, além do agravo de petição, do agravo de instrumento e do agravo no auto do processo. A distinção entre agravos de petição e de instrumento teria surgido, segundo seus ensinamentos, por uma razão meramente geográfica. O agravo de petição era a provocação feita das sentenças, decisões ou despachos do juiz inferior para a Relação, ou para o juiz de direito residente no mesmo lugar ou no seu Termo, ou dentro de cinco léguas de onde se agravava, enquanto o agravo de instrumento era a provocação que se fazia da sentença ou despacho do juiz inferior para o juiz de direito, ou Relação, que estava fora do lugar e seu Termo, ou em distância de mais de cinco léguas[5].

Arvorando-se das lições de João Monteiro, o festejado juslaboralista paulista observa ainda que, tendo a experiência demonstrado que mais fácil e pronto seria dispensar a formalidade do instrumento quando o juízo *ad quem* tivesse a sede do juízo *a quo*, introduziu-se para esses casos o agravo de petição, assim chamado porque, por simples petição do agravante, o juiz *ad quem* mandava que lhe subissem os próprios autos a fim de conhecer o agravo[6].

A justificativa apresentada para a distinção terminológica existente ao tempo das Ordenações inspirou os redatores do Decreto-lei n. 8.737, de 19 de janeiro de

---

(4) Art. 897. Cabe agravo, no prazo de 8 (oito) dias: a) de petição, das decisões do Juiz ou Presidente, nas execuções; (...) § 1º O agravo de petição só será recebido quando o agravante delimitar, justificadamente, as matérias e os valores impugnados, permitida a execução imediata da parte remanescente até o final, nos próprios autos ou por carta de sentença.

(5) BATALHA, Wilson de Souza Campos. *Tratado de direito judiciário do trabalho*. São Paulo: LTr, 1985. p. 792.

(6) BATALHA, Wilson de Souza Campos. *Idem*.

1946, que optaram por também distinguir quanto à nomenclatura o agravo que deveria seguir em um novo instrumento e aquele que seria interposto por simples petição nos autos originais do processo.

2. Correspondência

José Augusto Rodrigues Pinto afirma que o agravo de petição guarda correspondência com o recurso ordinário, cuja interposição cabe contra a mesma classe de decisão judicial, proferida por Juiz de Vara do Trabalho e por Tribunal Regional nos processos de cognição de sua competência originária. Observa ainda se tratar de recurso amplamente similar à Apelação Cível, que, por sua vez, é quase idêntico em propósito ao Recurso Ordinário trabalhista, mas com outro nome[7].

Cabem algumas reflexões sobre estas afirmações. Primeiramente, é preciso ponderar que embora o agravo de petição tenha natureza de recurso ordinário e não de extraordinário (vez que permite discussão acerca de fatos e provas e não exige o enquadramento da decisão recorrida em hipóteses disciplinadas taxativamente pela lei), sua devolutividade não é tão ampla quanto a do recurso ordinário. A uma porque ele serve apenas para impugnar questões atinentes à execução, como cálculos e nulidades processuais. A duas porque a exigência de delimitação das matérias e dos valores, comentada a seguir, acaba por tornar inaplicável a regra do art. 515, § 1º, do Código de Processo Civil de 1973, segundo o qual será objeto de apreciação e julgamento pelo tribunal todas as questões suscitadas e discutidas no processo, ainda que a sentença não as tenha julgado por inteiro. Afinal, a ideia de delimitação de matéria e valores é justamente restringir o âmbito de cognição dos julgadores do recurso, sendo, portanto, incompatível com a devolutividade ampla da regra citada.

Em segundo lugar é preciso reconhecer que o recurso ordinário é interponível uma única vez em cada processo. Somente em situações excepcionais, como quando uma nulidade processual é suscitada e acolhida e nova sentença é prolatada, ter-se-á um segundo recurso ordinário nos mesmos autos. O mesmo não pode ser afirmado em relação ao agravo de petição. Como ele serve para impugnar as decisões que julgarem cada um dos processos incidentais à execução, acaba sendo o meio próprio para insurreição contra cada uma delas. Imagine a hipótese de nos mesmos autos serem ajuizados embargos à execução, embargos à adjudicação e embargos à arrematação. Neste caso caberá agravo de petição da decisão proferida em cada um desses incidentes. Como salienta José Augusto Rodrigues Pinto, no campo específico do Agravo de Petição "permanece a possibilidade de multiplicação de recursos, diante do maior número de incidentes da execução, travando-lhe a marcha processual com frequência irritante"[8].

---

(7) RODRIGUES PINTO, José Augusto. *Execução trabalhista*. 11. ed. São Paulo: LTr, 2006. p. 405.
(8) *Ibidem*, p. 406.

3. LEGITIMIDADE E INTERESSE RECURSAL

Para interposição do agravo de petição são legitimados tanto o executado quanto o exequente, bem como qualquer terceiro que possa ter o seu patrimônio atingido pelos atos de constrição e de alienação de bens. Para tanto, é preciso, naturalmente, que tenha sido sucumbente, respectivamente, na impugnação da sentença de liquidação, nos embargos à execução ou nos embargos de terceiro. Acerca da possibilidade de impugnação de decisão interlocutória por agravo de petição, discorrer-se-á mais a seguir.

Razão assiste a José Augusto Rodrigues Pinto quando afirma não haver legitimidade para o juízo recorrer *ex offício* na execução. Em sua opinião, estando em causa *direito comum*, o art. 475, I, do CPC abrange os processos de cognição e execução, exercendo seu império sobre os dois tipos de sentença. Quando, entretanto, estiver em discussão direito do trabalho, esta regra não se aplicará à fase de execução do processo por colidir com o art. 1º, V, do Decreto-lei n. 779/1969, que limita o duplo grau necessário de jurisdição ao Recurso Ordinário[9].

4. HIPÓTESE DE CABIMENTO (ADEQUAÇÃO)

O art. 897, *a*, da Consolidação das Leis do Trabalho, afirma caber agravo de petição das decisões do juiz ou presidente nas execuções. O legislador evidenciou, ao utilizar a expressão "execuções" no plural e não no singular, que o agravo de petição é interponível tanto das decisões proferidas nas execuções de sentença quanto das decisões proferidas nas execuções de título extrajudicial, hipótese criada com a Lei n. 9.958, de 12 de janeiro de 2000. A utilização de recurso ordinário para impugnar decisão proferida em execução de título extrajudicial não se afigura, outrossim, adequada na hipótese.

A literalidade do dispositivo em comento abre espaço para outra discussão. As "decisões" a que se refere o preceito seriam somente as definitivas ou englobariam também as decisões interlocutórias? Há consenso de que nas hipóteses em que o julgador decide a impugnação à sentença de liquidação ou alguma das modalidades de embargos ajuizados no curso da execução, como os embargos à execução, os embargos à penhora, os embargos à adjudicação, os embargos de terceiros ou os embargos à praça, o meio de impugnação será, certamente, o agravo de petição. Como as aludidas medidas criam uma nova ação dentro do processo já estabelecido e a decisão que as julga a ele põe termo, em primeiro grau de jurisdição, é indiscutível a possibilidade de impugnação por agravo de petição.

É preciso destacar que nem todo ato praticado na execução que recebe o nome de sentença é atacável por agravo de petição. A chamada "sentença" de

---
(9) *Ibidem*, p. 408.

liquidação, por exemplo, somente pode ser impugnada por meio dos embargos à execução. Além de evitar que a solução da lide seja procrastinada[10], essa impossibilidade de utilização do agravo de petição justifica-se em razão de a decisão que aprecia os cálculos de liquidação não ser propriamente uma sentença. Sendo certo que no processo do trabalho o procedimento de liquidação dos cálculos integra a fase de execução, não gozando, portanto, de autonomia, ao extingui-lo o juiz não resolve processo algum e não põe fim à execução. Tal decisão apenas e tão somente põe termo a uma fase preparatória da fase de satisfação do crédito reconhecido no título executivo. Trata-se, portanto, de uma decisão interlocutória.

E se há consenso de que a decisão que homologa os cálculos de liquidação deve ser impugnada pela via dos embargos à execução — até porque a legislação é muito clara quanto a este ponto[11] —, não comportando, portanto, interposição imediata do agravo de petição, o mesmo não pode ser dito em relação às demais decisões interlocutórias proferidas nesta fase de satisfação. Há grande cizânia doutrinária acerca do tema. Alguns admitem essa possibilidade em algumas situações pontuais. Outros a rechaçam veementemente.

Entre os que se filiam a esta primeira corrente podemos mencionar Manoel Antonio Teixeira Filho. Após lembrar que a regra da irrecorribilidade imediata das decisões interlocutórias, vigente no processo do trabalho, destina-se a evitar que a parte mal-intencionada faça uso indevido dos recursos para delongar a formação da coisa julgada ou retardar a solução do conflito, o jurista paranaense posiciona-se contrariamente à possibilidade de interposição de agravo de instrumento para impugná-las. Alerta ainda para a necessidade de atenção com a utilização da reclamação correcional e do mandado de segurança para burlar a vedação esculpida no § 1º do art. 893 da CLT, destacando ainda que não se pode olvidar que uma vez ultrapassada a fase de conhecimento, caracterizada pela incerteza quanto ao direito disputado

---

(10) Cabe aqui fazer um breve esclarecimento histórico. Até a edição da Lei n. 2.244, de 23 de junho de 1954, a sentença de liquidação era impugnada, na sistemática do processo do trabalho, por meio do agravo de petição. A aludida alteração foi implementada, segundo Manoel Antonio Teixeira Filho, em razão da necessidade de se conceder primazia "à necessidade de evitar que o devedor — muito à vontade por não ter de garantir o juízo — passasse a discutir, já naquela fase preparatória da execução, o *quantum* correspondente à obrigação a cujo adimplemento estava obrigado, por força do título executivo judicial (CLT, art. 876), procurando, com esse procedimento, procrastinar o processo, esquivar-se à constrição de bens patrimoniais, ou mesmo criar uma situação propícia a uma transação (acordo) que lhe fosse grandemente favorável. O jurista paranaense afirma, em remate, ter sido essa uma das mais saudáveis alterações legislativas de que se tem conhecimento e que está, por isso mesmo, a receber referências encomiásticas ainda nos dias da atualidade.(TEIXEIRA FILHO, Manoel Antonio. *Curso de direito processual do trabalho*. São Paulo: LTr, 2009. v. II, p. 1662).

(11) Art. 884. Garantida a execução ou penhorados os bens, terá o executado 5 (cinco) dias para apresentar embargos, cabendo igual prazo ao exequente para impugnação. § 1º A matéria de defesa será restrita às alegações de cumprimento da decisão ou do acordo, quitação ou prescrição da dívida. § 2º Se na defesa tiverem sido arroladas testemunhas, poderá o Juiz ou o Presidente do Tribunal, caso julgue necessários seus depoimentos, marcar audiência para a produção das provas, a qual deverá realizar-se dentro de 5 (cinco) dias. § 3º Somente nos embargos à penhora poderá o executado impugnar a sentença de liquidação, cabendo ao exequente igual direito e no mesmo prazo.

pelas partes, o credor tem posição de indeclinável preeminência, ao passo que o devedor se coloca em estado de sujeição ao comando sancionatório que se irradia da sentença exequenda[12].

José Augusto Rodrigues Pinto posiciona-se de forma diferente. Em sua opinião, a regra do art. 893, § 1º não se aplica na execução trabalhista, razão pela qual o agravo de petição também pode ser aviado contra um largo espectro de atos do juízo, desde a sentença que julga a execução e a penhora até as interlocuções que resolvem questões incidentes na dinâmica do procedimento, como as que deferem ou denegam a nomeação de bens à penhora, determinam a remoção de bens penhorados no curso da execução, dispõem sobre a realização de praça ou leilão, recusam a arrematação ou a chancelam pela respectiva carta etc.[13].

Amauri Mascaro Nascimento, por sua vez, considera que "a lei abre campo para que outras decisões sejam agraváveis, já que não faz restrição". Seguindo este entendimento, considera agraváveis o despacho que determina e o que nega o levantamento dos depósitos da execução. Em remate, o professor afirma que "a amplitude do texto legal não é um mal, porque permite sempre um policiamento da segunda instância sobre os atos praticados pela instância ordinária nas execuções de sentença"[14].

Este entendimento ganhou força com o advento da Lei n. 11.232/2005 que inseriu no CPC o art. 475-L e transformou os embargos do devedor em mero incidente executivo, retirando-lhes o até então incontestável *status* de ação autônoma. Esta conclusão se evidencia na medida em que o § 3º do art. 475-M do CPC estatui que a decisão que resolve a impugnação do devedor (novo nome dos embargos) é recorrível mediante agravo de instrumento, salvo quando importar extinção da execução, hipótese em que caberia apelação[15].

---

(12) TEIXEIRA FILHO, Manoel Antonio. *Op. cit.*, p. 1661.
(13) RODRIGUES PINTO, José Augusto. *Execução trabalhista*. 11. ed. São Paulo: LTr, 2006. p. 405.
(14) NASCIMENTO, Amauri Mascaro. *Curso de direito processual do trabalho*. 21. ed. São Paulo: Saraiva, 2002. p. 577.
(15) Bastante interessante é o ponto de vista de João Humberto Cesário. Ele destaca que a abreviada redação do art. 897, *a*, da CLT clama por interpretação do tipo lógico-sistemático, devendo ser compreendida à luz do § 1º do art. 893 da CLT, que consagra o princípio da irrecorribilidade imediata das decisões interlocutórias. Aduz ainda que, sob esta ótica, somente as sentenças típicas, sejam de extinção do procedimento executivo ou resolutivas de ações autônomas incidentes à execução, poderiam ser objeto de objurgação pelo recurso ora estudado. Embora entenda ser essa a solução que melhor se amolda às singularidades do processo do trabalho, dentro de uma perspectiva histórica, sente-se compelido a reconhecer que a questão ganhou contornos mais intrincados hodiernamente, na medida em que os embargos do devedor perderam, no atual estágio do Processo Civil, o *status* de ação autônoma. Isto porque a Lei n. 11.232/2005 inseriu no CPC o art. 475-L que os relegou a mero incidente executivo. Logo, a decisão que o solucionar será uma sentença, se a pretensão nela veiculada for acolhida e o processo for extinto, e decisão interlocutória se a pretensão for rejeitada. Para corroborar sua conclusão, referido autor faz alusão ao fato de o § 3º do art. 475-M do CPC estatuir que a decisão que resolver a impugnação seria recorrível mediante agravo de instrumento, salvo quando importar extinção da execução, hipótese em que caberia apelação. Pondera, ao final, que em honra da razoabilidade e da proporcionalidade dos interesses conflitantes,

Há indícios de que este entendimento tem levado os tribunais trabalhistas a admitir de forma mais ampla a interposição de agravo de petição para impugnar decisões interlocutórias proferidas na fase de execução trabalhista. O Tribunal Regional do Trabalho da 9ª Região, apenas para citar um exemplo, possui dois verbetes relacionados com a aplicação da multa do art. 475-J no processo do trabalho, que indiretamente acolhem a tese segundo a qual seria cabível agravo de petição de determinadas decisões interlocutórias. A Súmula n. 9 admite agravo de petição para impugnar decisão que impôs a multa após o trânsito em julgado da sentença condenatória e, no mesmo esteio, a Súmula n. 10 estatui ser incabível Mandado de Segurança contra ato judicial deste gênero por configurar a hipótese de decisão passível de reforma mediante recurso próprio[16].

Outro ponto de divergência doutrinária acentuada diz respeito à possibilidade de interposição de agravo de petição da decisão que rejeita os artigos de liquidação[17]. Amauri Mascaro a admite. Já Manoel Antonio Teixeira Filho discorda desta possibilidade por entender que, não obstante a lei não seja clara, a decisão que rejeita os artigos de liquidação é irrecorrível porque o credor poderá oferecer novos artigos, de modo a evitar que a decisão (que considerou "não provados" os anteriores) lhe traga prejuízos irreparáveis. Esta seria, em sua opinião, a solução mais consentânea com o anseio de celeridade do procedimento e do consequente adimplemento da obrigação[18]. Razão assiste ao juslaboralista paranaense. Os fundamentos por ele apresentados são sólidos e intransponíveis.

---

o princípio juslaboral da irrecorribilidade das decisões interlocutórias deva ser excepcionalmente mitigado, já que tal solução, ao mesmo tempo em que garantirá ao devedor o postulado constitucional-fundamental da ampla defesa com os meios e recursos a ela inerentes (art. 5º, LV, da CF), não prejudicaria o direito do exequente trabalhista à razoável duração do processo (art. 5º, LXXVIII, da CF), pois a regra geral da não suspensividade dos embargos (art. 475-M, *caput*, *ab initio*, do CPC) permitir-lhe-á que a execução siga seu curso até os ulteriores termos, inclusive com liberação de dinheiro se for o caso. (CESÁRIO, João Humberto. *Provas e recursos no processo do trabalho*. São Paulo: Saraiva, 2010. p. 272). A esta afirmação cabe um único adendo. Diante da existência de regra específica no processo do trabalho, estabelecendo a suspensão da execução quanto às questões expressamente impugnadas pelo agravante, é mais correto o entendimento de que somente em relação à parte incontroversa poderá haver satisfação do crédito.

(16) *Súmula n. 9*. Aplicação da multa do art. 475-J do CPC. Recursos cabíveis. 1. No caso de aplicação da multa do art. 475-J do CPC na própria sentença condenatória, prolatada no processo de conhecimento, a irresignação do Réu será manifestada no Recurso Ordinário. 2. No caso de imposição da multa do art. 475-J do CPC após o trânsito em julgado da sentença condenatória, o ato judicial deverá ser impugnado por Agravo de Petição, nos termos do art. 897, *a*, da CLT.
Súmula n. 10. Aplicação da multa do art. 475-J do CPC. Cabimento de Mandado de Segurança. Incabível Mandado de Segurança contra ato judicial que determina a aplicação do art. 475-J do CPC ao processo trabalhista, porquanto configura decisão passível de reforma mediante recurso próprio, na esteira da Orientação Jurisprudencial n. 92 da SDI-2 do C. TST.
(17) NASCIMENTO, Amauri Mascaro. *Op. cit.*, p. 577. No mesmo sentido posiciona-se Emílio Gonçalves (*Manual de prática processual trabalhista*. 6. ed. São Paulo: LTr, 2001. p. 271).
(18) *Op. cit.*, p. 1663. Referido autor ainda enfatiza, para fundamentar a sua opinião, que a decisão que rejeita os artigos de liquidação, não produz qualquer efeito preclusivo em relação ao direito de o credor efetuar a quantificação do conteúdo obrigacional da sentença condenatória do devedor, vale dizer, do título executivo. Para ele se o credor não provar os artigos de liquidação apresentados,

5. TEMPESTIVIDADE E FORMA

O prazo para interposição do agravo de petição é de oito dias, na forma do art. 897, *caput* e alínea "a" da Consolidação das Leis do Trabalho. Trata-se, em verdade, do prazo comum para os recursos interponíveis no processo do trabalho, consoante estatuído no art. 6º da Lei n. 5.584/1970. Como esclarece Rodrigues Pinto, este prazo será contado com a observância das regras do art. 775 da CLT, que corresponde à regra dos arts. 177 a 188 do CPC e do privilégio de sua duplicação, atribuído aos órgãos enumerados, taxativamente, no Decreto-lei n. 779/1969 (art. 1º e inciso III)[19].

O agravo de petição necessariamente deverá ser redigido e poderá, conforme a necessidade, vir acompanhado de documentos, desde que supervenientes à decisão agravada e não à decisão exequenda (inteligência do art. 884, § 1º, da CLT e da Súmula n. 8 do TST).

Como não se trata de recurso da competência do Tribunal Superior do Trabalho, poderá ele ser subscrito pela própria parte, sem necessidade de patrocínio por advogado (inteligência da Súmula n. 425 do Tribunal Superior do Trabalho).

6. PREPARO

Se, em relação ao prazo e à aplicação da regra do *jus postulandi*, há poucas questões sobre as quais refletir, o mesmo não se pode afirmar em relação ao preparo. Primeiramente há que destacar que as custas para interposição de agravo de petição estão fixadas em R$ 44,26 (quarenta e quatro reais e vinte e seis centavos) no art. 789-A, V, da Consolidação das Leis do Trabalho. Este valor foi instituído pela Lei n. 10.537, que data do já distante ano de 2002, e nunca foi atualizado ou reajustado. É evidente, portanto, que o montante em questão não apresenta hoje o valor real da época em que fora instituído. Ainda que o agravo de petição tenha sido interposto pelo exequente, será ele pago pelo executado. Como bem observa Eduardo Henrique Raymundo Von Adamovich, na fase de execução, o executado é sucumbente *ab initio*, devendo pagar as custas pelos atos que praticar e pelos atos do exequente que não estará, nesta fase, valendo-se dos serviços que o Estado proporciona com o processo, "mas sim dependendo deles para fazer cumprir o julgado frente à resistência que o executado lhe oponha". Considera justa a solução encontrada

---

isto não lhe acarretará nenhum efeito preclusivo, cumprindo, por isso, ao juiz conceder-lhe nova oportunidade para que o faça. E afirma: "imaginar que a 'sentença' de rejeição dos artigos — por não estarem provados — teria eficácia de coisa julgada formal seria cometer, a um só tempo, três impropriedades técnicas: a) esquecer que essa 'sentença' é irrecorrível; b) desrespeitar a coisa julgada material produzida pela sentença de mérito, condenatória do réu; c) deixar o problema sem solução". *Op. cit.*, p. 1663.

(19) RODRIGUES PINTO, José Augusto. *Execução trabalhista.* 11. ed. São Paulo: LTr, 2006. p. 410.

pelo legislador, por considerá-la um desestímulo ao hábito culturalmente enraizado entre nós de resistir ao cumprimento espontâneo das decisões judiciais ou de teimar em não encontrar prontamente solução amigável para o litígio após inapelavelmente decidido[20].

Ainda mais relevantes são os esclarecimentos que se há de fazer em relação ao depósito recursal. Até o advento da Lei n. 8.542, de 23 de janeiro de 1992, entendia-se pacificamente que o depósito recursal era inexigível no *agravo de petição* em razão de o cumprimento da sentença exequenda estar garantido pela constrição[21]. Referida norma alterou a redação do *caput* do art. 40 da Lei n. 8.177/1991, estabelecendo que o depósito recursal somente é exigível no caso de recurso ordinário, recurso de revista, embargos infringentes e recursos extraordinários[22]. Poder-se-ia, com base neste texto, manter o mesmo entendimento acerca da inexigibilidade da aludida garantia para interposição de agravo de petição. Esta conclusão merece, contudo, reflexão.

Primeiramente há que se reconhecer que embora não contemplada na indicação feita no *caput* do art. 40, a necessidade de garantia de juízo está expressa no § 2º do art. 40 da Lei n. 8.177, que afirma que a exigência de depósito se aplica aos embargos, à execução e a qualquer recurso posterior do devedor[23]. E como neste não se fala em limite, subentende-se que ele deva ser feito pelo montante integral do débito.

Ora, se o depósito no montante integral do débito é devido no ato de ajuizamento dos embargos do devedor e este invariavelmente precede a interposição de agravo de petição, a necessidade de dispensa de depósito não é fruto de expressa disposição legal, mas do próprio fato de o juízo haver sido integralmente garantido por ocasião da interposição do ato jurídico imediatamente anterior.

Esta conclusão restou expressa no inciso IV da Instrução Normativa n. 3 do Tribunal Superior do Trabalho, editada para interpretar o art. 8º da Lei n. 8.542, que alterou o art. 40 da Lei n. 8.177, tratando do depósito para recurso nas ações na Justiça do Trabalho. Tal inciso evidencia isto ao estatuir, em sua alínea "c", que "garantida integralmente a execução nos embargos, só haverá exigência de depósito em qualquer recurso subsequente do devedor se tiver havido elevação do valor do

---

(20) ADAMOVICH, Eduardo Henrique Raymundo Von. *Comentários à consolidação das leis do trabalho.* Rio de Janeiro: Forense, 2009. p. 437.
(21) RODRIGUES PINTO, José Augusto. *Op. cit.*, p. 412.
(22) Art. 40. O depósito recursal de que trata o art. 899 da Consolidação das Leis do Trabalho fica limitado a Cr$ 20.000.000,00 (vinte milhões de cruzeiros), nos casos de interposição de recurso ordinário, e de Cr$ 40.000.000,00 (quarenta milhões de cruzeiros), em se tratando de recurso de revista, embargos infringentes e recursos extraordinários, sendo devido a cada novo recurso interposto no decorrer do processo.
(23) § 2º A exigência de depósito aplica-se, igualmente, aos embargos, à execução e a qualquer recurso subsequente do devedor.

débito, hipótese em que o depósito recursal corresponderá ao valor do acréscimo, sem qualquer limite"[24].

Esta opção afigura-se adequada para solucionar eventuais discussões acerca da necessidade de complementação de depósito efetuado por ocasião do ajuizamento dos embargos à execução. Mas, e quando nenhum depósito houver ainda sido feito? E na hipótese de ainda não ter havido sequer liquidação para se descobrir o valor exato da condenação?

Imagine a seguinte hipótese: o reclamante postula diversas parcelas na petição inicial e atribui à causa, sem haver procedido a qualquer exercício para alcançar o valor real ou aproximado do débito, o valor de R$ 30.000,00 (trinta mil reais). O reclamado não comparece à audiência e, uma vez sendo considerado revel e confesso quanto às matérias de fato, é condenado nos exatos termos do pedido. O exequente não dá andamento à execução, sequer apresenta seus cálculos, e, passados cinco anos, o juízo de primeiro grau pronuncia a prescrição intercorrente. Intimado da decisão que determina a extinção da execução, o exequente resolve aparecer nos autos questionando a aplicabilidade da prescrição intercorrente no processo do trabalho e pedindo reconsideração da decisão que encerrava a execução. O juiz se retrata e determina o prosseguimento do feito.

A executada resolve, então, discutir a possibilidade de retratação após a publicação e a interposição do agravo de petição e a aplicação da prescrição intercorrente no processo do trabalho, diante do que dispõe a Súmula n. 327 do Supremo Tribunal Federal. Poderá ela interpor o recurso em questão sem precisar garantir o juízo já que ainda não há cálculos indicando o montante exato da execução? Pensamos que não. O inciso IV, alínea *b*, da já mencionada Instrução Normativa n. 3, estatui que "dada a natureza jurídica dos embargos à execução, não será exigido depósito para a sua oposição quando estiver suficientemente garantida a execução por depósito recursal já existente nos autos, efetivado no processo de conhecimento, que permaneceu vinculado à execução, e/ou pela nomeação ou apreensão judicial de bens do devedor, observada a ordem preferencial

---

(24) IV — A exigência de depósito no processo de execução observará o seguinte: a) a inserção da vírgula entre as expressões "aos embargos" e "à execução" é atribuída a erro de redação, devendo ser considerada a locução "embargos à execução"; b) dada a natureza jurídica dos embargos à execução, não será exigido depósito para a sua oposição quando estiver suficientemente garantida a execução por depósito recursal já existente nos autos, efetivado no processo de conhecimento, que permaneceu vinculado à execução, e/ou pela nomeação ou apreensão judicial de bens do devedor, observada a ordem preferencial estabelecida em lei; c) garantida integralmente a execução nos embargos, só haverá exigência de depósito em qualquer recurso subsequente do devedor se tiver havido elevação do valor do débito, hipótese em que o depósito recursal corresponderá ao valor do acréscimo, sem qualquer limite; d) o depósito previsto no item anterior será efetivado pelo executado recorrente, mediante guia de depósito judicial expedida pela Secretaria Judiciária, à disposição do juízo da execução; e) com o trânsito em julgado da decisão que liquidar a sentença condenatória, serão liberados em favor do exequente os valores disponíveis, no limite da quantia exequenda, prosseguindo, se for o caso, a execução por crédito remanescente, e autorizando-se o levantamento, pelo executado, dos valores que acaso sobejarem.

estabelecida em lei". No caso em tela, diante da ausência de depósito e de ato de constrição, deverá o executado depositar o valor da condenação obtida na fase de conhecimento, qual seja R$ 30.000,00 (trinta mil reais), valor da execução pelo menos até que seja procedida a liquidação da sentença, sob pena de deserção.

7. Delimitação da matéria e dos valores controvertidos

O § 1º do art. 897 da Consolidação das Leis do Trabalho estatui que "O agravo de petição só será recebido quando o agravante delimitar, justificadamente, as matérias e os valores impugnados, permitida a execução imediata da parte remanescente até o final, nos próprios autos ou por carta de sentença". Cria-se, com isso, um pressuposto formal específico para o agravo de petição.

Analisando a redação do dispositivo há pouco referido, percebe-se que ele não esclarece que o pressuposto em questão é dirigido apenas à executada ou também ao exequente, o que torna forçoso concluir ser ele exigível de ambos, o que se afigura incoerente. Ora, se esta medida destina-se a possibilitar a liberação imediata da parte incontroversa da condenação, não faz o menor sentido impô-la ao exequente que desejar impugnar decisão que homologou cálculos em valor inferior ao que entende lhe ser devido. Afinal, se o seu propósito é aumentar o valor da condenação, é evidente que ele deseja a liberação de todo o montante que foi apurado e constrito até ali, enquanto discute a necessidade de aumentar a referida quantia e o montante do acréscimo.

A impressão que se tem é que o legislador, ao redigir o dispositivo em comento, lembrou-se apenas do executado ou imaginou que somente ele poderia ter interesse em interpor agravo de petição neste momento processual. Ele teria agido melhor se houvesse direcionado a exigência de delimitação de matérias e valores somente ao executado. Como não o fez, é aconselhável que os exequentes agravantes, apenas por cautela máxima, dediquem algumas linhas a esclarecer que o seu propósito é aumentar a condenação, razão pela qual não remanesce discussão acerca do montante já apurado e dos valores constritos até então, que deverão ser libertados de imediato.

A exigência de indicação da matéria e dos valores remanesce ainda que o agravo de petição verse apenas sobre questões estritamente processuais. Se estas implicarem em nulidade que atinja apenas uma parte da condenação, o que é mais raro de se verificar, apesar de não impossível, a matéria em questão deverá ser apontada, assim como o valor correspondente. Se versar sobre tema que possa provocar a nulidade de toda a execução, a matéria deverá ser indicada ao lado de todo o valor que está sendo executado.

Cabe esclarecer, por fim, que o § 8º do art. 897, instituído pela Lei n. 10.035/2000, também visa assegurar a execução definitiva da parte incontroversa dos créditos do trabalhador ainda que subsistam discussões nos autos. Segundo seus termos, quando se discutir no agravo de petição apenas as contribuições previdenciárias, extrair-se-á carta de sentença sobre essa matéria, devendo os autos principais ser remetidos ao Tribunal Regional para não retardar a execução do crédito do autor.

8. Efeito do agravo de petição

José Augusto Rodrigues Pinto sustenta que o Agravo de Petição gera efeito prático apenas devolutivo, não admitindo o sobrestamento do processo pelo juiz *a quo*, permitindo, portanto, a execução da sentença. João Humberto Cesário concorda com esta observação, fundamentando sua ideia no fato de, na maioria esmagadora das vezes, o agravo de petição ser manejado num contexto em que a decisão que lastreia a execução (sentença cognitiva) já transitou em julgado, sendo definitivo, portanto, o procedimento executivo[25]. O magistrado mato-grossense observa ainda que, diante da regra geral da não suspensividade dos embargos (art. 475-M, *caput*, do CPC), o art. 897, § 1º, da CLT deve ganhar nova leitura, para se ter em mente que, sendo a execução definitiva, nada obstará que ela atinja o seu cume. Conclui, quanto a este ponto, que caso o devedor obtenha êxito no agravo de petição, restar-lhe-á o remédio da execução invertida, que atualmente está expressamente consagrado no § 2º do art. 694 do CPC[26].

A sugestão apresentada é bastante interessante, mas completamente *contra legem*. A sua adoção implica em tornar completamente sem sentido a exigência de delimitação das matérias e dos valores, que claramente contraria a regra geral segundo a qual os recursos trabalhistas apresentam apenas efeito devolutivo. Isto porque, o fato de o art. 897, § 1º, da CLT, permitir a execução imediata das matérias que não foram delimitadas e justificadas na impugnação, implica no reconhecimento da impossibilidade de prosseguimento da execução quanto às matérias impugnadas, enquanto não houver sido decidido o agravo. Esta impossibilidade de execução imediata destas questões equivale a atribuir efeito suspensivo ao apelo em questão[27]. Seria uma incoerência continuar a exigir a delimitação das matérias e dos valores para o processamento do agravo de petição sem conferir ao aludido recurso efeito suspensivo quanto às questões impugnadas. Mais adequado é reconhecer, acompanhando o entendimento de Amauri Mascaro Nascimento exposto em outro ponto deste trabalho, que o agravo de petição apresenta efeito suspensivo quanto às questões impugnadas, permitindo a execução definitiva de todo o restante.

9. Processamento

O processamento do agravo de petição é feito, em regra, nos próprios autos do processo e assemelha-se bastante com o do recurso ordinário. Uma vez recebido

---

(25) *Op. cit.*, p. 274.
(26) *Ibidem*, p. 275.
(27) NASCIMENTO, Amauri Mascaro. *Op. cit.*, p. 577/ 578.

o agravo, o juízo *a quo* verificará se estão presentes os requisitos de admissibilidade. Alguns autores advogam a possibilidade de retratação por parte do prolator da sentença, o que tornaria sem objeto o agravo de petição[28]. Embora interessante sob o ponto de vista da economia processual e da razoável duração do processo, esta solução não apresenta conformidade com o art. 463 do Código de Processo Civil, segundo o qual publicada a sentença, o juiz só poderá alterá-la para lhe corrigir, de ofício ou a requerimento da parte, inexatidões materiais, ou lhe retificar erros de cálculo; ou por meio de embargos de declaração.

A análise do juízo *a quo* limitar-se-á, portanto, à verificação dos pressupostos de admissibilidade do recurso. Constatada a presença de todos, será o agravado notificado para, em respeito ao princípio do contraditório e da ampla defesa, apresentar, no prazo de oito dias, sua contraminuta. A sua inércia não implica na admissão dos fatos narrados pelo agravante, nem tampouco de seus efeitos.

Autuado o processo no Tribunal, abrir-se-á vista ao Ministério Público do Trabalho, que exarará parecer, seguindo-se o sorteio do relator. Após o visto do relator e do revisor, proceder-se-á o julgamento, cuja ata será juntada aos autos e o voto vitorioso enviado para publicação.

Quando, no entanto, o agravo versar apenas sobre contribuições sociais, o juiz da execução determinará a extração de cópias das peças necessárias, que serão autuadas em apartado e remetidas à instância superior para apreciação, após contraminuta.

10. AGRAVO DE PETIÇÃO NO RITO SUMARÍSSIMO

No afã de imprimir um pouco de celeridade às reclamações trabalhistas de menor valor, a Lei n. 9.957/2000 estabeleceu a exigência de indicação, na petição inicial, do valor líquido correspondente a cada um de seus pedidos. Não obstante a norma nada fale acerca da necessidade de liquidação da sentença correspondente, Antonio Álvares da Silva entende ser esta uma consequência natural, razão da existência da própria sentença[29]. Após sustentar que seu entendimento se mostra em consonância com o art. 459 do Código de Processo Civil, que estatui que quando o autor tiver formulado pedido certo, é vedado ao juiz proferir sentença ilíquida, ele sustenta que, definidas as questões atinentes ao valor da causa durante a fase de conhecimento, nada sobrará para a execução, o que tornaria sem utilidade o agravo de petição[30].

---

(28) Neste sentido é a opinião de Lucio Rodrigues de Almeida. (*Guia do processo do trabalho*. 4. ed. São Paulo: LTr, 2005. p. 428).
(29) Neste sentido é o magistério de Antonio Alvares da Silva (*Procedimento sumaríssimo na justiça do trabalho*. São Paulo: LTr, 2000. p. 233).
(30) *Idem*.

Razão não lhe assiste. Ainda que a decisão de primeiro grau indique o valor exato da condenação, não se pode deixar de ter em mente a necessidade de atualização do aludido valor e a possibilidade de equívocos durante esta atividade. Não fosse isto o bastante, há que se ressaltar que o agravo de petição também cuida da discussão de questões processuais não necessariamente relacionadas com cálculos. Ademais, a nova norma não se dedicou a imprimir alterações na fase de execução do processo e, por essa razão, não institui nenhuma restrição ao manuseio do agravo de petição.

11. Mérito do agravo de petição

Se o agravo de petição é o recurso adequado para impugnar as decisões proferidas na fase de execução do processo do trabalho, é natural, portanto, que o mérito desta modalidade de recurso se limite às questões arguíveis neste momento. Cabe começar a presente análise estudando as matérias que podem ser veiculadas nos embargos do devedor, vez que a maioria dos agravos de petição é interposta de decisões que os indeferem. Nos termos do art. 884 da CLT, a cognição dos embargos do devedor e, por conseguinte, do recurso que impugnar sua decisão, estaria limitada às alegações de cumprimento da decisão ou do acordo, quitação ou prescrição da dívida.

Trata-se de texto bastante antigo e que não contempla, pelo momento histórico em que elaborado, as diversas hipóteses aventadas atualmente na legislação processual civil. Cabe, por esta razão, fazer uso do art. 475-L para complementar o texto celetista, reconhecendo que a discussão no agravo de petição poderá também versar sobre falta ou nulidade da citação, se o processo correu à revelia; inexigibilidade do título; penhora incorreta ou avaliação errônea; ilegitimidade das partes; excesso de execução; e qualquer causa impeditiva, modificativa ou extintiva da obrigação, como pagamento, novação, compensação, transação ou prescrição, desde que superveniente à sentença. Poderá ainda o agravante, caso a execução seja de crédito com garantia real, de mais difícil verificação no processo do trabalho, discutir que o devedor comum é insolvente, que o título é nulo ou não obriga a terceiro; que outra é a coisa dada em garantia.

Também não se pode olvidar a possibilidade de se discutir nos embargos a turbação ou esbulho na posse de bens de um terceiro que deseje intervir no processo. Ele poderá requerer lhe seja mantido ou restituído, por meio de embargos e, posteriormente, por meio de agravo de petição, os bens que tenham sido constritos por ato de apreensão judicial, como penhora, depósito, arresto, sequestro, alienação judicial e arrecadação. As outras hipóteses de embargos de terceiro, quais sejam as que versam sobre ações de divisão ou de demarcação, quando for o imóvel sujeito a atos materiais; procedimentos preparatórios ou definitivos da partilha ou da fixação de rumos; ou sobre óbices à alienação judicial do objeto da hipoteca, penhor ou anticrese, concedidos para o credor com garantia real, dificilmente serão verificadas na prática.

REFERÊNCIAS

ADAMOVICH, Eduardo Henrique Raymundo Von. *Comentários à consolidação das leis do trabalho*. Rio de Janeiro: Forense, 2009.

ALMEIDA, Lúcio Rodrigues de. *Guia do processo do trabalho*. 4. ed. São Paulo: LTr, 2005.

BATALHA, Wilson de Souza Campos. *Tratado de direito judiciário do trabalho*. São Paulo: LTr, 1985.

GONÇALVES, Emílio. *Manual de prática processual trabalhista*. 6. ed. São Paulo: LTr, 2001.

NASCIMENTO, Amauri Mascaro. *Curso de direito processual do trabalho*. 21. ed. São Paulo: Saraiva, 2002.

RODRIGUES PINTO, José Augusto. *Execução trabalhista*. 11. ed. São Paulo: LTr, 2006.

SILVA, Antônio Álvares da. *Procedimento sumaríssimo na justiça do trabalho*. São Paulo: LTr, 2000.

CONTRIBUIÇÕES PREVIDENCIÁRIAS E FISCAIS NA JUSTIÇA DO TRABALHO

Cláudio Cesar Grizzi Oliva [*]

Costumo abordar o tema das contribuições previdenciárias e fiscais na Justiça do Trabalho com um razoável grau de inconformismo, dada a forma caótica e despótica com a qual a matéria é tratada no âmbito processual trabalhista.

Finalmente, porém, é possível fazê-lo com algum alento, já que ao menos os Princípios Constitucionais da Capacidade Contributiva e seu consequente Princípio da Progressividade passaram a valer e os juros de mora deixaram de ser considerados base de cálculo do Imposto de Renda.

Em termos de alívio na carga tributária sobre os salários não é pouca coisa, mas como sempre neste país[1], no lugar de comemorar conquistas, simplesmente respiramos aliviados, sem forças para indagar a razão destes 20 anos de iniquidade sem reação.

Coisa típica desta insólita democracia — harmoniosa em palavras mas intraduzível em ação.

1. AS NOVAS REGRAS DA INCIDÊNCIA DO IMPOSTO DE RENDA NA FONTE

O fato de o empregado receber na Justiça do Trabalho um crédito decorrente da acumulação de inúmeros meses de um contrato de trabalho vinha sendo ignorado nos últimos vinte anos.

---

[*] Advogado em São Paulo, graduado em Direito pela USP com habilitação em Direito Social pela mesma Universidade, Mestre em Direito do Trabalho pela PUC-SP e especialista em Direito Empresarial pela FGV, tendo sido presidente da Associação dos Advogados de São Paulo-SP no biênio 2005/2006.
[1] Não confundir com a expressão "nunca antes neste país" de notória utilização nos últimos dois mandatos presidenciais.

As alíquotas mensais da tabela do Imposto de Renda Retido na Fonte vinham sendo aplicadas para a soma dos valores ilicitamente retidos pelo empregador, como se o § 1º do art.145 da Constituição simplesmente não existisse:

TÍTULO VI
Da Tributação e do Orçamento

CAPÍTULO I
DO SISTEMA TRIBUTÁRIO NACIONAL

Seção I
DOS PRINCÍPIOS GERAIS

Art. 145.

§ 1º Sempre que possível, os impostos terão caráter pessoal e serão graduados segundo a capacidade econômica do contribuinte, facultado à administração tributária, especialmente para conferir efetividade a esses objetivos, identificar, respeitados os direitos individuais e nos termos da lei, o patrimônio, os rendimentos e as atividades econômicas do contribuinte.

Tudo mudou com o advento da publicação da Instrução Normativa RFB n. 1.127, de 7.2.2011 que trata dos procedimentos a serem observados na apuração do Imposto de Renda Pessoa Física (IRPF) incidente sobre os rendimentos recebidos acumuladamente (RRA).

Não se tratou de alterar o regime de caixa para adotar o do mês de competência (ou proceder à incidência e apuração do Imposto de Renda mês a mês), mas da majoração das alíquotas mensais incidentes de forma proporcional ao número de meses envolvidos na acumulação dos rendimentos recebidos.

O texto segue os ditames da Medida Provisória n. 497, de 28 de julho de 2010, convertida na Lei n. 12.350, de 20 de dezembro de 2010, e apresenta uma tabela progressiva pela qual os limites de isenção e parâmetros das alíquotas mensais aplicáveis para a retenção do IR são multiplicados pelo número de meses envolvidos nos cálculos de liquidação (NM).

Para exemplificar, consideremos um crédito de R$ 10.000,00, correspondente a 10 meses de contrato.

O limite de isenção mensal aplicado anteriormente era de R$ 1.499,15 e o Reclamante pagaria 27,5% de IRRF, mas agora corresponde a 10 vezes este valor, ou seja, R$ 14.991,50 e o Reclamante passa a estar isento.

Para melhor assimilar, podemos criar, a partir da tabela da esquerda abaixo (alíquotas do IRRF) a tabela da direita, na qual cada um dos valores é multiplicado pelo número de meses da acumulação.

De	Até	Alíquota	Dedução
	R$ 1.499,15	0%	R$ -
R$ 1.499,16	R$ 2.246,75	7,50%	R$ 112,43
R$ 2.246,76	R$ 2.995,70	15%	R$ 280,94
R$ 2.995,71	R$ 3.743,19	22,50%	R$ 505,62
R$ 3.743,19		27,50%	R$ 692,78

NM
Número de Meses
10

De	Até	Alíquota	Dedução
	R$ 14.991,50	0%	R$ -
R$ 14.991,60	R$ 22.467,50	7,50%	R$ 1.124,30
R$ 22.467,60	R$ 29.957,00	15%	R$ 2.809,40
R$ 29.957,10	R$ 37.431,90	22,50%	R$ 5.056,20
R$ 37.431,90		27,50%	R$ 6.927,80

Se o crédito, porém, corresponder a R$ 20.000,00, o percentual a ser aplicado será de 7,5% e o desconto padrão de R$ 1.124,36 ou 10 vezes o desconto mensal.

Importante lembrar que o 13º salário deve integrar o número de meses a compor a fórmula acima, o que se encontra expresso na Instrução Normativa (§ 1º do art. 3º).

2. A Orientação Jurisprudencial n. 400 do SDI-I do Tribunal Superior do Trabalho

Se o tratamento do crédito trabalhista como rendimento acumulado veio significar uma redução considerável da carga tributária incidente sobre os créditos de natureza alimentar recebidos na Justiça do Trabalho, não menos importante, sob todos os aspectos, é o impacto da nova Orientação Jurisprudencial n. 400 do SDI-I do TST.

Seu texto merece destaque:

OJ-SDI1 N. 400 IMPOSTO DE RENDA. BASE DE CÁLCULO. JUROS DE MORA. NÃO INTEGRAÇÃO. ART. 404 DO CÓDIGO CIVIL BRASILEIRO. (DEJT divulgado em 2, 3 e 4.8.2010)

Os juros de mora decorrentes do inadimplemento de obrigação de pagamento em dinheiro não integram a base de cálculo do imposto de renda, independentemente da natureza jurídica da obrigação inadimplida, ante o cunho indenizatório conferido pelo art. 404 do Código Civil de 2002 aos juros de mora.

Se considerarmos os exemplos dados acima, é evidente que os valores mencionados não tiveram especificadas as naturezas de cada parcela que os compõe, presumindo-se para aquele efeito que estamos falando de valores brutos que integram a base de cálculo do imposto de renda.

Supondo, porém, que em um outro caso tenhamos o valor bruto do crédito da ordem de R$ 20.000,00, sendo R$ 6.000,00 correspondentes a juros de mora.

Isto significará uma nova base para o IRRF correspondente a R$ 14.000,00 o que levaria a uma isenção no caso de serem 10 meses ou mais os acumulados!

É relevante considerar que o TST tenha feito referência expressa ao art. 404 do Código Civil:

> Art. 404. As perdas e danos, nas obrigações de pagamento em dinheiro, serão pagas com atualização monetária segundo índices oficiais regularmente estabelecidos, abrangendo juros, custas e honorários de advogado, sem prejuízo da pena convencional.

Deixa com isto patente que os juros de mora não constituem ganho de capital ou rendimento, não passando de uma indenização decorrente da retenção ilícita de crédito, cujos patamares reduzidos, diga-se de passagem, têm sido um convite para a procrastinação quando se trata de devedores com capacidade de reproduzir capital com taxas de retorno superiores.

Em outras palavras, 1% ao mês, incidente de forma simples não é capaz de repor as perdas para o empregado autor de uma reclamação trabalhista e, muito menos, de tornar antieconômica a renitência do devedor.

Talvez seja chegada a hora de se aceitar o argumento largamente utilizado de que os honorários advocatícios previstos no mesmo dispositivo teriam um papel de reequilíbrio nas condenações trabalhistas, sem esquecer que o parágrafo único do mesmo artigo aplicado de forma combinada seria um elemento de efetividade para a execução trabalhista:

> Parágrafo único. Provado que os juros da mora não cobrem o prejuízo, e não havendo pena convencional, pode o juiz conceder ao credor indenização suplementar.

3. DESCONTOS PREVIDENCIÁRIOS

Se, no que tange ao Imposto de Renda, experimentamos algum motivo de ânimo, o mesmo não se pode dizer quanto às exações previdenciárias.

Continuamos diante de um dos pontos de maior agressão aos Direitos Fundamentais do cidadão.

Antes, porém, de adentrar nesta questão mais elevada, façamos uma abordagem prática, indicando como vêm sendo cobradas as contribuições previdenciárias.

O regramento básico hoje, infelizmente, encontra-se na Súmula n. 368 do Tribunal Superior do Trabalho:

> SÚMULA N. 368. DESCONTOS PREVIDENCIÁRIOS E FISCAIS. COMPETÊNCIA. RESPONSABILIDADE PELO PAGAMENTO. FORMA DE CÁLCULO (inciso I alterado) — Res. n. 138/2005, DJ 23, 24 e 25.11.2005.
>
> I. A Justiça do Trabalho é competente para determinar o recolhimento das contribuições fiscais. A competência da Justiça do Trabalho, quanto à execução das

contribuições previdenciárias, limita-se às sentenças condenatórias em pecúnia que proferir e aos valores, objeto de acordo homologado, que integrem o salário de contribuição. (ex-OJ n. 141 da SBDI-1 — inserida em 27.11.1998)

II. É do empregador a responsabilidade pelo recolhimento das contribuições previdenciárias e fiscais, resultante de crédito do empregado oriundo de condenação judicial, devendo incidir, em relação aos descontos fiscais, sobre o valor total da condenação, referente às parcelas tributáveis, calculado ao final, nos termos da Lei n. 8.541, de 23.12.1992, art. 46 e Provimento da CGJT n. 1/1996. (ex-OJs ns. 32 e 228 da SBDI-1 — inseridas, respectivamente, em 14.3.1994 e 20.06.2001)

III. Em se tratando de descontos previdenciários, o critério de apuração encontra-se disciplinado no art. 276, § 4º, do Decreto n. 3.048/1999 que regulamentou a Lei n. 8.212/1991 e determina que a contribuição do empregado, no caso de ações trabalhistas, seja calculada mês a mês, aplicando-se as alíquotas previstas no art. 198, observado o limite máximo do salário de contribuição. (ex-OJs ns. 32 e 228 da SBDI-1 — inseridas, respectivamente, em 14.3.1994 e 20.6.2001)

Digo infelizmente, porque a utilização sistemática das Súmulas e Orientações Jurisprudenciais como se leis fossem é outro fator de desmantelamento das Garantias Fundamentais a nos afastar da Democracia expressa em palavras escritas de uma Carta Política utilizada como mera referência longínqua.

Mas da leitura do item I desta Súmula se extrai que apenas podem ser objeto de execução na Justiça do Trabalho as contribuições decorrentes de suas sentenças condenatórias e dos acordos que homologar.

Isto afasta a execução das contribuições que deveriam ter sido realizadas durante o contrato de trabalho cuja existência foi reconhecida em juízo.

Ao menos impera a lógica de que uma sentença declaratória não pode ser objeto de execução.

Mas o que dizer da colisão com a letra da Lei Federal, já que a CLT dispõe que:

Art. 876. As decisões passadas em julgado ou das quais não tenha havido recurso com efeito suspensivo; os acordos, quando não cumpridos; os termos de ajuste de conduta firmados perante o Ministério Público do Trabalho e os termos de conciliação firmados perante as Comissões de Conciliação Prévia serão executados pela forma estabelecida neste Capítulo.

Parágrafo único. Serão executadas *ex-officio* as contribuições sociais devidas em decorrência de decisão proferida pelos Juízes e Tribunais do Trabalho, resultantes de condenação ou homologação de acordo, inclusive sobre os salários pagos durante o período contratual reconhecido.

A explicitação legal contida na frase "...inclusive sobre os salários pagos durante o período contratual reconhecido" funciona como uma espada de Dâmocles a pender sobre o futuro incerto.

O que temos, por ora, é que o INSS/União, nos casos de reconhecimento de vínculo, está obrigado a seguir o *iter* previsto na Lei dos Executivos Fiscais, criando o título executivo exigido da Inscrição na Dívida Ativa e buscar a Justiça Federal que continua a ter competência concorrente com a Justiça do Trabalho.

No que tange à nossa Justiça Especializada, temos que, ao buscar a ampliação de sua competência (inicialmente pela Emenda Constitucional n. 20 e depois pela de n. 45) a Justiça do Trabalho atraiu para si a competência para executar de ofício as contribuições previdenciárias mas não se dispõe a tratá-las de forma a garantir os Princípios do Devido Processo Legal e da Ampla Defesa.

Nem mesmo aplica a Lei n. 6.830/1980 (Lei dos Executivos Fiscais), não permitindo sequer indagar se existe um título a ser executado e, em existindo, qual a sua natureza.

A utilização dos autos do processo trabalhista para a execução das contribuições previdenciárias não representaria maiores problemas se o INSS (hoje a União para efeitos processuais) agisse de acordo com a Lei, ou seja, gerasse o título executivo necessário e previsto no § 3º do art. 2º de referida Lei (que, aliás, é aplicável subsidiariamente à execução trabalhista, diga-se de passagem).[2]

Se o fizesse, deveria atentar para o que dispõe o § 3º do art. 2º da Lei n. 6.830/1980:

§ 3º A inscrição, que se constitui no ato de controle administrativo da legalidade, será feita pelo órgão competente para apurar a liquidez e certeza do crédito e suspenderá a prescrição, para todos os efeitos de direito, por 180 dias, ou até a distribuição da execução fiscal, se esta ocorrer antes de findo aquele prazo.

Não é preciso ir muito além para perceber que não há regras para a União, que tem o poder de executar créditos sem ter participado de processo de conhecimento, sem participar da liquidação e com base em sentenças declaratórias.

Mais grave ainda, sem que o cidadão (com extensão evidente às fictas pessoas jurídicas que são compostas por cidadãos) possa exercer plenamente a ampla defesa, sendo de todo ignorado no que tange, por exemplo, às questões prescricionais e decadenciais.

Recente decisão, a 2ª Turma do TRT da 2ª Região, que teve como relator o Digníssimo Desembargador Luiz Carlos Gomes Godoi, teve a seguinte ementa:

CONTRIBUIÇÕES PREVIDENCIÁRIAS. FATO GERADOR. Proferida a decisão homologatória de acordo após a vigência da Medida Provisória n. 449, de 2008 já convertida

---

(2) CLT — Art. 889. Aos trâmites e incidentes do processo da execução são aplicáveis, naquilo em que não contravierem ao presente Título, os preceitos que regem o processo dos executivos fiscais para a cobrança judicial da dívida ativa da Fazenda Pública Federal.

na Lei n. 11.941/2009, o fato gerador da contribuição coincide com a prestação de serviços, nos termos do art. 43, § 2º, da Lei n. 8.212/1991.[3]

Temos, assim, que a União, por meio de sua autarquia, tem interesse em deslocar o fato gerador do tributo previdenciário para os meses trabalhados, mesmo diante de acordos entre as partes, mas não se logra obter do Judiciário Trabalhista que se manifeste sobre questões ligadas à falta de título executivo (falta de Inscrição na Dívida Ativa) ou da insofismável realidade de que em boa parte os créditos previdenciários já se encontram fulminados pela decadência.

A propósito, vale a leitura do Código Tributário Nacional (o qual também não vem sendo aplicado nas execuções previdenciárias pela Justiça do Trabalho):

Art. 173. O direito de a Fazenda Pública constituir o crédito tributário extingue-se após 5 (cinco) anos, contados:

I — do primeiro dia do exercício seguinte àquele em que o lançamento poderia ter sido efetuado;

II — da data em que se tornar definitiva a decisão que houver anulado, por vício formal, o lançamento anteriormente efetuado.

Parágrafo único. O direito a que se refere este artigo extingue-se definitivamente com o decurso do prazo nele previsto, contado da data em que tenha sido iniciada a constituição do crédito tributário pela notificação, ao sujeito passivo, de qualquer medida preparatória indispensável ao lançamento.

Art. 174. A ação para a cobrança do crédito tributário prescreve em cinco anos, contados da data da sua constituição definitiva.

Parágrafo único. A prescrição se interrompe:

I — pelo despacho do juiz que ordenar a citação em execução fiscal;

II — pelo protesto judicial;

III — por qualquer ato judicial que constitua em mora o devedor;

IV — por qualquer ato inequívoco, ainda que extrajudicial, que importe em reconhecimento do débito pelo devedor.

Não é preciso ir muito além para perceber aquilo que já há muito venho expressando, até mesmo em debates sobre o tema. A execução das contribuições previdenciárias na Justiça do Trabalho vem sendo conduzida como se custas processuais fossem e isto em detrimento de Garantias Constitucionais que decorrem de longo processo histórico que remonta à Inglaterra medieval (século XIII), que marcaram o início da limitação do poder absoluto do monarca quanto à cobrança de impostos.

---

(3) Processo TRT/SP 0006400382007502 — Acórdão n. 20110740917 — Agravo de Petição — 4ª VT de Guarulhos — Agravante União (Fazenda Nacional — INSS) — Agravado — 1. Valeo Sistemas Automotivos Ltda. 2. Juarez de Oliveira Santos — 2ª Turma — Relator Desembargador Luiz Carlos Gomes Godoy — DO 24.5.2011.

Vale, portanto, a advertência para o inequívoco perigo que constitui ignorar o Direito Constitucional e em especial as Garantias Fundamentais do cidadão.

Não há justificativa plausível para tal proceder e já nos mostrou a história que neste tipo de situação é fácil perceber o início, mas muito complicado prever o final.

AÇÃO RESCISÓRIA NO PROCESSO DO TRABALHO

Otavio Pinto e Silva [*]

I) INTRODUÇÃO

O objetivo fundamental do direito processual é a justa composição dos litígios e é exatamente em função disso que existem os recursos: para assegurar a possibilidade de revisão das decisões, em busca sempre da forma mais justa de resolver os conflitos. Mas a estabilidade social exige uma solução final e imodificável, após esgotado o manejo de todos os recursos: é a coisa julgada.

O pressuposto lógico para o cabimento da ação rescisória é a existência de decisão com trânsito em julgado, cuja anulação se pretende. Vê-se, assim, que apenas casos excepcionais, de flagrante desrespeito ao Direito, autorizariam a reabertura dos litígios já julgados em definitivo, por meio desse instrumento que é a ação rescisória.

Como bem acentua Wagner Giglio, idealmente a regulamentação da ação rescisória deve buscar um difícil equilíbrio entre as necessidades de *segurança* (tranquilidade, paz) e de *certeza* (acerto do julgado), de forma a facultar a correção de injustiças e ensejar o atendimento do ideal de Justiça[1].

Muito se discutiu no passado sobre o cabimento da ação rescisória no processo do trabalho, até que o debate foi encerrado com a edição da Lei n. 7.351/1985, que a admitiu expressamente ao inserir a previsão do instituto no art. 836 da Consolidação das Leis do Trabalho (CLT).

Não houve uma regulamentação específica, de modo que se invoca a aplicação subsidiária das regras do CPC ao processo do trabalho, em especial no tocante às

---

[*] Professor Doutor do Departamento de Direito do Trabalho e Seguridade Social da Faculdade de Direito da Universidade de São Paulo — USP e advogado.
[1] GIGLIO, Wagner; CORRÊA, Claudia Giglio Veltri. *Direito processual do trabalho*. São Paulo: Saraiva, 2007. p. 334.

hipóteses de cabimento previstas no art. 485 daquele diploma legal. Sendo assim, da mesma forma que no processo civil, a sentença trabalhista de mérito, transitada em julgado, pode ser rescindida quando:

I — se verificar que foi dada por prevaricação, concussão ou corrupção do juiz;

II — tiver sido proferida por juiz impedido ou absolutamente incompetente;

III — resultar de dolo da parte vencedora em detrimento da parte vencida, ou de colusão entre as partes, a fim de fraudar a lei;

IV — ofender a coisa julgada;

V — violar literal disposição de lei;

VI — se fundar em prova, cuja falsidade tenha sido apurada em processo criminal ou seja provada na própria ação rescisória;

VII — depois da sentença, o autor obtiver documento novo, cuja existência ignorava, ou de que não pôde fazer uso, capaz, por si só, de lhe assegurar pronunciamento favorável;

VIII — houver fundamento para invalidar confissão, desistência ou transação, em que se baseou a sentença; e, finalmente;

IX — estiver fundada em erro de fato, resultante de atos ou de documentos da causa (sendo que há erro quando a sentença admitir um fato inexistente, ou quando considerar inexistente um fato efetivamente ocorrido).

Vejamos então as principais questões jurídicas que envolvem a utilização da ação rescisória no processo do trabalho.

II) Alteração legal ocorrida em 2007: a exigência de depósito prévio

Considerando a necessidade de compatibilizar as normas processuais trabalhistas com as do processo comum, afastava-se a necessidade de depósito para a propositura da ação rescisória na Justiça do Trabalho, tendo em vista a regra da gratuidade que sempre se aplicou aos feitos que tramitam na especializada (antiga Súmula n. 169 do TST, depois revista e transformada na Súmula n. 194).

Ocorre que a Lei n. 11.495, de 22 de junho de 2007, atribuiu nova redação ao *caput* do referido art. 836 da CLT, a fim de dispor sobre a exigência do depósito prévio em ação rescisória.

Desde setembro de 2007, assim, o referido dispositivo passou a vigorar com a seguinte redação:

Art. 836. É vedado aos órgãos da Justiça do Trabalho conhecer de questões já decididas, excetuados os casos expressamente previstos neste Título e a ação rescisória, que será admitida na forma do disposto no Capítulo IV do Título IX da Lei n. 5.869, de 11 de janeiro de 1973 — Código de Processo Civil, sujeita ao depósito prévio de 20% (vinte por cento) do valor da causa, salvo prova de miserabilidade jurídica do autor.

De acordo com as justificativas apresentadas pelos legisladores, tratava-se da necessidade de melhor regular o uso da ação rescisória no processo do trabalho, que supostamente estaria sendo banalizada.

Poderão surgir questionamentos no sentido de que essa nova exigência configura afronta ao princípio constitucional de acesso à justiça, o que violaria o disposto no art. 5º, inciso XXXV, da Constituição Federal.

No entanto, o novo requisito instituído pelo legislador se refere apenas ao conhecimento da ação rescisória, sendo certo que esta é uma medida judicial de natureza excepcional, uma vez que está voltada a rediscutir a coisa julgada material, também garantida constitucionalmente (art. 5º, inciso XXXVI, da Constituição Federal).

Por outro lado, a relativização da coisa julgada vem sendo cada vez mais discutida pela doutrina, que busca a definição de critérios objetivos. Como acentua Cândido Rangel Dinamarco, devem prevalecer certos valores constitucionalmente resguardados tanto quanto a coisa julgada, mesmo com algum prejuízo para a segurança das relações jurídicas: a ordem constitucional não tolera que se eternizem injustiças a pretexto de não eternizar litígios[2].

É verdade que o montante de 20% do valor da causa é superior aos 5% previstos para o processo civil, mas não se pode afirmar, *a priori*, que se trate de uma exigência desproporcional, ou que exclua qualquer lesão ou ameaça a direito da apreciação pelo Poder Judiciário.

Tanto é assim que o Tribunal Superior do Trabalho logo tratou de editar a Instrução Normativa n. 31, publicada em 9 de outubro de 2007, com o escopo declarado de regulamentar a forma de realização do depósito prévio em ação rescisória de que trata o art. 836 da CLT, com a redação dada pela Lei n. 11.495/2007.

Senão, vejamos.

Em primeiro lugar, ganha maior relevância a questão do valor da causa da ação rescisória, já que a partir dele será apurado o depósito prévio que agora passou a ser exigido.

Revendo o conteúdo da Orientação Jurisprudencial n. 147 da Seção de Dissídios Individuais II, o TST acabou por estabelecer três critérios distintos para a aferição do valor a ser atribuído à causa na petição inicial da ação rescisória, levando em consideração o tipo de decisão que se pretende desconstituir.

---

(2) DINAMARCO, Cândido Rangel. *A nova era do processo civil*. São Paulo: Malheiros, 2007. p. 262.

Sendo assim, o valor da causa da ação rescisória que visa desconstituir decisão da fase de conhecimento corresponderá (art. 2º da IN n. 31/2007):

I — no caso de improcedência, ao valor dado à causa do processo originário ou aquele que for fixado pelo Juiz;

II — no caso de procedência, total ou parcial, ao respectivo valor arbitrado à condenação.

Já o valor da causa da ação rescisória que visa desconstituir decisão da fase de execução corresponderá ao valor apurado em liquidação de sentença (art. 3º da IN n. 31).

Observe-se ainda que o valor da causa da ação rescisória, quer objetive desconstituir decisão da fase de conhecimento ou decisão da fase de execução, deverá sempre ser reajustado pela variação cumulada do INPC do IBGE até a data do seu ajuizamento (art. 4º da IN n. 31/2007).

O depósito prévio deve ser realizado em conformidade com a Instrução Normativa n. 21/2002 do TST, que estabelece modelo único na Justiça do Trabalho para a guia de depósitos judiciais que visem pagamentos de débitos, garantia da execução, pagamentos de encargos processuais e levantamentos de valores, excetuados apenas os depósitos recursais.

É de se ressaltar, no entanto, a necessidade de observar as seguintes peculiaridades quanto ao preenchimento da guia de acolhimento de depósito judicial (art. 1º da IN n. 31/2007):

a) nos campos relativos à identificação do processo deverão ser informados os dados do processo em que foi proferida a decisão rescindenda;

b) o campo "Tipo de Depósito" deverá ser preenchido com o número 1 (primeiro depósito), ainda que outros depósitos judiciais tenham sido efetuados no processo originário;

c) o campo "Motivo do Depósito" deverá ser preenchido com o número 4 (representando "outros").

III — OS SUJEITOS DESONERADOS DE EFETUAR O DEPÓSITO: A QUESTÃO DA "MISERABILIDADE JURÍDICA DO AUTOR"

Embora o depósito prévio tenha sido instituído com o evidente objetivo de criar um mecanismo que sirva para desestimular o uso da ação rescisória, haverá situações em que ele não será exigido, tendo em vista a prova da "miserabilidade jurídica do autor", conforme a nova redação do art. 836 da CLT.

Este é um argumento importante para demonstrar que a nova exigência legal não afronta a garantia constitucional de acesso ao Judiciário: aqueles sujeitos que não puderem efetuar o depósito serão dele dispensados.

Porém, a questão certamente será fonte de problemas, pois, segundo o entendimento inicial exarado pelo TST, o depósito prévio não será exigido apenas nas seguintes situações (art. 6º da IN n. 31/2007):

a) quando o autor da ação rescisória for a massa falida;

b) quando o autor perceber salário igual ou inferior ao dobro do mínimo legal, ou declarar, sob as penas da lei, que não está em condições de pagar as custas do processo sem prejuízo do sustento próprio ou de sua família.

Essa regulamentação, da forma como foi colocada, sofreu severa crítica por parte de Francisco Antonio de Oliveira[3], e que merece ser aqui examinada.

Em primeiro lugar, diz o citado autor, o TST foi além da Lei n. 11.495/2007, ao excepcionar a massa falida da obrigação de fazer o depósito prévio, dando sequência a uma tendência daquele Tribunal de privilegiar o empregador que é acometido do estado falencial, procurando desonerá-lo de certas obrigações, ainda que em desprestígio do crédito trabalhista. Cita como exemplos dessa tendência as Súmulas n. 388 (que retira do falido as responsabilidades previstas nos arts. 467 e 477, § 8º, da CLT) e 86 (que dispensa a massa falida do pagamento de depósito recursal e de custas).

Em segundo lugar, ao tratar do que seria a "miserabilidade jurídica" citada pela Lei n. 11.495/2007, o TST restringe e alija todo empregador da possibilidade de ajuizar a ação rescisória sem o depósito, ao prever que o autor deve perceber salário igual ou inferior ao dobro do mínimo legal, ou declarar, sob as penas da lei, que não está em condições de pagar as custas do processo sem prejuízo do sustento próprio ou de sua família. Como o empregador não poderia comprovar tais requisitos (pois não recebe salário nem tem família), teria então sido descartado da exceção legal.

Por fim, em terceiro lugar, o TST ampliou para o empregado o direito à dispensa do depósito, quando se referiu ao trabalhador que perceber salário igual ou inferior ao dobro do mínimo legal, indo além da simples miserabilidade de que cogita a lei, trazendo para a ação rescisória um suporte de alçada recursal (Lei n. 5.584/1970, art. 2º, § 4º).

Em suma, ao aprovar a Instrução Normativa n. 31 o TST teria ido muito além do seu campo de atuação no tocante à regulamentação do depósito prévio na Justiça do Trabalho, uma vez que: a) restringiu a exceção legal, quando retirou de sua aplicabilidade o "autor-empregador"; b) aliviou o autor massa falida; c) concedeu ampliação ao "autor-trabalhador", incluindo a hipótese em que este perceber salário igual ou inferior a dois salários mínimos[4].

---

(3) OLIVEIRA, Francisco Antonio de. Da Resolução n. 141/2007 do Pleno do TST, a exceção prevista no art. 836, CLT e o depósito prévio da ação rescisória. *Revista LTr*, v. 71, n. 12, p. 1415/1417, dez. 2007.

(4) *Ibidem*, p. 1417.

Como se percebe, na prática forense muitas dúvidas surgirão quanto à questão da dispensa do depósito na propositura da ação rescisória, tendo em vista a indefinição do que é o conceito de "miserabilidade jurídica do autor".

Por outro lado, embora o TST tenha se omitido a respeito, é de se ressaltar, ainda, que se aplica ao processo do trabalho a norma do parágrafo único do art. 488 do CPC, de modo que igualmente ficam desonerados do depósito prévio os sujeitos ali mencionados: a União, os Estados, os Municípios e o Ministério Público.

Destaque-se, por fim, que de acordo com o art. 24-A da Lei n. 9.028/1995 (que dispõe sobre as atribuições da Advocacia Geral da União) também as autarquias e fundações da União estão isentas do depósito prévio em ação rescisória. Nesse sentido, aliás, lembre-se ainda o teor da Súmula n. 175 do STJ quando estabelece que descabe o depósito prévio nas ações rescisórias propostas pelo INSS.

IV) O DESTINO DO DEPÓSITO AO FINAL DA AÇÃO RESCISÓRIA

A exigência do depósito prévio no processo do trabalho tornou compatíveis com este as normas previstas nos arts. 488, inciso II e 494 (parte final) do CPC.

Com efeito, preveem os referidos dispositivos legais que a importância do depósito reverterá a favor do réu, a título de multa, se o Tribunal declarar inadmissível ou improcedente a ação rescisória (sem afastar ainda eventual condenação em custas, despesas processuais e honorários advocatícios, quando cabíveis).

É de se observar que para a aplicação da multa em questão o CPC exige que a decisão de improcedência seja tomada por unanimidade de votos.

No art. 5º da IN n. 31/2007, o TST confirmou a aplicação dos referidos dispositivos do CPC ao estabelecer que o valor depositado seja revertido em favor do réu, a título de multa, caso o pedido deduzido na ação rescisória seja julgado improcedente. Embora o TST não tenha feito menção à necessidade do voto unânime dos julgadores, parece-me que este é um requisito indispensável para que se possa cogitar da aplicação da multa.

Por outro lado, se a pretensão formulada na ação rescisória for julgada procedente, com o acolhimento do pedido de rescisão da sentença que havia transitado em julgado, o Tribunal proferirá, se for o caso, novo julgamento e determinará a restituição ao autor do depósito por ele efetuado no início da lide.

Idêntico destino deverá ter o depósito se a ação for julgada improcedente por maioria (por isso a importância da referência à "unanimidade de votos" contida no inciso II do art. 488 do CPC). Vale dizer, não sendo unânime o julgamento contrário à pretensão do autor, de todo modo o depósito deverá lhe ser restituído.

Esse entendimento se justifica porque o depósito tem o nítido cominatório para quem mover ação infundada. A multa, então, somente se aplica se **todos** os julgadores firmarem o entendimento pela improcedência.

V) Petição inicial, contestação e tutelas de urgência

A petição inicial será elaborada com observância dos requisitos essenciais do art. 282 do CPC, devendo o autor: I — cumular ao pedido de rescisão, se for o caso, o de novo julgamento da causa; II — efetuar o depósito.

Tem legitimidade para propor a ação, nos termos do art. 487 do CPC: I — quem foi parte no processo ou o seu sucessor a título universal ou singular; II — o terceiro juridicamente interessado; III — o Ministério Público, se não foi ouvido no processo (em que lhe era obrigatória a intervenção), ou quando a sentença é o efeito de colusão das partes, a fim de fraudar a lei.

O ajuizamento da ação rescisória não impede o cumprimento da sentença ou acórdão rescindendo, mas é ressalvada a concessão de medidas de natureza cautelar ou antecipatória de tutela, caso imprescindíveis e sob os pressupostos previstos em lei.

Importante analisar a questão das tutelas de urgência na ação rescisória, especialmente em face da mudança operada no art. 489 do CPC pela Lei n. 11.280/2006.

A redação original do referido dispositivo previa apenas que a ação rescisória não suspende a execução da sentença rescindenda. Desde maio de 2006 passou a vigorar uma nova redação, que é a seguinte:

> Art. 489. O ajuizamento da ação rescisória não impede o cumprimento da sentença ou acórdão rescindendo, ressalvada a concessão, caso imprescindíveis e sob os pressupostos previstos em lei, de medidas de natureza cautelar ou antecipatória de tutela.

Em realidade, a reforma de tal dispositivo veio apenas confirmar entendimento já cristalizado na jurisprudência, no sentido de que a regra geral da não suspensividade da execução da sentença rescindenda não impede a concessão das tutelas de urgência.

Sendo assim, buscou-se deixar claro que o simples ajuizamento da ação rescisória não serve para suspender a execução da sentença; porém, se estiverem presentes os pressupostos da tutela cautelar (art. 798 do CPC) ou da antecipação dos efeitos da tutela (art. 273 do CPC), eventuais medidas de urgência poderão ser adotadas pelo juízo, com o objetivo de impedir que o futuro resultado da ação rescisória perca sua utilidade. Trata-se, portanto, de reconhecer a possível aplicação das tutelas de urgência em defesa da própria efetividade da atividade jurisdicional.

Como bem ressaltou Humberto Theodoro Júnior ao examinar a nova redação do art. 489 do CPC, as tutelas emergenciais não são simples faculdades do órgão judicial, mas sim necessidades inafastáveis do acesso à justiça, quando seus pressupostos se configuram. Não deferi-las, nesses casos, seria uma verdadeira denegação da tutela jurisdicional assegurada constitucionalmente[5].

Em virtude da dicção legal, de todo modo, fica claro que as medidas de urgência que possam impedir a execução do julgado dependerão não apenas da demonstração dos pressupostos de qualquer cautelar, mas ainda deverão ser **imprescindíveis**.

Nelson Nery Júnior e Rosa Maria de Andrade Nery explicam que não são consideradas imprescindíveis as medidas de urgência que sejam apenas "convenientes" para uma das partes. Saber se e quando uma medida de urgência é imprescindível, de modo a obstar a execução imediata do julgado, não é tarefa fácil, pois se trata de conceito legal indeterminado, cuja concretude deve ser dada pelo juiz no caso em exame[6].

Seguindo o exame do procedimento da ação rescisória, cabem algumas considerações sobre a defesa do réu e o julgamento da causa. Assim, após recebida a petição inicial e decididos os pedidos de liminares, o relator mandará citar o réu, assinando-lhe prazo nunca inferior a 15 (quinze) dias nem superior a 30 (trinta) para responder aos termos da ação.

Se os fatos alegados pelas partes dependerem de prova, o relator delegará a competência ao juiz da Vara do Trabalho da comarca onde deva ser produzida, fixando prazo de 45 (quarenta e cinco) a 90 (noventa) dias para a devolução dos autos.

Concluída a instrução, será aberta vista, sucessivamente, ao autor e ao réu, pelo prazo de 10 (dez) dias, para razões finais. Em seguida, os autos subirão ao relator, procedendo-se ao julgamento.

Julgando procedente a ação, o tribunal: a) rescindirá a sentença; b) proferirá, se for o caso, novo julgamento; e c) determinará a restituição do depósito ao autor. Declarando inadmissível ou improcedente a ação, a importância do depósito reverterá a favor do réu, como já visto.

No que se refere à execução da decisão proferida em ação rescisória, o art. 836, parágrafo único, da CLT prevê que será efetuada nos próprios autos da ação que lhe deu origem, devendo então ser instruída com o acórdão correspondente e a respectiva certidão de trânsito em julgado.

---

(5) THEODORO JÚNIOR, Humberto. *As novas reformas do código de processo civil*. Rio de Janeiro: Forense, 2007. p. 39.
(6) NERY JÚNIOR, Nelson; NERY, Rosa Maria de Andrade. *Código de processo civil comentado*. São Paulo: Revista dos Tribunais, 2007. p. 799, nota 4.

VI) Jurisprudência do Tribunal Superior do Trabalho

Existe farta jurisprudência do TST acerca da ação rescisória, sendo o caso de lembrar algumas Súmulas de maior importância.

A Súmula n. 83 trata de matéria controvertida, estabelecendo que não procede pedido formulado na ação rescisória por violação literal de lei se a decisão rescindenda estiver baseada em texto legal infraconstitucional de interpretação controvertida nos Tribunais. O marco divisor quanto a ser, ou não, controvertida, nos Tribunais, a interpretação dos dispositivos legais citados na ação rescisória é a data da inclusão, na Orientação Jurisprudencial do TST, da matéria discutida.

A Súmula n. 99 aborda a questão do preparo, quando diz que havendo recurso ordinário em sede de rescisória, o depósito recursal só é exigível quando for julgado procedente o pedido e imposta condenação em pecúnia. Nesse caso, o depósito deve ser efetuado no prazo recursal, no limite e nos termos da legislação vigente, sob pena de deserção.

A Súmula n. 100 aborda vários aspectos referentes à decadência. No item I, prevê que o prazo de decadência, na ação rescisória, conta-se do dia imediatamente subsequente ao trânsito em julgado da última decisão proferida na causa, seja de mérito ou não. No item II, diz que havendo recurso parcial no processo principal, o trânsito em julgado dá-se em momentos e em tribunais diferentes, contando-se o prazo decadencial para a ação rescisória do trânsito em julgado de cada decisão, salvo se o recurso tratar de preliminar ou prejudicial que possa tornar insubsistente a decisão recorrida, hipótese em que flui a decadência a partir do trânsito em julgado da decisão que julgar o recurso parcial.

No item III da Súmula n. 100 o TST estabeleceu que, salvo se houver dúvida razoável, a interposição de recurso intempestivo ou a interposição de recurso incabível não protrai o termo inicial do prazo decadencial; no item IV, advertiu que o juízo rescindente não está adstrito à certidão de trânsito em julgado juntada com a ação rescisória, podendo formar sua convicção por meio de outros elementos dos autos quanto à antecipação ou postergação do *dies a quo* do prazo decadencial.

É importante a previsão do item V da Súmula n. 100, quando prevê que o acordo homologado judicialmente tem força de decisão irrecorrível, na forma do art. 831 da CLT. Assim sendo, o termo conciliatório transita em julgado na data da sua homologação judicial. Já no item VI, que trata da hipótese de colusão das partes, estipulou-se o entendimento de que o prazo decadencial da ação rescisória somente começa a fluir para o Ministério Público, que não interveio no processo principal, a partir do momento em que tem ciência da fraude.

No item VII, a Súmula n. 100 diz que não ofende o princípio do duplo grau de jurisdição a decisão do TST que, após afastar a decadência em sede de recurso ordinário, aprecia desde logo a lide, se a causa versar questão exclusivamente de direito e estiver em condições de imediato julgamento; e no item VIII, prevê que a exceção de incompetência, ainda que oposta no prazo recursal, sem ter sido aviado o recurso próprio, não tem o condão de afastar a consumação da coisa julgada e, assim, postergar o termo inicial do prazo decadencial para a ação rescisória.

Por fim, completando o exame das questões referentes à decadência, no item IX a Súmula n. 100 do TST esclarece que se prorroga até o primeiro dia útil, imediatamente subsequente, o prazo decadencial para ajuizamento de ação rescisória quando expira em férias forenses, feriados, finais de semana ou em dia em que não houver expediente forense. Trata-se de aplicação do art. 775 da CLT.

No que se refere à impugnação da decisão de Tribunal Regional do Trabalho em ação rescisória, a Súmula n. 158 esclarece que é cabível recurso ordinário para o Tribunal Superior do Trabalho, em face da organização judiciária trabalhista.

A Súmula n. 192, por sua vez, aborda questões referentes à competência nas ações rescisórias apreciadas pela Justiça do Trabalho. Assim, se não houver o conhecimento de recurso de revista ou de embargos, a competência para julgar ação que vise rescindir a decisão de mérito é do Tribunal Regional do Trabalho.

No item II, entretanto, a referida Súmula contém uma ressalva, no sentido de que Acórdão rescindendo do Tribunal Superior do Trabalho que não conhece de recurso de embargos ou de revista, analisando arguição de violação de dispositivo de lei material ou decidindo em consonância com súmula de direito material ou com iterativa, notória e atual jurisprudência de direito material da Seção de Dissídios Individuais (Súmula n. 333), examina o mérito da causa, cabendo ação rescisória da competência do Tribunal Superior do Trabalho.

Quanto à carência de ação, há entendimentos que devem ser lembrados. Em face do disposto no art. 512 do CPC, é considerado como juridicamente impossível o pedido explícito de desconstituição de sentença quando substituída por acórdão do Tribunal Regional ou superveniente sentença homologatória de acordo que puser fim ao litígio (conforme dispõe o item III da aludida Súmula n. 192). É ainda manifesta a impossibilidade jurídica do pedido de rescisão de julgado proferido em agravo de instrumento que, limitando-se a aferir o eventual desacerto do juízo negativo de admissibilidade do recurso de revista, não substitui o acórdão regional, na forma do art. 512 do CPC (item IV).

Sobre o tema dos honorários advocatícios, importante lembrar o teor do item II da Súmula n. 219, quando o TST prevê que é cabível a condenação no seu pagamento em ação rescisória no processo trabalhista.

Não se pode esquecer também do entendimento consolidado na Súmula n. 259, segundo a qual só por ação rescisória é impugnável o termo de conciliação previsto no parágrafo único do art. 831 da CLT.

Em matéria de violação de lei e necessidade de prequestionamento, importantes diretrizes são fixadas pela Súmula n. 298. Assim, a conclusão acerca da ocorrência de violação literal de lei pressupõe pronunciamento explícito, na sentença rescindenda, sobre a matéria veiculada (item I). Mas o prequestionamento exigido diz respeito à matéria e ao enfoque específico da tese debatida na ação (e não, necessariamente, ao dispositivo legal tido por violado). Basta, portanto, que o conteúdo da norma, reputada como violada, tenha sido abordado na decisão rescindenda para que se considere preenchido o pressuposto do prequestionamento (item II).

Para efeito de ação rescisória, diz a Súmula n. 298 que se considera prequestionada a matéria tratada na sentença quando, examinando remessa de ofício, o Tribunal simplesmente a confirma (item III); já a sentença meramente homologatória, que silencia sobre os motivos de convencimento do juiz, não se mostra rescindível, por ausência de prequestionamento (item IV).

Destaque-se, no entanto, que a referida Súmula prevê que não é absoluta a exigência de prequestionamento na ação rescisória: ainda que tenha por fundamento violação de dispositivo legal, é prescindível o prequestionamento quando o vício nasce no próprio julgamento, como se dá com a sentença *extra*, *citra* e *ultra petita* (item V).

Registre-se que a ação rescisória calcada em violação de lei não admite reexame de fatos e provas do processo que originou a decisão rescindenda, conforme a Súmula n. 410.

Já a Súmula n. 412 admite que uma questão processual seja objeto de rescisão, desde que consista em pressuposto de validade de uma sentença de mérito. Por outro lado, é incabível ação rescisória por suposta violação do art. 896, *a*, da CLT, contra decisão que não conhece de recurso de revista com base em divergência jurisprudencial, pois não se cuida de sentença de mérito (art. 485 do CPC), conforme entendimento consagrado na Súmula n. 413.

Importante lembrar também que na ação rescisória o que se ataca na ação é a sentença (como ato oficial do Estado, acobertado pelo manto da coisa julgada). Assim sendo, e considerando que a coisa julgada envolve questão de ordem pública, a revelia não produz confissão na ação rescisória, de acordo com o disposto na Súmula n. 398.

O conceito de documento novo para fins de propositura de ação rescisória é definido pela Súmula n. 402 do TST, quando diz se tratar do cronologicamente velho, já existente ao tempo da decisão rescindenda, mas ignorado pelo interessado ou de impossível utilização, à época, no processo. Não são considerados como documentos novos (aptos a viabilizar a desconstituição de julgado), os seguintes: a) sentença normativa proferida ou transitada em julgado posteriormente à sentença rescindenda; b) sentença normativa preexistente à sentença rescindenda, mas não exibida no processo principal, em virtude de negligência da parte, quando podia e deveria louvar-se de documento já existente e não ignorado quando emitida a decisão rescindenda.

A Súmula n. 404 dispõe que o art. 485, VIII, do CPC, ao tratar do fundamento para invalidar a confissão como hipótese de rescindibilidade da decisão judicial, refere-se à confissão real, fruto de erro, dolo ou coação, e não à confissão ficta resultante de revelia.

A Súmula n. 399 diz que é incabível ação rescisória para impugnar decisão homologatória de adjudicação ou arrematação (item I), e ainda acrescenta que a decisão homologatória de cálculos apenas comporta rescisão quando enfrentar as questões envolvidas na elaboração da conta de liquidação, quer solvendo a controvérsia das partes quer explicitando, de ofício, os motivos pelos quais acolheu os cálculos oferecidos por uma das partes ou pelo setor de cálculos, e não contestados pela outra (item II).

Em termos de concessão de liminares, o TST editou a Súmula n. 405, para prever que, em face do que dispõe a MP n. 1.984-22/2000 (e reedições) e o art. 273, § 7º, do CPC, é cabível o pedido liminar formulado na petição inicial de ação rescisória ou na fase recursal, visando suspender a execução da decisão rescindenda. O pedido de antecipação de tutela, formulado nas mesmas condições, será recebido como medida acautelatória em ação rescisória, por não se admitir tutela antecipada em sede de ação rescisória.

Já a Súmula n. 406 trata do litisconsórcio na ação rescisória. Afirma que é necessário em relação ao polo passivo da demanda, porque supõe uma comunidade de direitos ou de obrigações que não admite solução díspar para os litisconsortes, em face da indivisibilidade do objeto. Já em relação ao polo ativo, o litisconsórcio é facultativo, uma vez que a aglutinação de autores se faz por conveniência e não pela necessidade decorrente da natureza do litígio, pois não se pode condicionar o exercício do direito individual de um dos litigantes no processo originário à anuência dos demais para retomar a lide.

Ainda sobre o litisconsórcio, no item II da Súmula n. 406 definiu-se que o Sindicato, como substituto processual e autor da reclamação trabalhista em cujos autos foi proferida a decisão rescindenda, possui legitimidade para figurar como réu na ação rescisória. Sendo assim, é descabida a exigência de citação de todos os empregados substituídos, porquanto inexistente litisconsórcio passivo necessário.

Por fim, cabe lembrar ainda a Súmula n. 408 do TST: não padece de inépcia a petição inicial de ação rescisória apenas porque omite a subsunção do fundamento de rescindibilidade no art. 485 do CPC ou o capitula erroneamente em um de seus incisos. Contanto que não se afaste dos fatos e fundamentos invocados como causa de pedir, ao Tribunal é lícito emprestar-lhes a adequada qualificação jurídica (*iura novit curia*). No entanto, fundando-se a ação rescisória no art. 485, inc. V, do CPC, é indispensável expressa indicação, na petição inicial da ação rescisória, do dispositivo legal violado, por se tratar de causa de pedir da rescisória, não se aplicando, no caso, o princípio *iura novit curia*.

Enfim, essas são algumas das mais expressivas manifestações do Tribunal Superior do Trabalho em matéria de ação rescisória; mas não se pode esquecer que a Seção de Dissídios Individuais II também costuma editar suas orientações jurisprudenciais a respeito.

Conclusão

Diante de todo o exposto, pode-se concluir que a ação rescisória é bastante utilizada no processo do trabalho, como se depreende da farta jurisprudência existente sobre o assunto.

Por outro lado, percebe-se que os novos contornos trazidos pelo legislador para a regulamentação da ação rescisória trouxeram sensíveis repercussões no âmbito da Justiça do Trabalho, em face da Lei n. 11.495/2007, que atribuiu nova redação ao *caput* do art. 836 da CLT a fim de dispor sobre a exigência do depósito prévio.

Sem dúvida já se pode falar em maior dificuldade prática na utilização do instituto, tendo em vista o custo para seu ajuizamento e o risco de perda do valor do depósito em favor da parte contrária.

De todo modo, certamente, ainda surgirão muitas discussões na jurisprudência trabalhista acerca de quem está autorizado a ajuizar a ação rescisória sem efetuar o depósito, bem como das hipóteses em que serão admitidas tutelas de urgência para suspensão da execução da sentença que se pretender rescindir, tudo a demonstrar que esse é um remédio processual que ainda merece muito estudo e reflexão pela doutrina.

Bibliografia

DINAMARCO, Cândido Rangel. *A nova era do processo civil*. São Paulo: Malheiros, 2007.

GIGLIO, Wagner; CORRÊA, Claudia Giglio Veltri. *Direito processual do trabalho*. São Paulo: Saraiva, 2007.

NERY JÚNIOR, Nelson; NERY, Rosa Maria de Andrade. *Código de processo civil comentado*. São Paulo: Revista dos Tribunais, 2007.

OLIVEIRA, Francisco Antonio de. Da Resolução n. 141/2007 do Pleno do TST, a exceção prevista no art. 836, CLT e o depósito prévio da ação rescisória. *Revista LTr*, v. 71, n. 12, dez. 2007.

THEODORO JÚNIOR, Humberto. *As novas reformas do código de processo civil*. Rio de Janeiro: Forense, 2007.

O Direito Coletivo do Trabalho e os Princípios Fundamentais

Raimundo Cezar Brito Aragão [*]

A história democrática de um povo tem íntima relação com os mecanismos de controles sociais sobre o Direito ao Trabalho e à forma em que é regulada a sua defesa enquanto princípio fundamental. Neste sentido, tem razão Francisco Guillém Landrián quando registra que "el Derecho Laboral está estrechamente vinculado con la base económica de la sociedad y, en consecuencia, los cambios en ésta repercuten rapidamente en aquél, haciéndolo muy dinámico". Eis, porquê da opção pela análise do Direito ao Trabalho através do seu viés histórico-ideológico. Os condicionamentos externos e internos que influenciaram e influenciam a forma em que está estruturado o Direito ao Trabalho, o Direito do Trabalho e o Direito Coletivo do Trabalho são os aspectos destacados neste esboço. Socorro-me, para isso, também em Cappelletti quando afirmou que "razões e condicionamentos sociais e culturais, em determinado contexto histórico, estão e operam na norma e na instituição, na lei e no ordenamento, e também na interpretação e em geral na atividade dos juízes e dos juristas".

Registro, em consequência do exposto, que este esboço não tem a pretensão da imparcialidade. Aliás, acredito ser atributo inerente à natureza humana analisar os fatos que surgem diante do seu olhar por meio dos seus conceitos, preconceitos, concepções, verdades aprendidas ou doutrinadas ao longo da sua vida. Neste contexto, a abordagem aqui registrada é semelhante ao depoimento de uma testemunha que dedica parte de sua atuação profissional à defesa dos movimentos sociais e dos trabalhadores brasileiros. Ela certamente está viciada pelos meus vícios conceituais e, também, pela minha compreensão do que entendo existir de verdade

---

[*] Advogado. Ex-presidente do Conselho Federal da OAB (2007/2010) e da União dos Advogados de Língua Portuguesa. Presidente da Comissão de Relações Internacionais da Ordem dos Advogados do Brasil (OAB).

histórica/ideológica no tratamento do Direito ao Trabalho como fonte de direito, poder, riquezas e *status*. Tenho defendido que esta verdade interfere diretamente nas relações políticas, conceituais e normativas do Estado para com os trabalhadores, assim como nas relações entre estes, suas entidades organizativas e a classe patronal. E exatamente em razão dela faz gerar uma legislação que reflete um Direito do Trabalho deficiente e excludente da participação ativa das organizações sindicais.

Esclarecidos os pontos iniciais, cuidará a presente aula de estabelecer, em apertada síntese, a visão de um intérprete social que não se pretende detentor de qualquer verdade, histórica ou jurídica, sobre o tema. O Direito ao Trabalho, o Direito do Trabalho e o Direito Coletivo do Trabalho são apresentados aqui apenas sob um óculo. Enxergar-se-á o Direito ao Trabalho como um princípio fundamental e inserido no contexto de direito inerente à pessoa humana, enquanto o Direito do Trabalho e o Direito Coletivo do Trabalho como sendo os arcabouços normativos destinados a regular este direito tido como fundamental. O Direito ao Trabalho como princípio a ser buscado e regulado pelo Direito do Trabalho, como fenômeno individual ou coletivo. Penso que se conhecendo o papel do Direito ao Trabalho igualmente se compreenderá o papel destinado pelo Estado ao Direito do Trabalho, assim como ao Direito Coletivo do Trabalho. E não poderia ser diferente, pois, todos, são faces de uma mesma temática que se interliga e, paradoxalmente, se diferencia.

Até o advento da Revolução Industrial não se compreendia o Direito ao Trabalho como princípio fundamental inerente à dignidade da pessoa humana. Trabalhar era tarefa dedicada aos escravos, servos, corporações de ofício ou párias de uma sociedade excludente e fundada na certeza divina ou da supremacia entre seres humanos. As guerras não eram realizadas apenas para conquistas territoriais ou riquezas materiais. Guerreavam-se, também, para conquistar escravos, mulheres para sexo e procriação ou mão de obra destinados à construção dos sonhos e ambições transloucados dos chefes tribais, reis e governantes de plantão. Os vencidos eram partilhados entre os vencedores no mesmo patamar de coisa apropriada e destituída de direitos. Até mesmo as instituições religiosas, especialmente a Igreja Católica, eram proprietárias de pessoa humana. Certamente por isso se excluía do conceito de crime ou pecado a coisificação do trabalho humano mesmo porque, segundo se pregava à época, os índios e os negros não foram aquinhoados com o sacro atributo da alma.

A ideia da divindade na dominação humana sofreu um abalo profundo com a Revolução Francesa e a Independência dos Estados Unidos da América. Ambas solidificaram uma nova forma de relação entre os homens. As duas influenciaram decisivamente o pensamento daquela geração, fazendo com que se guilhotinassem os pensamentos excludentes de que a nobreza e o seu sangue azul justificavam a dominação. Nos EUA da América, se estabelece o conceito de mandado no exercício do poder, não mais se falando em hereditariedade no comando do poder político. Na França o poder popular se mostra visível, não se recusando a condenar à morte a mesma nobreza e o clero que a justificava. Não se tem dúvida, portanto, que a partir delas a humanidade deu uma nova conceituação a liberdade, igualdade e fraternidade.

No entanto, mesmo nelas, a burguesia vitoriosa nas revoluções que patrocinou não promoveu a igualdade que tanto pregava. O novo detentor do poder, agora com outra origem social e denominação, também se tornou o único detentor das riquezas. A perda do sangue azul no comando da política não implicou a imediata mudança de mentalidade em relação ao direito a um trabalho digno. A cor do sangue fora substituída pelo dourado da riqueza. A exploração continuava, porém com outros nomes e formas. Os EUA, por exemplo, mantêm a escravidão pela cor como alicerce da sua economia, demonstrando que a igualdade e a liberdade não eram para todos. Os franceses, com Napoleão, restauram as velhas ambições territoriais. E o Direito ao Trabalho, embora com o embrião da remuneração, continuou compreendido como coisa a ser apreendida pelo novo personagem do poder.

O conceito de trabalhador enquanto sujeito de algum direito se torna mais consensual a partir de outra movimentação social. É quase um consenso afirmar que o Direito do Trabalho, como hoje é conhecido, nasceu com a Revolução Industrial, principalmente após o surgimento das máquinas e suas indústrias. A rigor somente no século XIX é que se pode falar na necessidade de uma efetiva legislação sobre o Direito do Trabalho, as organizações dos trabalhadores e as suas formas reivindicatórias.

Ainda assim, a exploração era uma realidade visível e cruel. Não havia qualquer direito ou garantida de um trabalho digno. A jornada de trabalho, quando mais branda, tinha início com o nascer e término ao pôr do sol. Crianças e mulheres laboravam em condições absolutamente insalubres. Garantia de emprego e condições de trabalho dignas eram palavras estranhas no relacionamento capital-trabalho. Aliás, a questão social dele decorrente era tratada como Caso de Polícia.

A exploração assumida, os acidentes de trabalho corriqueiros a devorar vidas, a miséria aceita como inexorável e a fome que se espalhava nas ricas unidades fabris fez gerar descontentamento na classe trabalhadora. Questionamentos, revoltas e contestações coletivas passam a ser respostas constantes daqueles que eram explorados. Reivindicações explodem nas ruas, várias delas respondidas com violência e morte.

Neste clima de efervescência social e consolidação de riquezas, um novo Direito do Trabalho começa a nascer, fazendo com que a luta pelo Direito ao Trabalho como princípio fundamental também provocasse o surgimento do Direito Coletivo do Trabalho. Em 1824 surge na Inglaterra uma lei reconhecendo a existência dos sindicatos. Na França, em 1864, edita-se diploma referente ao direito de greve. Na Itália, em 1883, adviria norma legal concernente aos acidentes do trabalho, enquanto que na Alemanha, em 1884, também seria aprovada lei referente aos acidentes de trabalho.

Com a modificação das relações de trabalho e da luta pela própria valorização do trabalho como fator gerador de riquezas, o século XIX também passa a assistir ao nascimento de mais um movimento revolucionário. Um novo conceito, agora, é agregado ao Mundo do Trabalho. Nele, ainda apontado como utopia, o Trabalho passou a ser considerado fonte direta de poder político a ser exercido pelo próprio trabalhador. O Direito ao Trabalho, nesta inovadora concepção, não mais seria um princípio fundamental a ser reivindicado pelas organizações dos trabalhadores, mas, sobretudo, o próprio poder em si mesmo. Apropriar-se do trabalho significa também dizer se apropriar do poder. Era a época do surgimento de propostas de uma sociedade mais justa e igualitária, sem qualquer exploração de classe.

Este novo movimento revolucionário faz crescer e proliferar várias propostas de um mundo mais justo e equilibrado. E, de fato, com os anarquistas e os marxistas o Trabalho ganhou outra dimensão, passando a ser considerado como elemento decisivo para a conquista de uma nova sociedade. O Trabalho passou a ser o contraponto ao acúmulo de riquezas e às desigualdades sociais. Prega-se, a partir daí, a ideia do conflito inconciliável Capital/Trabalho como verdadeiro motor alimentador do jogo do poder mundial. O mundo assiste, então, aos nascimentos de duas ideologias que dominaram a cena política até 1989. O Mundo Capitalista e o Mundo do Trabalho (comunista) entram em cena para influenciar países, pessoas e ideias. Guerras explodirão fundadas neles.

Apropriar-se dos lucros advindos de seu próprio trabalho passou a ser, portanto, proposta de ação de todas as correntes socialistas, o que seria entendido como exclusão do capitalista de qualquer sistema produtivo. O trabalho geraria riqueza apenas para quem o produzisse. O Direito ao Trabalho, assim compreendido, chega ao seu maior momento valorativo, não mais sendo destinado a escravos ou servos. O trabalho passa a ser início, meio e fim de uma mesma sociedade.

Marx e Engels, que influenciaram majoritariamente o pensamento revolucionário da luta pelo fim do Mundo do Capital, pregavam que a classe operária para alcançar os seus objetivos necessitava se unir em sindicatos, associações e mesmo num partido político engajado. Não tinham dúvida, ainda, quanto ao papel revolucionário e exclusivo da classe operária, como fizeram constar expressamente no Manifesto Comunista que "de todas as classes que hoje se defrontam com a burguesia, apenas o proletariado é uma classe verdadeiramente revolucionária. As outras classes decaem e por fim desaparecem com o desenvolvimento da grande indústria; o proletariado, pelo contrário, é o seu produto mais autêntico".

Buscando transformar em prática a teoria socialista, no dia 18 de março de 1871, na cidade de Paris, o movimento operário e socialista ousou estabelecer um governo revolucionário e autônomo na aristocrática capital francesa. Acreditavam que implantaria a cobiçada democracia popular e direta, logo assegurada com medidas avançadas para a época, a exemplo da separação entre o Estado e a Igreja, além da abolição do trabalho noturno dos padeiros, criações de cooperativas e uma ampla reforma do ensino. A Comuna de Paris, como ficou conhecido o movimento, marcou profundamente o pensamento socialista, mesmo que tenha sobrevivido por apenas setenta dias.

A certeza de que a revolução socialista um dia triunfaria sob o comando exclusivo da classe operária, movimenta o final do século XIX e o início do século XX, fornecendo, como em nenhuma outra época, um ambiente revolucionário que agregava e estimulava outras lutas, a exemplo da luta contra o preconceito de classe, sexual, de cor ou religioso. Não sem razão mulheres emancipadas e judeus foram ativistas empolgados e atuantes, destacando-se por seus méritos como seres humanos. Eric J. Hobsbawm, aponta que "talvez estes movimentos não dessem aos direitos desses grupos uma prioridade tão exclusiva quanto seus defensores podiam ter desejado, mas eles não só os defendiam como também empreendiam campanhas ativas em seu favor, como parte da luta geral pela Liberdade, Igualdade e Fraternidade — lema que os primeiros movimentos socialistas e operários herdaram da Revolução Francesa — e pela emancipação dos homens. A luta contra a opressão social subentendia a luta pela liberdade".

Finalmente, as propostas socialistas, especialmente aquelas defendidas por Marx, triunfam e chegam ao clímax com a Revolução de Outubro de 1919, e "era de se esperar que uma das primeiras medidas tomadas pelos adeptos em sua construção da ordem socialista fosse a abolição da propriedade privada dos meios de produção". E foi exatamente o que aconteceu e fora percebido pelo mundo: o triunfo do Trabalho sobre o Capital era plenamente possível e alcançável pela própria geração que lutava por sua implementação imediata. O Mundo do Trabalho não era uma utopia ou projeto para o futuro, era, sobretudo, um mundo do presente e vencedor.

A partir da proposta de que o triunfo do Mundo do Trabalho era inevitável, o ambiente revolucionário internacional tomou fôlego no Mundo do Capital, assustando-o. Era cada vez maior o número de trabalhadores atraídos pelas ideias socialistas. Afinal, proposta de a classe operária conquistar, com exclusividade, o topo da pirâmide social deixa de ser mera utopia ou sonho quimérico de idealistas desfocados da realidade histórica. Agora os trabalhadores eram movidos por uma ideologia pragmática, visível e plenamente alcançável no presente. Nela, destacava-se a ideia de que somente em uma ditadura imposta pela classe operária seria possível conquistar o salvo-conduto para um mundo igual para todos. Registre-se que dentre os assombrados, até com participação ativa, estava a poderosa Igreja Apostólica Romana, quer seja pelo caráter assumidamente ateu do movimento comunista, quer seja pela própria e divulgada conclusão de Marx no sentido de ser a religião o ópio do povo.

É fácil concluir, portanto, que o ameaçado Mundo do Capital não iria permanecer impassível ao avanço do Mundo do Trabalho que pregava a sua destruição concreta. As reações não tardaram, quase sempre com respaldo em uma virulenta política de violência policial. Os socialistas eram tratados como baderneiros e suas manifestações como "simples caso de polícia". Nesta primeira etapa de reação, ainda não havia um claro confronto ideológico, apenas repressão política/policial, como a que ocorrera no dia 1º de maio de 1886, originando o Dia Internacional do Trabalhador. Este dia bem simboliza a embrionária reação capitalista, que tratou como "caso de polícia" a greve que aglutinou mais de cento e oitenta mil trabalhadores de Chicago (EUA), resultando a repressão policial em seis trabalhadores mortos e mais de cinquenta feridos. Também ilustra esta fase o dia 8 de março de 1857, quando do cruel massacre das trabalhadoras nova-iorquinas, assassinadas porque exigiam trabalho digno, não sem razão posteriormente transformado no Dia Internacional da Mulher (II Conferência Internacional das Mulheres Socialistas em Copenhague, Dinamarca, em 1910).

O triunfo da Revolução Russa de Outubro (novembro, no calendário ocidental) de 1917 agita ainda mais o Mundo do Capital. A Revolução Comunista era a prova mais clara de que o Estado dos Trabalhadores era real e exequível. Entidades sindicais, trabalhadores, socialistas e revolucionários se encantam com o marxismo vitorioso. A chegada inexorável do comunismo, agora cientificamente comprovado, era festejada nas revoltas, greves, assembleias e panfletos revolucionários. Vitoriosa era a proposta que apresentava o paraíso de uma sociedade sem classes opressoras, onde a igualdade era meta imposta pela confiável classe operária, única verdadeiramente revolucionária. Até mesmo o anarquismo, então influente na classe operária, perde fôlego e espaço político, agora acusado de utópico e ultrapassado.

A reação ao triunfo da Revolução Russa de outubro iria, agora, mudar de rumo. Diante do fracasso da uma reação amadora ou ocasional, centrada na lógica da repressão policial, era preciso contrapor a ideologia cativante do Mundo do Trabalho com outra ideologia que igualmente empolgasse a classe operária. O Mundo do Capital, para sobreviver, precisava, agora, formular uma saída de convencimento para o conflito que explodia nas ruas. O capitalismo teria que aprender a utilizar o próprio arsenal ideológico revolucionário da época para resistir ao Mundo do Trabalho que se expandia em seu território. Era preciso criar uma nova ideologia de massa, conquistar trabalhadores, políticos e entidades sindicais para que defendesse a liberdade conquistada pelo Mundo do Capital.

Uma das vertentes de reação se consolida na afirmação de que somente a criação de um Estado Corporativo do Capital poderia impedir o crescimento do que se chamava Estado Totalitário do Trabalho. A força do Estado como argumento de combate à outra força estatal. No correr dos anos vinte, emerge na Europa essa nova e agressiva direita que, mobilizando as massas, também se faz vitoriosa em vários países, servindo de paradigma contrarrevolucionário ao Mundo Comunista. O movimento de direita radical se faz vitrine com o fascismo italiano de 1922 e o nazismo alemão de 1933. Da mesma forma triunfa no "Corporativismo de Estado" imposto por Salazar em Portugal e no "Movimento Nacionalista" que transformou a Espanha em um regime totalitário comandado por Franco durante décadas. Este novo fenômeno é apontado por François Furet, em seu livro *O fim de uma ilusão*, quando afirma que a direita que surge no pós-guerra era muito diferente da direita tradicional, conservadora, infensa a mobilizações sociais, preservadora de valores clássicos. O professor do Departamento de Ciência Política da FFCH (USP), Boris Fausto, em palestra sobre o tema *O Estado Novo no contexto internacional*, registra que "Esses acontecimentos ocorrem no âmbito do avanço das ideologias antiliberais, antidemocráticas, que podemos constatar em quase todo o mundo europeu, incluindo a França, onde se afirma a *Action Française*, um movimento que vinha de antes da guerra de 1914".

Paralela e simultaneamente à reação do Estado Corporativo e Totalitário (fascista, nazista, salazarista ou franquista) outros países do ocidente traçam outro viés de resistência do Mundo Comunista. EUA, Inglaterra e França, por exemplo, fazem opção pela criação ideológica do Estado Social, isto é, um Estado livre para a expansão do capital, porém, em contrapartida, interventor nos conflitos sociais, conciliador e democrático. Propõem-se, também, humanizar o Direito ao Trabalho, e suavizar os instrumentos de opressão da classe trabalhadora. A partir da inclusão do *status* social para o Estado, foram atendidas várias das reivindicações históricas dos trabalhadores, inclusive se refere às demandas de distribuição das riquezas e socialização da educação, saúde e segurança do trabalho. Era a Social-Democracia contrapondo-se politicamente ao receituário comunista que conquistava os trabalhadores. A visão mais suavizada do Direito ao Trabalho é bem simbolizada na Doutrina Social da Igreja, destacando-se a Encíclica *Rerum Novarum*, assinada em 15 de maio de 1891, pelo Papa Leão XIII. O ordenamento papal condensa a preocupação de reduzir a exploração do capital, estimulando a concessão de direitos sociais e trabalhistas, impedindo, no entanto, o avanço das ideias socialistas ao combater os mecanismos de organização da classe operária.

É neste período que o Direito ao Trabalho tem o seu período fértil de regulação. Teorias de proteção ao trabalho são elevadas ao *status* de direito fundamental, inseridas nas Constituições nacionais ou nas legislações infraconstitucionais. Novos direitos foram consolidados, dentre outros se destacando a fixação da jornada de trabalho de oito horas, o direito às férias, concessão do repouso remunerado, regulamentação do trabalho insalubre e periculoso, normas protetoras do trabalho das mulheres e adolescentes, pagamento de um salário-mínimo necessário para a sobrevivência do trabalhador e de sua família, regulação da despedida imotivada e participação nos lucros. O Direito Coletivo também passou a ser regulamentado, reconhecendo-se o direito de organização sindical, direito à grave e à negociação coletiva. Entidades internacionais, destacando-se a Organização Internacional do Trabalho — OIT, assumem o papel de cobrar, fiscalizar e sugerir medidas asseguradoras do direito a um trabalho decente.

O Brasil também testemunha a mesma política evolutiva em relação ao Direito do Trabalho. Inicialmente praticou a escravidão índia e, até o século XIX, fez do trabalho escravo pela cor a maior e mais criminosa forma de apropriação da mão de obra. Viveu, ainda, a Inconfidência Mineira, apontada como marco da luta pela independência do Brasil. Experimentou movimentos revolucionários, a exemplo da Conjuração dos Alfaiates, movimento baiano, integrado por artífices, soldados e assalariados que pregavam a construção de uma sociedade democrática e igualitária, como se vê dos *Avisos ao Povo Bahianese*, distribuídos a partir de 12 de agosto de 1798:

> todos os cidadãos e, em especial os mulatos e negros serão considerados iguais, não haverá diferenças, haverá liberdade, igualdade e frater-nidade, concluindo, após reafirmar que aboliriam a escravidão, que a época feliz da nossa liberdade está prestes a chegar; será o tempo em que serão irmãos, o tempo em que todos serão iguais.

Porém, somente no final do século XIX, com o surgimento das primeiras indústrias, é que começa a se desenvolver o proletariado no país, assumindo estas lutas características próprias, claramente voltadas para a conquista da igualdade social, da liberdade e dos direitos civis. Com as indústrias nascem também as primeiras associações sindicais livres, embora sejam inicialmente entidades de assistência mútua.

O conflito capital/trabalho surge timidamente no Brasil em 1858, especialmente quando eclode a greve dos tipógrafos do Rio de Janeiro, exigindo melhores salários e uma jornada de trabalho mais digna, já que laboravam quase dezoito horas por dia. Segundo dados do Sindicato dos Metalúrgicos de Santo André, Mauá, Ribeirão Pires, RG da Serra, colhidos por Ana Valim, em 1900 o Brasil tinha cerca de 55 mil operários, passando de 275 mil em 1920. É importante ressaltar que a maioria desses operários era constituída por imigrantes, italianos, espanhóis, alemães e portugueses, chegando ao ponto que no ano de 1900 cerca de 90% dos operários paulistas eram estrangeiros.

Os anos de 1907-1908 foram fundamentais para o crescimento e fortalecimento das organizações dos trabalhadores, tendo como destaque a criação da Confederação Operária Brasileira, claramente identificada com o movimento anarquista, até o completo domínio dos comunistas, fortalecidos com a vitória da Revolução Bolchevique na Rússia, bem como pelos assassinatos, deportações e prisões dos líderes anarquistas. Ana Valim registra que "sob a inspiração da COB foram organizadas manifestações populares a partir de 1913. No período entre 1917 e 1920 diversas greves foram realizadas em São Paulo, Rio de Janeiro, Santos, Porto Alegre, Pernambuco, Bahia, Juiz de Fora, Petrópolis (...). De 1917 a 1920 ocorreram 156 greves em São Paulo e 80 no Rio de Janeiro".

Estas greves, como em todo o mundo, eram tratadas como "caso de polícia", com prisões, torturas e deportações de vários líderes estrangeiros, não raro com assassinato de seus líderes, como ocorrera em julho de 1917 com o sapateiro Antonio Martinez e no dia 5 de maio de 1919, o tecelão Constante Castelani, líder do movimento grevista da Fiação Ipiranguinha. O Brasil também produziu seus manifestos, como o aprovado pelo Primeiro Congresso Operário Brasileiro, realizado em 1906, repelindo a transformação do 1º de maio em uma data oficial, em que se observa claramente a presença da luta de classe nas primeiras organizações sindicais brasileiras.

A Revolução de 1930, precedida de várias revoltas populares e do Movimento Tenentista, modifica o tratamento até então concedido às organizações dos trabalhadores, passando-se a compreender suas lutas como inseridas na questão social que afligia o Brasil, não mais sendo um simples "caso de polícia". Durante a Era Vargas é criado o Ministério do Trabalho, a Justiça do Trabalho, a obrigatoriedade de pagamento do salário mínimo e da assinatura da CTPS e, finalmente, o arcabouço legal que consolidava toda a legislação trabalhista e sindical aprovadas, conhecido como CLT — Consolidação das Leis Trabalhistas. E seguindo o padrão mundial, o Direito Coletivo do Trabalho reproduziu política de prevenção-reação contra a classe operária, dificultando e controlando as ações das organizações dos trabalhadores, influenciando decisivamente na forma em que o Estado e a sociedade se relacionam até hoje. Esta herança foi bem anotada por Roberto Santos, quando da XIV Conferência Nacional da Ordem dos Advogados do Brasil, realizada na cidade de Vitória, quando assim resumiu: "a CLT e a prática dos tribunais vieram mais tarde a reproduzir os preconceitos antigrevistas e antidemocráticos presentes na velha *Carta del Lavoro*".

Percebe-se, assim, que o Brasil seguiu a orientação formulada no Mundo do Capital quando estruturou o seu Direito Coletivo do Trabalho, objetivando claramente enfraquecer, desmoralizar ou desacreditar as organizações sindicais como representantes e interlocutoras confiáveis da classe trabalhadora. Para tanto, cuidou a legislação de amarrar, amordaçar e impedir o crescimento do movimento sindical, como se pode constatar dos mecanismos legais que, dentre outros, são agora apontados: a) a unicidade sindical, com a segmentação compulsória dos sindicatos por categoria estabelecida em lei; b) o imposto sindical, como desmotivador da contribuição como decorrência da ação competente, não se tornando necessária a legitimação para justificar a cobrança, pois, sendo ela compulsória; c) a proibição do direito de greve; d) a vedação à liberdade estatutária, pois os estatutos das categorias teriam que observar a estrutura organizativa prevista na CLT; e) o vocalato, como premiação ao dirigente que praticava a ação neutralizadora da atividade sindical; f) a burocracia impeditiva de livre negociação, com suas assembleias, rituais, registros e limitações; g) a fixação do conceito de data-base, com o claro objetivo de fixar o dia do conflito coletivo e limitar o alcance das normas coletivas; h) a vedação da substituição processual, que tornava ineficaz o pacto coletivo ou mesmo a busca de uma reparação coletiva no âmbito do judiciário; i) a estabilidade nominal para os dirigentes sindicais, que poderiam ter seus contratos de trabalho compulsoriamente suspensos, inclusive sua remuneração, por simples alegação de justa causa, afastando-o de sua atividade sindical pela ausência de sua única fonte de subsistência, o salário; j) fixação da competência da entidade sindical apenas para a atuação de questões relacionadas com os direitos de natureza trabalhista, coletivos ou não, impedindo qualquer atuação considerada "política"; k) e, por fim, a imposição do Poder Normativo como mecanismo de heterocomposição compulsória dos conflitos coletivos de trabalho via Justiça do Trabalho.

E seguindo a mesma lógica, assim, como nos demais países, limitou-se a atuação sindical ao campo da reivindicação meramente trabalhista, retirando da organização operária a motivação de lutar pela implantação de um mundo mais justo, igualitário e solidário. Restringindo a competência legal das organizações sindicais, a reivindicada luta de classe se transformou em matéria estranha no mundo sindical e distante do imaginário do trabalhador. E, ao transferir para o Poder Judiciário, via poder normativo, o controle da atuação sindical, os parâmetros da negociação coletiva, o alcance do direito de greve e o mérito das reivindicações, dentre outras medidas, burocratizaram-se os temas que eram típicos da ação coletiva.

O Direito Coletivo do Trabalho cumpria o seu papel de legislação-reação-prevenção, servindo para transformar os sindicatos brasileiros em órgãos de colaboração estatal, inclusive com algumas atividades típicas do Estado, como homologação de rescisão contratual, assistência médica/odontológica e empréstimos. E em face de sua eficiência política, permaneceu o Direito Coletivo do Trabalho praticamente intacto mesmo após o fim do Estado Novo e de seu criador Getúlio Vargas, conservando-se mais forte durante o longo período de ditadura militar.

A Constituição Federal de 1988, fruto de raro momento na vida da República, pretendeu modificar e revogar todo entulho autoritário que pautava a vida do brasileiro e suas entidades associativas. Não poderia ser diferente, pois ela foi concebida quando a cidadania ousou romper com o período obscuro centrado na lógica autoritária de uma ditadura militar. Gerada quando a cidadania rejeitava a intromissão externa sobre a nossa política econômica, proclamando ser inaceitável a concentração de terras improdutivas em um país de boias-frias, enquanto tenebrosas transações, furando a rígida censura à imprensa, se tornavam conhecidas da Nação. A Constituição germinada dos movimentos sociais queria se reunir em associações e sindicatos, exprimir seu pensamento, sem medo de censura, prisões ou perseguições políticas. Enfim, uma Constituição que nasceu quando a Nação queria de volta a liberdade roubada, sonhava com a igualdade ainda não conquistada e apostava na fraternidade como melhor forma de solução de conflitos.

Coerente com a afirmação da função social da propriedade, a Constituição Cidadã inscreveu o Direito ao Trabalho como princípio fundamental, constitucionalizando-se várias normas e princípios consolidados no Direito do Trabalho. O Direito Coletivo é elevado à condição de direito e garantia fundamental, reconhecendo-se, dentre outros, a liberdade estatutária, a substituição processual, a validade das convenções e acordos coletivos de trabalho, a representação dos trabalhadores por empresa e o direito de greve. Apesar dos avanços, manteve-se a unicidade sindical, o conceito de categoria, o vocalato e o imposto sindical com o ameno nome de contribuição sindical.

Infelizmente, passado o furor democrático da Constituição Federal, ou mesmo porque os preconceitos, conceitos e temores não se dissipam facilmente, aos poucos foram mantidos os velhos institutos criados para reduzir, impossibilitar ou fortalecer o Direito Coletivo do Trabalho como instrumento facilitador da ação coletiva. A legislação infraconstitucional restringiu o próprio direito de greve, transformando, sem grandes modificações, a antiga greve ilegal na atual greve abusiva. Da mesma forma, ainda não cuidou o parlamento de disciplinar o direito de greve para os servidores públicos, as regras de proteção contra a despedida imotivada e a representação dos trabalhadores nas empresas com mais de duzentos empregados.

O Poder Judiciário, na mesma linha do parlamento brasileiro, firmou entendimento de que a Constituição Federal recepcionou os instrumentos impeditivos da construção de um Direito Coletivo do Trabalho efetivamente destinado ao fortalecimento das entidades sindicais e das reivindicações dos trabalhadores. Dentre outras decisões judiciais, destacam-se as seguintes: a) a manutenção da burocracia impeditiva de livre negociação; b) o reconhecimento da data-base que faz o conflito trabalhista ter prazo, dia e regras para acontecer; c) a ideia da negociação prévia apenas como meio de prova da sua existência; d) a não incorporação das condições de trabalho anteriormente pactuadas a que se refere o § 1º do art. 114 do Estatuto Republicano; e) a necessidade de ação de cumprimento para dar eficácia à sentença normativa; f) a importação para o Direito Coletivo do Trabalho do instituto do interdito proibitório, instrumento do direito civil utilizado para proteção da propriedade; g) a fixação de multas por abusividade no exercício do constitucional direito de greve; e a limitação da liberdade estatutária, inclusive conservando o mesmo número de dirigentes protegidos pela necessária estabilidade provisória.

Não se pode esquecer, ainda, que a queda do "Muro Comunista", um ano após a Constituição Federal, fez nascer **uma nova** teoria, embalada pelo ufanismo vitorioso do Mundo do Capital. A certeza do triunfo era tão grande que o filósofo Francis Fukuyama, após a Queda do Muro de Berlim, afirmou que "a História acabou". Esta Nova Ordem Mundial utilizou como mantra a ideia de que a única opção para o crescimento era globalizar a economia e que, para isso, as relações entre Estados, mercados financeiros e cidadãos deveriam ser pautadas pela ideia de um mundo sem fronteiras. Prega-se, dentre outras, as seguintes medidas: a) transformação do Estado Social em Estado-Mínimo; b) redução da intervenção estatal na economia; c) privatizações; d) cortes de gastos sociais; e) e extinção do aparelho estatal de proteção aos direitos dos trabalhadores.

Com o fim da Guerra Fria e a derrocada do Mundo do Trabalho simbolizado pelo fim da União Soviética, a teoria de que o Direito ao Trabalho é fator de dignidade humana perde uma de suas justificativas históricas. Livre da ameaça do Mundo do Trabalho, aproveitando-se das confusas reações das organizações sindicais à perda do paradigma ideológico, o Mundo do Capital voltou a propor a retroação do Direito ao Trabalho aos seus tempos pré-históricos. A declarada vitória do Mundo do Capital Globalizado retoma o conceito do Direito ao Trabalho como "coisa", um simples e secundário elemento inserido nos custos de produção. O Direito ao Trabalho volta a ser tratado como matéria-prima inserida na mesma lista de despesas dos demais elementos constitutivos do preço de produção. E nesta construção ideológica, o Direito do Trabalho construído, regulado e legislado na Era do Estado Social recebe o tratamento de arcaico e prejudicial ao desenvolvimento dos países.

No Brasil, a legislação trabalhista, especialmente a CLT, é atacada como ultrapassada, fascista e engessadora da competitividade das empresas e seus capitais. O conceito do Direito ao Trabalho como custo de produção se fez acentuado durante o Governo Fernando Henrique Cardoso. Afinal, segundo se afirmava, caso o Brasil desejasse pertencer à Nova Ordem Mundial, deveria urgentemente reduzir o chamado "custo Brasil" (direitos e encargos trabalhistas). Reforçava-se este argumento com a afirmação de que os custos sociais brasileiros estariam entre os mais elevados do mundo. Em conclusão da drástica análise, concluía-se que o "custo Brasil" era impeditivo do aumento da produtividade e da competitividade das empresas, além de forte gerador de desemprego. Em outros termos: o Direito do Trabalho seria fator impeditivo ao ingresso do Brasil na gloriosa era da globalização, pois encarece e impossibilita a manutenção do emprego.

Não era tão difícil compreender o interesse dos globalizantes na forma em que se disciplinava o trabalho no Brasil. Afinal, o Direito ao Trabalho no Brasil goza de proteção constitucional, além de uma vasta legislação, historicamente fundada na Consolidação das Leis Trabalhistas e em uma Justiça Trabalhista especializada no conflito capital-trabalho. E era este arcabouço de proteção que precisava ser revogado ou flexibilizado. A aprovação no Governo Lula da lei de recuperação judicial, extrajudicial do empresário e da sociedade empresária (Lei n. 11.101, de 9 de fevereiro de 2005), proposta ainda no Governo FHC, é, certamente, outro exemplo claro dos tempos globalizantes. Com ela foram revogados os seguintes princípios de proteção ao trabalhador: a) o trabalhador não pode ser punido pelo risco da atividade econômica; b) já que não participa do seu lucro e não participa da sua gestão; c) na dúvida, o direito a ser reconhecido judicialmente é do trabalhador, *in dubio pro misero*; d) trabalhador é incapaz para negociar, celebrar contrato que lhe venha prejudicar; e) em caso de falência, o crédito privilegiado é do trabalhador, por ser alimentar; f) a vinculação do trabalhador é com o patrimônio da empresa; enquanto existir o patrimônio da empresa, está ali assegurado o direito do trabalhador. Este lei inverteu todas estas regras de proteção ao Direito ao Trabalho, afirmando expressamente que em caso de falência do empregador os banqueiros, não mais os trabalhadores, serão os credores privilegiados. Confirmou, ainda, que o patrimônio da massa falida não será destinado privilegiadamente aos trabalhadores, sendo ele administrado por um conselho de credor, como a participação minoritária do trabalhador (1/3 dos votos), que poderá decidir o destino dos bens.

É evidente que o Direito ao Trabalho ainda mantém um considerável peso político/econômico. O alerta, no entanto, está disparado, gerando forte reação das entidades sindicais, impedindo, em razão dela, completa revogação do conceito do Direito ao Trabalho como fator de dignidade da pessoa humana e distribuição de riquezas. A sociedade, as organizações sindicais e os trabalhadores foram decisivos quando não permitiram que o Direito ao Trabalho fosse comparado a uma matéria-prima a compor os custos da produção. Mas estas lutas estão inconclusas, afinal a mão de obra brasileira, mesmo com os encargos sociais-governamentais, é uma das mais baratas do mundo, mormente quando apenas assegura aos trabalhadores garantias mínimas. Não se pode dizer, em razão dela, que é soberba viver com um salário-mínimo, sem controle real do horário de trabalho, vendendo a saúde em troca de um adicional de insalubridade calculado sobre o salário-mínimo, ainda assim sorrindo para não ser demitido, pois seu emprego é instável e rotativo.

Explica-se, por este pequeno viés histórico, como se constituiu a atual conceituação do Direito ao Trabalho como fator de dignidade humana. Esclarece-se, pelo mesmo caminho argumentativo, o fenômeno do permanente preconceito contra as organizações operárias, ainda parcialmente compreendidas como entidades inimigas a serem controladas, reguladas ou eliminadas pelo Estado. Conclui-se, por fim, que o Direito ao Trabalho, o Direito do Trabalho e o Direito Coletivo do Trabalho nos Estados Capitalistas foram condicionados e influenciados pela ideia contraofensiva ao trabalho como fonte direta de poder, do combate ideológico ao Mundo Comunista, do legislar-prevenção-reação contra os avanços políticos da classe trabalhadora e das ideias sociais de capitalistas mais modernos e democráticos.

Resta, como conclusão, apontar que a queda do Muro de Berlim e as grandes rachaduras na Muralha de *Wall Street* deixaram o mundo órfão de teoria sobre o futuro do Direito ao Trabalho. Como já exposto, a falência do mundo que pregava a igualdade sem liberdade resultara no fortalecimento do Mundo Capitalista. A recente quebra do mundo da liberdade sem igualdade também parece significar que o triunfo da globalização financeira não era um atestado de segurança para as pessoas e para o próprio capital. Revela-se, nestas duas derrocadas, que a História não acabara, pois a ganância apenas gerou crises e escassez de recursos. O novo cenário de incertezas, crises econômicas, Estados à beira da falência e ausência de paradigmas ideológicos vitoriosos e confiáveis, certamente gerarão novas conceituações para o Direito ao Trabalho, o Direito do Trabalho e o Direito Coletivo do Trabalho. Novos conceitos estão formados pela atual geração.

Dissídio Coletivo de Trabalho

Magnus Henrique de Medeiros Farkatt [*]

I. Introdução

Este artigo tem por objetivo analisar os mais importantes institutos que compõem o Dissídio Coletivo de Trabalho no ordenamento jurídico brasileiro. Pretendemos, dessa maneira, fornecer aos operadores do direito, os instrumentos necessários para a sua atuação no Processo de Dissídio Coletivo. Não se trata, por conseguinte, de uma obra acadêmica, que discuta os fundamentos jurídicos, filosóficos ou sociológicos do tema em debate. A rigor, partimos da premissa de que o Dissídio Coletivo de Trabalho é um fato consumado, instituído pela Constituição Federal, independentemente de concordarmos ou não com a sua existência. Em sendo assim, estamos nos propondo a estabelecer os conceitos básicos relacionados a este tema, de modo a fornecer um verdadeiro "guia para a ação", a todos aqueles que se disponham a atuar na esfera dos conflitos coletivos de trabalho. Se a leitura deste artigo fornecer ferramentas adequadas para a atuação no Processo de Dissídio Coletivo, o objetivo deste artigo terá sido alcançado.

II. Conceito e Normatização

Podemos conceituar o Dissídio Coletivo de Trabalho como o Processo Judicial destinado a resolver um conflito de interesses entre os trabalhadores de uma categoria profissional, e, um conjunto de empresas que compõe uma categoria econômica a estes relacionada. Pode ocorrer, também, entre os empregados de uma

---

(*) Graduado em Direito pela Universidade Federal do Rio Grande do Norte em 1985. Advogado trabalhista desde 1986, com atuação voltada para a defesa de Sindicatos de Trabalhadores no Estado de São Paulo especialmente na área de Direito Coletivo do Trabalho. Secretário-geral e vice-presidente do Sindicato dos Advogados do Estado de São Paulo, no período de 2004 a 2009.

empresa e o seu respectivo empregador. Encontra-se previsto no art. 114 da Constituição Federal, vindo a ser disciplinado pelos arts. 856 ao 874 da CLT, no Capítulo que trata dos Dissídios Coletivos. Disciplinam, também, esta matéria, os dispositivos da Lei n. 7.783/1989, que regulamenta o exercício do direito de greve, da Lei n. 4.725/1965, da Lei n. 7.520/1986, da Lei n. 7.701/1988, da Lei n. 10.192/2001 e da Lei n. 11.648/2008.

III. Espécies de dissídios coletivos

Não existe uma classificação unânime em nossa doutrina a respeito das espécies de dissídios coletivos. Para fins meramente didáticos, adotaremos a classificação prevista no Regimento Interno do Tribunal Superior do Trabalho, que institui a figura do dissídio coletivo de natureza econômica, do dissídio coletivo de natureza jurídica e o dissídio coletivo de greve. Sobre cada uma destas espécies de dissídios coletivos discorreremos a seguir:

a. Dissídio Coletivo de Natureza Econômica: ocorre quando algum interesse da categoria profissional, ou dos trabalhadores de uma determinada empresa, relacionado às suas condições de trabalho, não é atendido pela representação patronal, cabendo ao Judiciário apreciar as reivindicações não atendidas. É o que acontece, por exemplo, quando fracassa a negociação coletiva realizada, anualmente, por ocasião da data-base de uma categoria profissional, fato que leva o sindicato dos trabalhadores a ingressar com Dissídio Coletivo de Natureza Econômica, requerendo que o Poder Judiciário defira a sua pauta de reivindicações contendo vários itens, tais como, a concessão de reajuste salarial, aumento real a título de produtividade, vale-refeição, dentre outros.

b. Dissídio Coletivo de Natureza Jurídica: aquele por meio do qual se busca a interpretação do Poder Judiciário a respeito de uma determinada cláusula inserida em norma coletiva, ou em determinado dispositivo de lei aplicável a uma categoria profissional, sobre o qual as partes divirjam. Exemplificando, existe uma Lei Estadual que vigora no Estado de São Paulo, determinando o pagamento de uma gratificação denominada *sexta-parte*, aos servidores estaduais que prestam serviços, há mais de 20 (vinte) anos. É certo que os empregados das empresas públicas e sociedades de economia mista submetidas ao controle acionário do Estado de São Paulo, não recebem a referida gratificação. Seria, portanto, absolutamente justificável a instauração de Dissídio Coletivo de Natureza Jurídica, para que a Justiça do Trabalho esclarecesse se o dispositivo de lei que institui a *sexta-parte* seria extensivo aos empregados destas empresas, ou não.

c. Dissídio Coletivo de Greve: tem a finalidade precípua de julgar se uma greve realizada pelos trabalhadores cumpriu os requisitos legais estabelecidos pela legislação de regência — Lei n. 7.783, de 1989, ou se foi realizada sem a observância destes requisitos. Caso a greve tenha sido realizada em conformidade com os dispositivos legais aplicáveis à espécie, será declarada não abusiva pelo Judiciário. Caso contrário, será declarada abusiva.

IV. LEGITIMIDADE PARA AJUIZAMENTO DO DISSÍDIO COLETIVO

A legitimidade ativa para o ajuizamento dos dissídios coletivos é conferida aos sindicatos de trabalhadores, e, na sua ausência, à federação e à confederação respectiva. Na hipótese de não existir entidade sindical representativa dos obreiros, esta legitimidade será atribuída a uma comissão de trabalhadores, em face do que dispõe o art. 857 da CLT, c/c os arts. 4º e 5º da Lei n. 7.783/1989. Quanto às Centrais Sindicais, a Lei n. 11.648/2008 que as instituiu, não lhes atribui, de forma direta, legitimidade para o ajuizamento de Dissídio Coletivo. No que diz respeito aos empregadores, a legitimidade para a instauração do Dissídio é conferida às entidades sindicais que os representem, seguida a ordem sequencial a que nos referimos anteriormente. Quando o Dissídio Coletivo disser respeito a uma única empresa, caberá a ela própria a legitimidade ativa para a instauração da Instância. Também se reveste de legitimidade para a instauração de Dissídios Coletivos o Ministério Público, havendo, no entanto, divergência quanto ao alcance desta legitimidade. Uma corrente doutrinária sustenta que o art. 114, § 3º, da Constituição Federal, determina que o Ministério Público possui legitimidade, exclusivamente, para requerer a instauração de Dissídio Coletivo de Greve em serviços ou atividades essenciais, enquanto que uma outra corrente advoga a tese de que a "Lei da Ação Civil Pública", combinada com a Lei Complementar n. 75/1993, conferiu ao *parquet* a legitimidade para instaurar Dissídios Coletivos de Greve e de natureza jurídica em todas as atividades laborativas, desde que esteja presente o interesse público. Do meu ponto de vista, razão assiste à primeira corrente doutrinária. Isto porque a nova redação conferida ao art. 114 da Carta Política, decorrente da Emenda Constitucional n. 45, é precisa ao limitar a atuação do *parquet* às greves em serviços ou atividades essenciais. Considerando que a Emenda Constitucional n. 45 é posterior à "Lei da Ação Civil Pública" e à Lei Complementar n. 75, não existe a menor consistência em defender que a legislação ordinária ampliou a legitimidade prevista pelo texto constitucional. Registre-se, finalmente, que não é mais admissível a propositura de Dissídio Coletivo pelo Presidente do Tribunal do Trabalho em cuja jurisdição ocorra o conflito, em face da instituição do princípio da liberdade e autonomia sindical, consagrado no art. 8º da Constituição da República.

V. COMPETÊNCIA JURISDICIONAL

A competência originária para o julgamento dos Dissídios Coletivos é dos Tribunais Regionais do Trabalho, sempre que o conflito de interesses ocorrer em sua jurisdição. De outra parte, esta competência será atribuída ao Tribunal Superior do Trabalho, quando o litígio ocorrer em âmbito nacional, e ainda, quando o conflito acontecer na jurisdição de 2 (dois) ou mais TRTs. No caso específico do Estado de São Paulo, que é a única unidade da Federação a possuir 2 (dois) Tribunais do Trabalho, quais sejam, os TRTs da 2ª e da 15ª Região, na hipótese de um conflito se estender pela jurisdição de ambos os Tribunais, será competente para julgamento do Dissídio o TRT da 2ª Região, em face do que dispõe a Lei n. 7.520/1986. É importante observar, finalmente, que, o julgamento dos Dissídios Coletivos é realizado por um Órgão Especializado de cada Tribunal do Trabalho, denominado Seção Especializada em Dissídios Coletivos.

VI. Pressupostos processuais para a instauração da Instância

Os pressupostos processuais se constituem nos requisitos a serem observados para a instauração do Dissídio Coletivo, sem os quais não é possível o válido e regular desenvolvimento do Processo. Isto significa dizer que a sua não observância pelas partes do conflito conduzirá à extinção do *feito* sem resolução do mérito. A seguir, analisaremos os mais importantes pressupostos processuais de cada uma das modalidades de Dissídios Coletivos de Trabalho.

VI.1. Dissídio coletivo de natureza econômica

a. *Esgotamento da negociação coletiva entre as partes*: de acordo com o que determina o art. 114, § 2º, da Constituição Federal, a instauração do Dissídio Coletivo de Natureza Econômica deverá, obrigatoriamente, ser precedida, do esgotamento da negociação coletiva entre as partes do conflito. Esta negociação poderá ser direta ou se realizar por mediação do Ministério do Trabalho, assim como de um outro Órgão Público ou Privado. Apenas na hipótese de fracassar a negociação prévia, as partes estarão autorizadas a requerer a instauração da Instância Coletiva.

b. *Não utilização do Juízo Arbitral para compor o conflito*: o art. 114, § 2º, da Carta Política faculta às partes do conflito elegerem árbitros públicos ou privados, para solucionarem o litígio. Se lançarem mão desta prerrogativa, não poderão instaurar o Dissídio Coletivo de Natureza Econômica, até porque a sentença arbitral faz *coisa julgada* entre as partes, não comportando recurso para qualquer Instância, Judicial ou Extrajudicial.

c. *Autorização assemblear para a instauração do Dissídio*: por força do que dispõe o art. 859 da CLT, os sindicatos só poderão requerer a instauração do Dissídio Coletivo, se autorizados por assembleia geral das categorias representadas. Registre-se, por oportuno, que o art. 859 da CLT estabelece que o quórum para que seja aprovada a instauração do Dissídio Coletivo é de 2/3 (dois terços) dos associados ao Sindicato, em 1ª convocação, ou de 2/3 (dois terços) dos presentes à assembleia, em 2ª convocação. A interpretação predominante na doutrina e jurisprudência a respeito desta matéria é que, o art. 859 da CLT foi, parcialmente derrogado pelo art. 8º, *caput*, da Constituição Federal, que institui o princípio da autonomia sindical. Isto porque, se os Sindicatos são livres para se organizarem independentemente da intervenção do Estado, não caberia a um dispositivo de lei definir o quórum de aprovação de uma assembleia sindical. Por consequência, a partir da promulgação da Carta Constitucional de 1988, passou a vigorar o entendimento de que o quórum para a aprovação da instauração do Dissídio Coletivo é aquele definido pelo estatuto social do sindicato interessado, estando afastado, por conseguinte, o quórum estatuído pelo art. 859 da CLT.

d. Observância das formalidades contidas no estatuto social do Sindicato para a instauração da Instância: em geral, os estatutos dos Sindicatos estabelecem uma série de formalidades a serem observadas, para que seja requerida a instauração do Dissídio Coletivo de Trabalho. É comum, por exemplo, a exigência de que a assembleia-geral, que irá deliberar sobre a instauração da Instância, seja convocada por meio de edital publicado em jornal de grande circulação, na base territorial do Sindicato; é frequente, por outro lado, a exigência de que transcorra um determinado prazo entre a data de convocação e o dia da realização da assembleia, além de outros requisitos que variam de entidade para entidade. Obviamente que a instauração do Dissídio Coletivo está condicionada à observância destas formalidades, sem as quais o Processo não terá válida formação e desenvolvimento.

e. Instauração do Dissídio Coletivo no prazo de 60 dias que antecedem o término da Norma Coletiva em vigor: o art. 616, § 3º, da CLT determina que em havendo Norma Coletiva em vigor o Dissídio Coletivo de Natureza Econômica deverá ser instaurado no prazo de 60 (sessenta) dias que antecedem o seu término. Se este prazo não for observado, o Dissídio Coletivo poderá ser instaurado, entretanto, ao invés de a sentença normativa passar a vigorar no dia imediatamente posterior ao término da Norma Coletiva que será substituída, passará a viger, somente, a partir da data da publicação da decisão que compôs o litígio. Registre-se, por oportuno, que a jurisprudência tem admitido a propositura de Protesto Judicial Para Manutenção de Data-Base, com o objetivo de garantir que a sentença normativa que venha a julgar o Dissídio Coletivo, passe a vigorar no dia imediatamente posterior à Norma Coletiva que será substituída, ainda que a Instância não tenha sido instaurada no prazo de 60 (sessenta) dias a que alude o art. 616, § 3º, da CLT. Entretanto, o deferimento do Protesto Judicial está condicionado à comprovação de que as partes não conseguiram concluir a negociação coletiva de trabalho em tempo hábil, e que continuam negociando a solução do litígio. Em sendo feita esta comprovação, é admissível a instauração da Instância em até 30 (trinta) dias, posteriores ao término da vigência da Norma Coletiva a ser substituída, ficando preservada, nestes casos, a data-base da categoria profissional respectiva.

f. Existência de "comum acordo" entre os litigantes para a instauração da Instância: trata-se de inovação criada pela Emenda Constitucional n. 45, que conferiu nova redação ao art. 114 da Constituição Federal. A partir de sua aprovação, surgiram duas correntes de opinião a respeito do requisito do "comum acordo". A primeira sustenta a tese de que "a existência de comum acordo entre os litigantes" se constitui em *pressuposto processual* necessário à instauração do dissídio coletivo de natureza econômica, sendo este o entendimento consagrado pelo TST. A segunda tese considera que o "comum acordo" entre os litigantes se constitui em uma *faculdade* atribuída às partes do litígio, caso desejem que o conflito seja decidido pela Justiça do Trabalho na condição de Juízo Arbitral. Todavia, se as partes não optarem pela escolha do Juízo Arbitral poderão, individualmente, suscitar o dissídio coletivo de natureza econômica, que deverá ser julgado pela Justiça do Trabalho, independentemente da concordância da parte contrária. Esta segunda corrente de pensamento é adotada pelo TRT da 2ª Região, sendo, do meu ponto de vista, a mais adequada interpretação a respeito da exigência do "comum acordo", para a instauração do dissídio coletivo de natureza econômica. Registre-se, por oportuno, que a solução do conflito por intermédio do Juízo Arbitral é substancialmente diferente da solução do litígio por intermédio do Processo de Dissídio Coletivo. Isto porque no procedimento utilizado pelo Juízo Arbitral, cada uma das partes deverá apresentar uma proposta de solução do litígio, cabendo ao árbitro decidir por uma delas. Por outro lado, a decisão do Dissídio Coletivo será feita a partir do exame da pauta de reivindicações dos trabalhadores, que poderá ser deferida parcialmente, totalmente, ou completamente indeferida. A decisão proferida pelo Juízo Arbitral não comporta recurso a qualquer Instância Superior, Judicial ou Extrajudicial, enquanto que a sentença proferida no Dissídio Coletivo admite Recurso à Superior instância. Por conseguinte, a opção pelo Juízo Arbitral ou pelo Processo de Dissídio Coletivo apresenta diferenças marcantes, que deverão ser levadas em conta pelas partes no momento de optarem pelo caminho processual a ser seguido.

g. Representação na qual estejam qualificados o suscitante e o suscitado, contendo uma exposição sumária do litígio, bem como o rol de reivindicações dos trabalhadores, devidamente justificadas. Cuida-se de requisito instituído pelo art. 858 da CLT, excetuada a apresentação de justificativa para cada uma das reivindicações, prevista na revogada Instrução Normativa n. 4, do Tribunal Superior do Trabalho. Apesar da revogação da Instrução Normativa n. 4, a jurisprudência continua a exigir que as reivindicações do suscitante sejam devidamente justificadas. A justificativa da cláusula deve ser apresentada de forma sintética, expondo, resumidamente, os motivos que fundamentam a reivindicação, de modo a fornecer ao Órgão Julgador os elementos necessários para o julgamento do pedido.

Estes, por conseguinte, os pressupostos processuais mais importantes a serem observados para a instauração de um Dissídio Coletivo de Natureza Econômica.

VI.2. Dissídio coletivo de greve

Diversamente do que ocorre com o Dissídio Coletivo de Natureza Econômica, que contém uma série de requisitos necessários à sua regular instauração, o Dissídio

Coletivo de Greve apresenta três *pressupostos processuais* indispensáveis para que seja instaurado. O primeiro deles consiste na aprovação de um movimento paredista pelos trabalhadores de uma empresa ou de uma categoria profissional determinada. Quanto ao segundo *pressuposto*, diz respeito à representação apresentada pelo suscitante, que deverá conter uma exposição sumária do litígio, além de qualificar, corretamente, as partes, e formular um pedido para o julgamento da greve. No que diz respeito ao terceiro pressuposto, está relacionado à necessidade de autorização assemblear para a instauração da Instância, com a observância do quórum da assembleia e demais formalidades previstas no estatuto da entidade suscitante para que o Dissídio Coletivo de Greve venha a ser ajuizado. É certo que este terceiro pressuposto não se aplica ao Ministério Público, que quando estiver legitimado para requerer a Instauração da Instância Coletiva não dependerá de autorização de quaisquer das partes do litígio para fazê-lo.

VI.3. Dissídio coletivo de natureza jurídica

A instauração de Dissídio Coletivo de Natureza Jurídica tem como primeiro pressuposto, a divergência de interpretação a respeito de uma cláusula normativa, ou de um dispositivo de lei aplicável a determinada categoria profissional. Caracterizada esta divergência de interpretação, a Instância deverá ser instaurada, observando-se todos os requisitos estabelecidos no estatuto do suscitante. Polêmica subsiste sobre a necessidade de autorização assemblear para a instauração do Dissídio Coletivo de Natureza Jurídica. Uma corrente de opinião sustenta que esta autorização é imprescindível, com base no que dispõe o art. 859 da CLT. Por outro lado, uma segunda corrente defende que o dispositivo em referência é inaplicável à espécie. Em sendo assim, a instauração do Dissídio Coletivo de Natureza Jurídica prescindiria da autorização da assembleia dos representados. Este último entendimento nos parece o mais adequado ao tema em debate. Quanto aos demais pressupostos processuais relativos ao Dissídio Coletivo de Natureza Econômica, são inaplicáveis à hipótese vertente.

VII. A petição inicial

No âmbito do Processo de Dissídio Coletivo a petição inicial é designada como *representação*. De acordo com o que já expusemos em tópicos anteriores, qualquer que seja a modalidade do Dissídio Coletivo, a *representação* deverá qualificar as partes, especificando, inclusive, a sua base territorial de atuação, além de conter uma exposição sumária do litígio. Em se tratando de Dissídios Coletivos de Natureza Econômica, não é demais lembrar que a *representação* deverá conter todas as reivindicações dos trabalhadores, de forma individualizada e justificada. Quanto ao Dissídio Coletivo de Greve, o pedido deverá consistir na declaração de abusividade ou não abusividade do movimento paredista. Finalmente, no que diz respeito ao

Dissídio Coletivo de Natureza Jurídica, deverá ser pleiteado que o Tribunal fixe a correta interpretação a respeito de uma cláusula normativa ou sobre dispositivo de lei aplicável a uma determinada categoria profissional ou econômica. Imprescindível, também, nas 3 (três) espécies de Dissídios Coletivos, o requerimento para a produção de provas e que seja atribuído um valor à causa.

VIII. A DEFESA

Deverá ser apresentada na audiência de conciliação e instrução, em uma única peça, na qual serão arguidas as exceções, as preliminares e a contestação de mérito. Podem ser arguidas exceções de incompetência, de suspeição e de impedimento do Órgão Julgador. Quanto às preliminares, normalmente, serão aduzidas sempre que não forem observados os pressupostos processuais necessários à instauração do Dissídio Coletivo, e, ainda, sempre que não forem observadas as condições da Ação, quais sejam, impossibilidade jurídica do pedido, ilegitimidade de parte, falta de interesse de agir. Quanto ao mérito, nos Dissídios Coletivos de Natureza Econômica, as alegações da contestação dizem respeito, quase sempre, à impossibilidade material das empresas de suportarem as reivindicações formuladas pelo suscitante. Independentemente desta argumentação de caráter geral, todos os itens da pauta reivindicatória devem ser objeto de contestação específica, até porque a pauta reivindicatória vai ser apreciada item a item. Em se tratando de Dissídio Coletivo de Greve, se a parte suscitada for uma entidade de trabalhadores deverá arguir o cumprimento das formalidades necessárias ao regular exercício do direito paredista e à não abusividade da paralisação. Caso a parte suscitada seja uma entidade de empregadores, na maior parte das vezes, o que se alega é o descumprimento dos requisitos necessários ao regular exercício do direito de greve, sustentando-se, ao final, a abusividade da *parede*. Por outro lado, nos Dissídios Coletivos de Natureza Jurídica, o suscitado deverá ofertar, na defesa, a sua interpretação a respeito da cláusula ou dispositivo de lei sobre o qual existe uma controvérsia, pugnando para que a sua interpretação seja recepcionada pelo Órgão Julgador. Registre-se, finalmente, que existem duas correntes que se opõem quanto ao instituto da *reconvenção* no Processo Coletivo do Trabalho. Uma primeira que admite a sua existência e uma segunda que a rejeita, por considerá-la incompatível com o Dissídio Coletivo. Em nossa opinião, razão assiste àqueles que consideram ser a *reconvenção* incompatível com o Processo Coletivo, por prolongar, injustificadamente, a solução dos litígios. Tome-se como exemplo o Dissídio Coletivo de Greve em serviços ou atividades essenciais. Trata-se de conflitos que estão a exigir uma solução rápida, sob pena de terem causado enormes prejuízos à população envolvida. Se na audiência de conciliação e instrução que, normalmente, é realizada na véspera da deflagração de um movimento paredista, for permitida a propositura de *reconvenção*, a audiência teria que ser adiada para oferecimento de defesa por parte do *reconvindo*. Este adiamento inviabilizaria a célere composição do conflito, o que demonstra a incompatibilidade do instituto da *reconvenção* com o Processo Coletivo do Trabalho. É importante esclarecer que se a parte suscitada for uma entidade de trabalhadores, poderá apresentar suas reivindicações no corpo da defesa, na forma de *pedido contraposto*, com base no que dispõe o art. 278, § 1º, do Código de Processo Civil. De se concluir, portanto, que, a ausência da *reconvenção* não traz quaisquer prejuízos às partes envolvidas no litígio, o que reforça a sua desnecessidade na esfera do Dissídio Coletivo.

IX. A FASE CONCILIATÓRIA E INSTRUTÓRIA

A teor do que determina o art. 860 da CLT, protocolada a *representação*, o Presidente do Tribunal designará audiência de conciliação no prazo de 10 (dez) dias. A audiência de conciliação será realizada ainda que ausente uma das partes, ou ambas as partes do conflito. Na hipótese da parte suscitada não comparecer à audiência, deixando, portanto, de apresentar defesa, será decretada a sua revelia; no entanto, não será aplicável a confissão, por ser incompatível com o Processo Coletivo do Trabalho. Comparecendo ambas as partes à audiência, se faz necessário um esclarecimento a respeito do pressuposto do "comum acordo", para a instauração de Dissídio Coletivo de Natureza Econômica. O Tribunal Superior do Trabalho firmou o entendimento de que não é necessário que as partes do litígio assinem, conjuntamente, a *representação*, para que se caracterize o "comum acordo" para a instauração da Instância Coletiva. Para que se materialize o "comum acordo" basta que o suscitante protocole, de forma individualizada, a *representação*, e que o suscitado não se manifeste contrário à instauração do Dissídio Coletivo de Natureza Econômica. A manifestação de discordância quanto à instauração do Dissídio Coletivo de Natureza Econômica deverá ser feita no início da audiência e reiterada na defesa, sob pena de o Dissídio Coletivo vir a ser regularmente processado. Havendo conciliação entre as partes, será lavrado um termo do ajuste na ata de audiência, cabendo ao Ministério Público exarar parecer a respeito da legalidade do acordo celebrado. Ato contínuo, será sorteado um desembargador-relator do *feito*, que deverá levar o acordo para a homologação na Seção de Dissídios Coletivos do Tribunal competente. Todavia, se não houver celebração de acordo, há que se responder se o Dissídio Coletivo comportará a instrução processual. A esse respeito formaram-se duas correntes doutrinárias em sentido oposto: uma primeira sustentando que o Processo Coletivo do Trabalho não comporta uma fase instrutória, justificando-se, tão somente, a juntada de alguns documentos; uma segunda corrente doutrinária defende que existe sim, uma instrução probatória, na qual é admissível a produção de todos os meios de prova em direito admitidos. Registre--se, por oportuno, que, o único dispositivo de lei que se refere à produção de provas no Processo Coletivo do Trabalho é o art. 864 da CLT, que determina que, não havendo acordo, ou não comparecendo uma ou ambas as partes à audiência, o processo será levado a julgamento depois que foram realizadas as diligências que o Instrutor entender necessárias. Em que pese não existir uma previsão legal minuciosa a respeito dos meios de prova admitidos no Processo Coletivo, a minha interpretação é de que este dispositivo autoriza a produção de todos os meios de prova para a solução do litígio, desde a oitiva de partes e testemunhas, a realização de perícia técnica, a inspeção judicial nos locais de trabalho, a produção de prova documental, dentre outros. Inúmeros são os casos em que a produção de provas se justifica, a começar pela necessidade de comprovação dos pressupostos processuais exigidos para a Instauração do Dissídio Coletivo. Afinal, como demonstrar que houve exaurimento da negociação prévia entre as partes, ou, ainda, se a instauração da Instância foi aprovada por meio de assembleia-geral, se esta assembleia ocorreu em conformidade com o estatuto da entidade sindical respectiva, se não houver a juntada de documentos comprobatórios destes fatos? De outra parte, como o Órgão Julgador irá decidir pela abusividade ou não abusividade do movimento paredista sem que esteja comprovado nos autos, por meio de certidão de oficial de justiça ou de inspeção judicial, se uma medida liminar determinando o funcionamento parcial de uma empresa para o atendimento das necessidades inadiáveis da população durante a greve, foi cumprida ou não? E mais ainda. Como verificar se a concessão de aumento real aos empregados de uma empresa se justifica, sem que se realize perícia técnica para aferir se a sua produtividade aumentou no período em análise? Todas estas questões estão a demonstrar que não existe possibilidade de solução adequada do Dissídio Coletivo sem que haja uma regular instrução probatória. Entretanto, apesar de ser necessária uma instrução probatória no Processo Coletivo do Trabalho, é importante ressaltar que as partes só estão obrigadas a produzir provas dos fatos relacionados aos pressupostos processuais e às condições da Ação. Vale dizer, deverão comprovar a aprovação da pauta de reivindicações por meio da assembleia-geral, o exaurimento da negociação prévia, a instauração do Dissídio Coletivo dentro do prazo estatuído em lei etc. Todavia, não estão obrigadas a produzir prova das alegações que apresentam, no que diz respeito ao mérito da causa. Ou seja, as alegações relacionadas às condições de trabalho da categoria profissional e econômica envolvidas no litígio, assim como as condições em que uma greve foi exercida. Isso porque o art. 864 da CLT atribui ao magistrado instrutor do *feito*, e não às partes, o poder de realizar as diligências necessárias para o julgamento do litígio. Isto não significa dizer que as partes não possam produzir provas relacionadas ao mérito da causa. A rigor, devem fazê-lo para subsidiar o Órgão Julgador na compreensão do conflito de interesses em análise. Todavia, a obrigação legal de fazê-lo não lhes é atribuída, o que nos leva a concluir que a carga do ônus da prova não se aplica às matérias de mérito no Dissídio Coletivo de Trabalho.

X. O JULGAMENTO DO DISSÍDIO COLETIVO DE NATUREZA ECONÔMICA

Ao julgar o Dissídio Coletivo de Natureza Econômica, o Tribunal competente deverá aplicar o Juízo de *equidade* para decidir o conflito. Entretanto, a sentença normativa deverá ser fundamentada, a teor do que dispõe a Lei n. 7.701/1988. Por juízo de *equidade* deve-se entender o julgamento baseado no senso de justiça do julgador, que terá a liberdade para analisar o conflito coletivo e criar normas que passarão a reger as relações de trabalho entre as partes litigantes. A faculdade atribuída à Justiça do Trabalho de criar normas que deverão reger as relações laborais de um categoria profissional e econômica é denominada Poder Normativo da Justiça do Trabalho. Trata-se de uma atividade absolutamente distinta da atividade jurisdicional propriamente dita. Sim, porque, enquanto na atividade jurisdicional propriamente dita o julgador aplica uma lei já existente a um caso concreto, no exercício do Poder Normativo ele cria a Norma a ser aplicada a uma situação específica, exercendo autêntico papel de legislador. Exemplificando: se um empregador deixa de remunerar horas-extras devidamente cumpridas por seu empregado, caberá ao Juiz aplicar o art. 7º, incisos XIV e XVI, da Constituição Federal, e condenar o devedor ao pagamento da sobrejornada. Por outro lado, se vier a ser suscitado um Dissídio Coletivo de Natureza Econômica contendo uma série de reivindicações dos trabalhadores, não existe um norma jurídica a ser aplicada para solucionar o conflito. A rigor, o conflito será decidido a partir da criação de normas fixadas pelo Órgão Judicante, que determinará, por exemplo, o índice de reajuste salarial a ser aplicado às categorias litigantes, o aumento real a título de produtividade deferido, a concessão de benefícios como o vale-refeição e a cesta básica, dentre outros. Trata-se, por conseguinte, de atividade distinta da atividade jurisdicional propriamente dita, constituindo-se em uma prerrogativa exclusiva do Judiciário Trabalhista. Questão controvertida na doutrina e na jurisprudência diz respeito ao *alcance do Poder Normativo*, que define as matérias sobre as quais ele pode incidir. A este respeito formaram-se 3 (três) correntes de opinião, a saber: uma primeira advoga a tese de que o Poder Normativo pode ser exercido amplamente, para conceder quaisquer direitos aos trabalhadores, desde que em patamares superiores aos fixados por lei, pela Constituição Federal ou por Norma Coletiva anterior. É o que ocorre, por exemplo, quando um Tribunal do Trabalho defere o adicional noturno em valor correspondente a 50% (cinquenta por cento) sobre o valor da hora normal, superando o percentual estipulado em lei que é de 20% (vinte por cento). Uma segunda corrente de opinião sustenta que o Poder Normativo só pode ser exercido nos casos em que a lei, expressamente, autoriza. Exemplificando, é o que acontece com o adicional de horas-extras, que corresponderá, no mínimo, a 50% (cinquenta por cento) sobre o valor da hora normal, a teor do que dispõe o art. 7º, XVI, da Constituição Federal. Considerando que, neste caso, foi estipulado um valor mínimo para a remuneração das horas-extras, seria admissível que este percentual fosse ampliado por meio do exercício do Poder Normativo. Por fim, a terceira corrente de opinião defende a tese de que o Poder Normativo só poderá ser exercido no "vazio da lei", ou seja, na hipótese de não existir disposição legal a respeito de determinada matéria. É o que acontece com as reivindicações específicas de cada categoria profissional, tais como o *adicional de risco de vida*, garantido aos agentes de segurança e agentes de estação que trabalham nas bilheterias do METRÔ de São

Paulo. Considerando que este adicional não é previsto em lei, seria admissível deferi-lo mediante o exercício do Poder Normativo da Justiça do Trabalho. Atualmente, tem prevalecido, tanto no âmbito dos TRTs quanto na esfera do TST, a tese de que o Poder Normativo pode ser exercido de forma ampla, desde que defira reivindicações aos trabalhadores em patamares superiores aos fixados por lei, pela Constituição Federal ou por Norma Coletiva anterior. Em que pese estar prevalecendo a tese de que o Poder Normativo pode versar sobre qualquer matéria, é importante ressaltar que ele tem alguns limites. Vale dizer, não pode ser exercido pelo Órgão Julgador sem a observância de determinados requisitos estabelecidos por lei ou pela Constituição Federal. Dentre os limites fixados para o exercício do Poder Normativo, destaca-se a impossibilidade de se reduzir ou suprimir conquistas estipuladas em Acordo ou Convenção Coletiva anterior, em face do que dispõe o art. 114, § 2º, da Carta Política. No que diz respeito ao reajuste salarial, não poderá estar vinculado a Índices de Preços, tais como INPC, ICV, IPC, dentre outros, por força do que determina a Lei n. 10.192/2001. O aumento real a título de produtividade deverá estar amparado em parâmetros objetivos, sendo vedada a sua concessão de modo arbitrário. Especial destaque merecem os Dissídios Coletivos na Administração Pública, por se tratar de uma das matérias mais controversas relacionadas ao tema em análise. A este respeito é importante registrar que existe uma corrente doutrinária e jurisprudencial que sustenta a inaplicabilidade dos Dissídios Coletivos aos servidores públicos. Entretanto, a interpretação que prevalece no âmbito do Supremo Tribunal Federal a respeito desta temática consiste, basicamente, no seguinte: a) é admissível o Dissídio Coletivo de Greve, destinado a julgar as paralisações dos servidores públicos; b) é admissível a instauração de dissídios coletivos de natureza econômica, podendo os Tribunais do Trabalho, deferir reivindicações que não importem em reajuste de salários ou concessão de vantagens de conteúdo econômico; c) as reivindicações de conteúdo econômico, especialmente o reajuste de salários, a concessão de aumento real a título de produtividade, dentre outros, devem ser fixadas por Lei de Iniciativa do Poder Executivo; d) é admissível a instauração dos dissídios coletivos de natureza jurídica. Estas são as observações mais relevantes a respeito do julgamento dos Dissídios Coletivos de Natureza Econômica, assim como sobre o alcance das decisões a serem proferidas no Processo Coletivo do Trabalho.

XI. O JULGAMENTO DO DISSÍDIO COLETIVO DE GREVE

O art. 9º da Constituição Federal brasileira assegura a todos os trabalhadores o direito de greve que, no entanto, deverá ser exercido observando-se os limites da lei. Com o objetivo de regulamentar o exercício do direito paredista, especiamente nos serviços e atividades essenciais, veio a ser promulgada a Lei n. 7.783/1989. Este Diploma Legal estabelece uma série de requisitos a serem cumpridos durante uma paralisação, para que o seu exercício seja considerado legítimo. O julgamento do Dissídio Coletivo de Greve tem por objetivo declarar se uma paralisação foi realizada em conformidade com a lei, ou se violou os dispositivos legais aplicáveis ao direito paredista. Por conseguinte, se a greve ocorreu de acordo com as determinações legais, será declarada *não abusiva* para todos os fins e efeitos de direito. Em caso contrário, na hipótese de ter sido realizada em desconformidade com a legislação de regência, será declarada *abusiva*. De acordo com a Lei n. 7.783/1989, devem ser observados os seguintes requisitos para que o exercício do direito de greve seja considerado *não abusivo*: exaurimento da negociação coletiva entre os litigantes, assim como a aprovação da *parede* por meio de assembleia dos trabalhadores, nos termos do estatuto da entidade sindical respectiva. Além disso, deverá ser expedida uma notificação prévia à empresa, comunicando a realização da greve, com 48 (quarenta e oito) horas de antecedência. Em se tratando de serviços e atividades essenciais este comunicado deverá ser efetuado, simultaneamente, à empresa e à população atingida, 72 (setenta e duas) horas antes da realização da *parede*. Ainda no que diz respeito aos serviços e atividades essenciais, a greve deverá ser realizada garantindo-se, todavia, o atendimento às necessidades inadiáveis da comunidade, que são aquelas que se não forem observadas colocarão em perigo iminente a sobrevivência, a saúde e a segurança da população. A inobservância de quaisquer destes requisitos, em regra geral, conduz à declaração de *abusividade* do movimento paredista. Em circunstâncias excepcionais, a Justiça do Trabalho tem julgado *não abusiva* a greve que não observe alguma das determinações estatuídas pela Lei n. 7.783/1989. É importante ressaltar que a declaração de *abusividade* da greve não prejudica o exame e deferimento das reivindicações dos trabalhadores, que deram causa ao movimento paredista. Entretanto, traz como consequência o desconto dos dias parados, bem como a supressão da estabilidade no emprego, de 60 (sessenta) dias, garantida pelos Tribunais do Trabalho após o julgamento do conflito. É necessário observar que, além da repercussão na seara trabalhista, uma greve julgada *abusiva* poderá produzir efeitos nas esferas civil e penal. Inúmeros são os casos de Ações Civis Públicas propostas com o objetivo de condenar os sindicatos de trabalhadores ao pagamento de multas e indenizações milionárias, pelo não atendimento das necessidades inadiáveis da população durante as greves em atividades essenciais. Além das demandas de natureza civil, o Ministério Público tem proposto várias Ações Penais em face dos dirigentes dos sindicatos, acusando-os da prática de crime de desobediência. Isto porque não puderam cumprir decisões judiciais que obrigam os trabalhadores a manterem em funcionamento grande parte das empresas durante a paralisação, para a garantia das necessidades inadiáveis da comunidade. Afirmamos, com elevado grau de consternação, que a utilização destes instrumentos vem ocorrendo de forma sistemática, com o nítido objetivo de cercear o exercício do direito de greve, o que se revela injustificável em uma sociedade democrática.

XII. O JULGAMENTO DO DISSÍDIO COLETIVO DE NATUREZA JURÍDICA

De acordo com o que já expusemos em tópicos anteriores, o Dissídio Coletivo de Natureza Jurídica tem por finalidade obter, da Justiça do Trabalho, a correta interpretação a respeito de uma cláusula normativa, ou de um dispositivo de lei aplicável a determinada categoria profissional e econômica. Por conseguinte, a sentença normativa a ser prolatada nesta modalidade de Dissídio Coletivo, se limitará a fixar a interpretação adequada a respeito da cláusula ou dispositivo legal sobre o qual as partes controvertem. Esta sentença se reveste de conteúdo declaratório, não tendo, por consequência, natureza constitutiva ou condenatória.

XIII. Vigência da sentença normativa

Nos Dissídios Coletivos de Natureza Econômica, instaurados no prazo de 60 (sessenta) dias que antecedem a data-base da categoria profissional, a sentença normativa passa a viger no dia imediatamente posterior ao término da Norma Coletiva que será substituída. Na hipótese de este prazo não ser observado, a sentença normativa passa a vigorar a partir da data de sua publicação. Nos Dissídios Coletivos de Greve, nos Dissídios Coletivos de Natureza Jurídica e nos Dissídios Coletivos Originários, instaurados pela categoria profissional que ainda não está protegida por Norma Coletiva, a sentença normativa também passa a vigorar a partir da data em que for publicada. Finalmente, de se ressaltar que nos Dissídios Coletivos Revisionais, instaurados para a revisão de uma Norma Coletiva que se encontra em vigor, em decorrência do surgimento de fato superveniente que alterou, de forma substancial, as condições de trabalho e salário das categorias abrangidas, a sua vigência se inicia a partir da data em que foi ajuizado na Justiça do Trabalho. Quanto ao prazo de vigência da sentença normativa, a legislação não fixa um limite mínimo para a sua existência. Todavia, determina um limite máximo, estabelecendo que a norma coletiva não poderá ultrapassar 4 (quatro) anos. É certo que a maior parte dos Tribunais do Trabalho tem fixado um período de vigência da sentença normativa correspondente a 1 (um) ano.

XIV. Recursos interponíveis

A sentença normativa tem aplicabilidade imediata, alcançando todos os membros das categorias profissional e econômica representadas no Dissídio Coletivo. Poderá ser impugnada mediante Embargos Declaratórios, Recurso Ordinário e, finalmente, Embargos Infringentes, em se tratando de decisão, não unânime, proferida em Dissídio Coletivo de competência Originária do Tribunal Superior do Trabalho. Todos os Recursos interpostos em sede de Dissídio Coletivo são recebidos no efeito meramente devolutivo. Contudo, o Presidente do TST poderá conceder-lhes efeito suspensivo, por meio de procedimento específico, regulamentado pelo Regimento Interno daquela Corte, de acordo com os critérios de conveniência e oportunidade que entender aplicáveis ao caso concreto.

XV. Cumprimento da sentença normativa

Havendo descumprimento da sentença normativa pela empresa ou pela categoria econômica, o art. 14, parágrafo único, inciso I, da Lei n. 7.783/1989, autoriza os trabalhadores a realizarem uma greve para que a norma coletiva seja regularmente cumprida. Este entendimento é combatido por uma parcela da jurisprudência existente sobre a matéria, que defende a tese de que caso se observe o inadimplemento da sentença normativa, esta será exigível, exclusivamente, pela via da *Ação de Cumprimento*, a que alude o art. 872 da CLT. Particularmente, divirjo desta interpretação. A rigor, os trabalhadores tanto podem optar pela realização de uma greve, quanto pela propositura de uma Ação de Cumprimento, para fazer cumprir a sentença normativa inadimplida. No que diz respeito à Ação de Cumprimento, possui natureza condenatória, não se revestindo, portanto, de eficácia executiva. Por meio desta Demanda, o sindicato deverá comprovar o descumprimento da sentença, postulando que o requerido seja condenado a cumprir a norma inadimplida. Por consequência, somente a partir do *trânsito em julgado* da sentença proferida na Ação de Cumprimento, é que terá início a fase de execução. Registre-se, por fim, que a sentença proferida em Ação de Cumprimento beneficiará todos os trabalhadores da categoria profissional ou da empresa inadimplente, conforme o caso.

Conclusão

Os Dissídios Coletivos se constituem em uma das matérias mais controvertidas no âmbito do Direito Trabalhista. Uma corrente doutrinária defende a sua extinção, sob o argumento de que é necessário suprimir a intervenção do Estado nas relações de trabalho. Esta intervenção se manifestaria sempre que o Poder Judiciário prolata uma sentença normativa, deferindo aos trabalhadores, "de modo paternalista", uma série de conquistas que deveriam auferir a partir da luta sindical. Com a supressão do Poder Normativo, caberia às partes do conflito resolver o litígio, sem que o Estado tivesse qualquer participação na elaboração da Norma Coletiva. Curiosamente, aqueles que são partidários desta corrente de opinião, defendem o fim dos Dissídios Coletivos de Natureza Econômica e de Natureza Jurídica, todavia, continuam a sustentar a manutenção dos Dissídios Coletivos de Greve. Vale dizer, a supressão do papel do Estado nas relações de trabalho só viria a ocorrer para impedir o Poder Judiciário de atender reivindicações dos trabalhadores. Por outro lado, esta intervenção continuaria para manter sob controle os movimentos paredistas, posição que, evidentemente, beneficia a classe empresarial. Em sentido inverso, existe uma outra corrente doutrinária que sustenta a manutenção dos Dissídios Coletivos. Para esta corrente de opinião não é possível olvidar que nos países em que o Dissídio Coletivo foi suprimido as partes do conflito negociam em situação de muito maior equilíbrio. Especialmente nos países da Europa, os trabalhadores detêm uma série de garantias que favorecem a sua liberdade de organização e luta, como a proibição da dispensa imotivada, que ainda não foi assegurada aos trabalhadores brasileiros. De se ressaltar, ainda, que as condutas antissindicais praticadas pelo empregador são punidas de forma mais rigorosa, assegurando-se aos sindicatos uma liberdade de ação muito maior. Por fim, o direito de greve e a organização sindical por local de trabalho são exercidos em sua plenitude, ao contrário do que ocorre em nosso País, onde estes instrumentos encontram sérias limitações. Todos estes fatos estariam a demonstrar que, no Brasil do século XXI, não existe equilíbrio de forças entre a classe trabalhadora e o empresariado. A rigor, a representação patronal detém um conjunto de prerrogativas legais que a tornam muito mais forte na arena dos conflitos coletivos. Para compensar este desequilíbrio é que se justifica a participação do Estado, por meio do exercício do Poder Normativo da Justiça do Trabalho. Portanto, enquanto persistir a desigualdade entre as classes trabalhadora e empresarial, a preservação do Dissídio Coletivo seria um mecanismo necessário para que a parte mais fraca não venha a sucumbir diante da parte mais forte. Estas duas concepções expressam o debate ideológico mais importante que se desenvolve, na atualidade, a respeito dos Dissídios Coletivos de Trabalho. Por enquanto, sem vencedores nem vencidos.

REFERÊNCIAS BIBLIOGRÁFICAS

AROUCA, J. Carlos. *Curso básico de direito sindical*. São Paulo: LTr, 2006.

_____ . *O sindicato em um mundo globalizado*. São Paulo: LTr, 2003.

FRAGOSO, C. *Repressão penal da greve*. São Paulo: IBCCRIM, 2009.

FREDIANI, Y.; ZAINAGHI, D. Sávio. *Relações de direito coletivo Brasil-Itália*. São Paulo: LTr, 2004.

MARTINS FILHO, I. Gandra. *Processo coletivo de trabalho*. 2. ed. São Paulo: LTr, 1996.

MELO, R. Simão de. *Processo coletivo do trabalho*. São Paulo: LTr, 2009.

ODERO, A.; GERNIGON, B.; GUIDO, H.; URIARTE, O. Ermida. *O direito e a flexibilidade*. Brasília: Oficina Internacional del Trabajo — Secretaria Internacional do Trabalho, 2002.

SANTOS, R. Lima dos. *Sindicatos e ações coletivas*. São Paulo: LTr, 2008.

AÇÃO COLETIVA E AÇÃO CIVIL PÚBLICA

José Fernando Moro (*)

NOTA INTRODUTÓRIA

A tutela dos interesses coletivos e difusos no regramento jurídico brasileiro recebeu impulso fundamental, no período que marcou o início da redemocratização do País.

A deplorável quadra vivenciada pelo Brasil, nos anos do regime de exceção (1964/1985), assentou como características sociojurídicas destacadas, além do invidividualismo, o menoscabo pelos Direitos Fundamentais do cidadão e as violações a todas as liberdades.

Evidentemente, quando tratamos de alteração tão basilar, para reestruturação do Estado e da tarefa histórica em amalgamar o Estado Democrático de Direito o qual vivemos, é que a tutela dos interesses difusos e coletivos ganhou força.

Nessa breve suma foram contempladas, de modo pontuado, características fundamentais da ação civil pública e da ação coletiva, consignando o que há de vigente e anotando o que deverá ser integrado ao direito positivo futuro, como se verifica da leitura do Anteprojeto do Código Brasileiro de Processos Coletivos.

Essa, a proposta de discussão da Associação dos Advogados de São Paulo no *Curso Prático de Processo do Trabalho* ao qual tenho a honra de oferecer minha modesta colaboração.

Além de sempre atual, não poderia ser o tema mais oportuno, ante a iminência de positivação de novo regramento, que tutelará os processos coletivos em geral.

(*) Advogado trabalhista militante e sócio da Moro e Scalamandré Advocacia. Professor de Direito e Processo do Trabalho da Faculdade de Direito da Universidade Paulista. Professor de Direito Constitucional e Direito do Trabalho da Faculdade de Direito da UNIFMU. Secretário-geral do TRT de São Paulo de 1992-1996. Master em Direito Coletivo do Trabalho e Diálogo Social na Europa pela Universidade de Castilla La Mancha (Espanha).

Ação civil pública

A legislação vigente assevera ser a ação civil pública aquela que objetiva responsabilizar os autores de danos morais e patrimoniais contra o meio ambiente, o consumidor, a ordem urbanística, bens e direitos de valor artístico, estético, histórico, turístico e paisagístico, a interesse difuso ou coletivo, por infração da ordem econômica e da economia popular.

Trata-se de instrumento processual fundamental para a defesa de **interesses difusos, coletivos** e **individuais homogêneos** o que, por óbvio, exclui a possibilidade de sua utilização para a tutela de interesses disponíveis e/ou privados.

É o quanto conceitua a Lei n. 7.347, de 24 de julho de 1985.

Todavia, de considerar não ser o enunciado das tutelas acima expendido estanque ou mesmo taxativo, já que outros direitos podem e devem ser tutelados pela iniciativa do aforamento da ação civil pública.

Tenha-se como exemplo a inserção no projeto de Lei n. 5.139/2009 dos valores do trabalho, como expressamente inseridos na futura normativa que regulamentará a ação civil pública.

Outra evidência da presença do Princípio da Não Taxatividade em relação à Ação Civil Pública são as disposições do Código de Defesa do Consumidor que estatiu, no art. 81:

Art. 81. A defesa dos interesses e direitos dos consumidores e das vítimas poderá ser exercida em juízo individualmente, ou a título coletivo.

Parágrafo único. A defesa coletiva será exercida quando se tratar de:

I — interesses ou direitos difusos, assim entendidos, para efeitos deste código, os transindividuais, de natureza indivisível, de que sejam titulares pessoas indeterminadas e ligadas por circunstâncias de fato;

II — interesses ou direitos coletivos, assim entendidos, para efeitos deste código, os transindividuais, de natureza indivisível de que seja titular grupo, categoria ou classe de pessoas ligadas entre si ou com a parte contrária por uma relação jurídica base;

III — interesses ou direitos individuais homogêneos, assim entendidos os decorrentes de origem comum.

Posto isso, é correto afirmar que interesses e direitos difusos são:

a) Transindividuais, de natureza indivisível, de que sejam titulares pessoas indeterminadas e ligadas por circunstâncias de fato.

b) Direitos que pertencem a todos, com titulares indeterminados, insuscetíveis de individualização, já que o patrimônio jurídico se revela indivisível.

Como exemplos, registrem-se os danos ao meio ambiente, ao patrimônio público de quaisquer naturezas (histórico, artístico, cultural).

Diferem dos interesses coletivos, de natureza transindividual, indivisíveis, de que seja titular grupo, categoria ou classe de pessoas. Seus titulares são identificáveis e a eles é garantido o direito de aforar ação civil pública visando, por exemplo, impedir majoração abusiva de mensalidade escolar.

LEGITIMIDADE CONCORRENTE PARA PROPOSITURA DA AÇÃO CIVIL PÚBLICA

O art. 82 de idêntico Diploma, estatui serem legitimados de modo concorrente para os fins do art. 81 já mencionado:

Art. 82. Para os fins do art. 81, parágrafo único, são legitimados concorrentemente:

I – o Ministério Público;

II – a União, os Estados, os Municípios e o Distrito Federal;

III – as entidades e órgãos da Administração Pública, direta ou indireta, ainda que sem personalidade jurídica, especificamente, destinados à defesa dos interesses e direitos protegidos por este código;

IV – as associações legalmente constituídas há pelo menos um ano e que incluam entre seus fins institucionais a defesa dos interesses e direitos protegidos por este código, dispensada a autorização assemblear.

§ 1º O requisito da pré-constituição pode ser dispensado pelo juiz, nas ações previstas nos arts. 91 e seguintes, quando haja manifesto interesse social evidenciado pela dimensão ou característica do dano, ou pela relevância do bem jurídico a ser protegido.

Assim, admissível, também, litisconsórcio facultativo entre os Ministérios Públicos da União, Estados-membros e a Defensoria Pública, e Entidades associativas na forma estabelecida pela norma que, igualmente, dispensa autorização assemblear para propositura da ação civil pública que será determinada, quanto à competência territorial, pela localidade do **foro onde ocorrer o dano,** e definirá sua competência territorial pelo local que poderá ter como objeto **condenação em espécie ou cumprimento de obrigação de fazer ou não fazer.**

Admite-se, igualmente, a adoção de ação cautelar como meio para evitar danos aos patrimônios tutelados pela normativa da ação civil, nas hipóteses de incidência típica do Processo Cautelar (*periculum in mora* e *fumus boni juris*). O mandado liminar está submetido ao alvitre do juiz que poderá determinar sua expedição com ou sem prévia justificação, decisão sujeita a agravo pela parte sucumbente.

Poderá requerer, ainda, a suspensão da execução liminar, fundada a pessoa jurídica de direito público para afastar grave lesão à ordem, à saúde, à segurança e à economia pública.

Em tais circunstâncias, o Presidente do Tribunal competente poderá suspender a execução da liminar, decreto sujeito a interposição de agravo a ser apreciado por uma das Turmas julgadoras em cinco dias contados da publicação respectiva.

COMPROMISSO DE AJUSTAMENTO DE CONDUTA

Terá eficácia de título executivo extrajudicial e o procedimento demandará iniciativa dos legitimados para adequação legal dos atos dos envolvidos e interessados abarcados pelo comprimisso mediante cominações.

PROVOCAÇÃO

O legitimado (qualquer pessoa, facultativamente e o servidor público compulsoriamente) poderá requerer documentos, diligências e certidões a instruir a petição inicial, mediante requerimento à autoridade competente, que as fornecerá no prazo de quinze dias.

Quando de iniciativa do Ministério Público, o interessado deverá ministrar informações acerca dos fatos que constituam objeto da ação civil, indicando os respectivos elementos de convicção. Quando originária de Juízes e Tribunais, estes remeterão peças ao Ministério Público para as providências cabíveis de apuração dos fatos, que podem dar ensejo à propositira da ação civil pública.

O *parquet* funcionará como parte ou fiscal da lei, dependendo da circunstância definidora de seu papel no processo.

INQUÉRITO E AÇÃO CIVIL PÚBLICA

Releva notar que a fase de inquérito poderá ser instalada e deverá ser presidida pelo Ministério Público, que terá o poder-dever de requisitar, de qualquer organismo público ou particular, certidões, informações, exames ou perícias, no prazo que assinalar, desde que não inferior à dias úteis, exceção feita à hipótese de sigilo legal compulsório, momento em que a ação poderá ser aforada desacompanhada de tais documentos, cujo traslado incumbirá ao juiz por requisição.

Não se olvide que a recusa em ofertar tais documentos e informações constitui fato típico penal, crime de recusa de oferta de dados, com previsão de cominação de pena de reclusão de um a três anos e multa.

Exaurida a fase de coleta de provas, se houver chegado o Ministério Público à conclusão da inexistência de fundamento para o ajuizamento da ação civil, o inquérito será remetido ao arquivo, com remessa obrigatória para homologação ou rejeição do arquivamento pelo Conselho Superior do Ministério Público.

Caso rejeitado o arquivamento, será designado outro órgão ministerial para que prossiga com o ajuizamento da ação.

Releva observar que nas ações que objetivem o cumprimento de obrigação de fazer ou não fazer, o juiz determinará o cumprimento da prestação da atividade devida ou a cessação da atividade nociva, sob pena de execução específica, ou cominação de multa diária, se esta for suficiente ou compatível, independentemente de requerimento do autor. Caso expressamente requerido, poderá ser concedido efeito suspensivo do recurso com vistas a evitar dano irreparável à parte.

A coisa julgada na sentença civil, em ação civil pública, terá efeito *erga omnes*, nos limites da competência territorial do órgão prolator, admitindo exceção, caso o pedido seja julgado improcedente por insuficiência de provas, hipótese em que qualquer legitimado poderá intentar outra ação com idêntico fundamento, valendo-se de nova prova.

A execução se processará pela autora ou, passados 60 (sessenta) dias sem que a exequente a tenha promovido, será assumida pelo *parquet*, facultada idêntica iniciativa aos demais legitimados.

Destaque-se que a condenação por litigância de má-fé da associação autora vincula de modo direto seus representantes que serão **solidariamente condenados** em honorários advocatícios e ao décuplo das custas, sem prejuízo da responsabilidade por perdas e danos.

Nas ações civis públicas, inexiste previsão de antecipação ou adiantamento de custas processuais, emolumentos, honorários periciais e quaisquer outras despesas, tampouco condenação da associação autora (exceção feita à decretada litigância de má-fé).

Se sobrevier condenação em pecúnia, tais haveres serão destinados a um **fundo** gerido por um Conselho Federal ou por Conselhos Estaduais de que participarão necessariamente o Ministério Público e representantes da comunidade, para que se destinem à reconstituição dos bens lesados.

Ação coletiva

Visa, como verificado no introito, à defesa dos interesses ou direitos individuais homogêneos e deverá ser exercida para tutelar o conjunto de tais interesses ou direitos jurídicos de origem comum.

Indispensável, assim, a aferição da existência ou, ao menos, da predominância das questões comuns sobre as tipicamente individuais.

Condição esencial é a verificação da presença da utilidade da tutela coletiva no caso concreto.

Não demanda, a ação coletiva, individualização dos interessados ou determinação inicial (indicação ou oferta de rol que acompanharia a petição inicial), tarefa que pode ser relegada à liquidação ou execução do julgado.

O que se revela pré-requisito essencial é a verificação, de plano, da existência das condições de admissibilidade da ação coletiva, quais sejam, a predominância das questões comuns sobre as individuais e o proveito da tutela demandada.

Foram classificadas de modo minudente no Anteprojeto do Código Brasileiro de Processos Coletivos, encaminhado ao Governo Federal, após exposição de motivos da lavra da eminente professora Ada Pellegrini Grinover, processualista de escol, que dispensa apresentação de qualquer jaez e cujo texto, na íntegra, oferece-se ao final.

Anota-se, desde logo, o que de mais relevante e como fundamento para conceituação e delimitação dos contornos da ação coletiva remanesce, como fonte de consulta indispensável.

Configuram e serão mencionados, apenas pela transcrição não comentada pelo evidente teor autoexplicativo do quanto assenta, fundamentos doutrinários da ação coletiva:

Objeto da tutela coletiva — A demanda coletiva será exercida para a tutela de:

I — interesses ou direitos difusos, assim entendidos os transindividuais, de natureza indivisível, de que sejam titulares pessoas indeterminadas e ligadas por circunstâncias de fato;

II — interesses ou direitos coletivos, assim entendidos os transindividuais, de natureza indivisível, de que seja titular um grupo, categoria ou classe de pessoas ligadas, entre si ou com a parte contrária, por uma relação jurídica base;

III — interesses ou direitos individuais homogêneos, assim entendidos os decorrentes de origem comum.

Quanto aos procedimentos, a estrutura do processo nas ações coletivas é idêntica, com nomenclatura e conceitos de igual natureza.

No que toca à distribuição do ônus probatório, o processo coletivo acompanha a teoria da carga dinâmica: caberá ao juiz definir qual das partes tem melhores condições de produzi-la (*vide* art. 11, § 1º, do anteprojeto).

Importante salientar que a parte deve buscar a produção da prova respectiva, independentemente do quanto ora asseverado sobre a distribuição do encargo probatório aludido.

Quanto à coisa julgada coletiva, vale a transcrição de Flávio Alegretti de Campos Cooper, em *Tutela Jurisdicional Coletiva*[1], assinala: "Uma vez julgado o mérito da

---

(1) COOPER, Flávio Allegretti de Campos. *Tutela jurisdicional coletiva*. São Paulo: LTr, 2010.

causa, interpretadas as provas produzidas no feito, a sentença, não mais sujeita a recurso, torna-se imutável e indiscutível (art. 467, CPC)".

A parte vencida não pode repropor a ação inclusive com nova prova sem ver extinto seu processo, sem resolução do mérito para prestigiar a coisa julgada (art. 267, V, CPC).

Releva notar, inclusive, que o Projeto n. 5.139 avançou substancialmente quanto aos limites da coisa julgada, assim definindo no art. 32: "a sentença no processo coletivo fará coisa julgada *erga omnes*, independentemente da competência territorial do órgão prolator ou do domicílio dos interessados".

ASSÉDIO MORAL NO TRABALHO

Jefferson Lemos Calaça (*)

Pode-se dizer que, pelo menos de forma específica, a legislação trabalhista brasileira não contém disposição expressa a respeito do assédio moral nas relações individuais e coletivas laborais.

Apesar dessa constatação, não se pode esquecer que em qualquer Estado de Direito, a consagração da pessoa e da sua dignidade constitui o centro e o fundamento do sistema constitucional, especialmente em um Estado como o Brasil que se proclama Estado Democrático de Direito a partir do Preâmbulo de seu Texto Maior.

No plano jurídico constitucional brasileiro o art. 1º, inciso III, do Texto de 1988 estabelece a dignidade da pessoa humana como fundamento da República Federativa do Brasil.

Por conseguinte, o Princípio da Dignidade da Pessoa Humana incorpora as exigências de justiça e dos valores éticos ao ordenamento laboral, na medida em que o trabalho humano como valor social é um dos instrumentos mais importantes de afirmação da cidadania e do respeito à dignidade do ser humano que tem na força de trabalho, senão a única, a mais importante fonte de sobrevivência.

Desse modo, embora não tenhamos norma legal específica sobre o assédio moral no campo laboral, este vazio não impede, por meio de criteriosa análise das normas contidas na CLT e em outros diplomas legais, que mediante uma interpretação sistemática se possa extrair uma série de normas que podem ser aplicadas tanto na prevenção como na resolução dos conflitos decorrentes do assédio moral

---

(*) Advogado. Presidente da ABRAT — Associação Brasileira de Advogados Trabalhistas.

no âmbito das relações trabalhistas, como, aliás, atestam os inúmeros arestos e decisões proferidas pela Justiça do Trabalho a respeito dessa tormentosa e insidiosa forma de violência no local de trabalho.

O conceito de assédio moral no trabalho consiste em atos e comportamentos desumanos de um superior hierárquico contra uma ou mais pessoas, visando desqualificá-la e desmoralizá-la profissionalmente, forçando-a a desistir do emprego. Poderá o assédio moral ocorrer entre iguais ou de um subordinado para um seu superior, porém este tipo de assédio é raro e incomum.

O assédio moral fere a dignidade e identidade do outro, invadindo frequentemente a intimidade e privacidade, desestabilizando emocionalmente a relação do assediado com o ambiente de trabalho e a organização.

O assédio moral constitui uma violação dos direitos humanos, sendo passível de indenização, quer pelo dano material, quer pelo dano moral resultante e pela extensão do dano.

O direito à igualdade prevista no art. 5º da CF não restringe a relação de trabalho a mera dependência econômica subordinada, assegurando ao trabalhador o *respeito à dignidade humana, à cidadania, à imagem, honradez e autoestima*.

São práticas comuns do assediador isolar, não conversar, subestimar o trabalho realizado ou sobrecarregar de tarefas aquele que está sendo assediado.

Pressupõe exposição repetitiva a situações vexatórias que, deliberadamente, degradam o ambiente de trabalho. Trata-se de uma relação sem ética, desumana, desequilibrada, injusta, repulsiva, ilegal e marcada pela assimetria de poder e de práticas autoritárias.

O cerco contra um trabalhador/a ou mesmo uma equipe, pode ser explícito ou direto, sutil ou indireto. Os atos de violência são manifestados desde um riso irônico do superior hierárquico até comentários maliciosos, fofocas e apelidos estigmatizantes, agressões verbais, ameaças, empurrões, constrangimentos e coações públicas.

As desqualificações repetitivas, aos poucos, vão minando a autoconfiança do trabalhador/a que passa a sentir-se culpado/a. O tempo não é capaz de amenizar as dores e o sofrimento.

Frequentemente, sentindo-se torturado e sem ter a quem recorrer, o trabalhador se isola. Essa conduta não lhe traz a paz desejada, pois seu humilhador intensifica seus atos, humilhando e exigindo mais eficiência.

Nestas condições, se estabelece o pacto do silêncio e da tolerância. E o silêncio predomina no coletivo. É comum a alta hierarquia não dar crédito aos comentários ou queixas relatadas.

Alguns, até admiram a capacidade de mando do chefe que humilha. A conduta de indiferença da alta hierarquia acentua no humilhado a sensação de desamparo.

Desestabilizado emocionalmente, o trabalhador passa a ouvir "conselhos" de que o melhor a fazer é pedir demissão.

É a ideologia do desista. Esta ecoa em outros: família, amigos e médicos. Sentindo-se sozinho, passam a predominar os sentimentos e emoções tristes.

Precisamos refletir sobre as novas tecnologias de controle. Isso porque, cada vez mais as empresas exigem dos trabalhadores entrega total de seu tempo, vida e emoções, às necessidades produtivas.

São assediados aqueles que mantêm o espírito critico e reflexivo em ação. Não aceitam os desmandos e mentiras. Exigem relações humanizadas e éticas. Não aceitam participar de práticas ilícitas.

Na lista dos assediados, encontramos: acometidos de doenças profissionais, dirigentes sindicais, mulheres que retornam após a licença maternidade, os acima de 40 anos de idade, os pré-aposentados; altos salários, os questionadores das políticas de gestão.

No âmbito da CLT, por exemplo, vamos encontrar a norma constante do art. 483 disciplinando a chamada "dispensa indireta", que nada mais é que o rompimento do contrato de trabalho por decisão do empregado, motivada por falta grave cometida pelo empregador.

Deveras, nos termos da aludida norma consolidada o empregado pode considerar o contrato "rescindido" e requerer a indenização devida, inclusive aquela decorrente de eventuais danos materiais e morais que o ato empresarial possa ter lhe causado (arts. 483 da CLT, 186, 187 e 927 do Código Civil).

Apesar da lacuna, pode-se perfeitamente enquadrar assédio moral nas seguintes hipóteses legais:

> 1. Exigência de serviços superiores às forças do trabalhador, defesos por lei, contrários aos bons costumes, ou alheios ao contrato (CLT, art. 483, a).

Com efeito, e apesar de ainda existir certa discussão a respeito do significado e alcance do vocábulo "forças", a regra tem recebido uma interpretação ampla não se restringindo apenas às forças físicas, mas também intelectuais e, como defende Mauricio Godinho Delgado, até mesmo emocionais, pois a condição pessoal do trabalhador, e não meramente profissional, tem de ser tomada em conta quanto à exigência de serviços ao longo do contrato (CLT, art. 456, paragrafo único).

Como exemplo, temos as exigências desproporcionais à condição humana colocando em risco a saúde física, mental ou intelectual deste, contrariando os fundamentos das Convenções ns. 155 e 161 da OIT: compete ao empregador adotar ações e medidas necessárias para "manter um ambiente de trabalho seguro e salubre, de molde a favorecer uma saúde física e mental ótima em relação ao trabalho" e proceder "a adaptação do trabalho às capacidades dos trabalhadores, levando em conta o seu estado de sanidade física e mental".

Essas diretrizes de certa forma também estão previstas no art. 3º da Lei n. 8.080/1990 quando relaciona os fatores determinantes da saúde, inclusive no ambiente do trabalho, ou seja, "a ambiência na qual se desenvolvem as atividades do trabalho humano".

Desse modo, a conduta prevista no art. 483, letra *a*, da CLT pode perfeitamente caracterizar a figura ilícita do assédio moral gerando não apenas a indireta "rescisão contratual" por culpa do empregador, mas também o obrigando a indenizar a vítima pelos danos materiais e morais causados à sua saúde física e mental, constituindo verdadeiro e inadmissível atentado contra a dignidade humana deste, pois afeta de forma direta e nociva o seu constitucional e fundamental direito à saúde e ao trabalho, garantidos de forma expressa no art. 6º do Texto Maior.

Assim, não pode o trabalhador ser visto como uma ferramenta ou peça de trabalho descartável, mas como pessoa dotada de direitos inatos, inerentes à sua condição de pessoa humana e por isso mesmo, portador de uma dignidade que jamais poderá ser agredida em nome e com base nos poderes empresariais que encontram limites exatamente nos direitos fundamentais do trabalhador, entre eles o direito à saúde e à integridade física e moral.

Desse modo, a violação sistemática dos aludidos direitos por parte do empregador com a exigência de tarefas ou serviços superiores às forças físicas ou mentais do empregado, a par de constituir violação ao disposto no art. 483, letra *a*, da CLT tipifica também a figura do assédio moral no campo da relação de emprego, pois viola um dos mais importantes direitos fundamentais do trabalhador, qual seja, o direito à saúde (física ou mental).

> 2. A alteração do contrato de trabalho também costuma acontecer nos procedimentos de assédio moral com certa frequência, quando o empregador desvia o trabalhador para serviços completamente alheios para os quais foi contratado, ferindo de morte o art. 468 da CLT.

Quando isso acontece, são atribuídas ao empregado tarefas menores ou de pouca significância ou ainda muito difíceis, senão impossíveis, de serem cumpridas, de modo a causar um clima desfavorável ao trabalhador e que muitas vezes termina levando-o a se desligar da empresa, passando a vítima a ter sofrimento de ordem física e emocional, com sequelas não raras vezes irreversíveis.

É claro que esse tipo de conduta empresarial, quando levada a efeito de forma duradoura e sem nenhuma justificação plausível (proporcional), além de atentar contra a norma do art. 468 da CLT caracterizando abuso dos poderes empresais, também tipifica a figura do assédio moral.

> 3. O tratamento pelo empregador ou por seus superiores hierárquicos com rigor excessivo (CLT, art. 483, b), também configura assédio moral no trabalho.

Essa figura legal envolve a presença de repreensões ou medidas punitivas desprovidas de motivação razoável, que configure perseguição, discriminação ou intolerância do empregador ou seus prepostos em relação ao empregado, de forma ofensiva à dignidade deste.

Essa infração grave pode manifestar-se por meio de atos de intolerância contínua, exagero minucioso de ordens, especialmente quando revelada por meio de tratamento discriminatório (dirigentes sindicais, cipeiros, gravidez etc.).

Parece evidente que esse tipo de comportamento empresarial atenta contra o direito fundamental do trabalhador de ser tratado com a devida consideração e de não ser discriminado por qualquer motivo (Constituição Federal, arts. 1º, incisos III e IV; 3º, inciso IV e 5º; Lei n. 9.029/1995, arts. 1º a 4º).

Se esses atos são praticados de forma sistemática e sem nenhuma razão aparente, além de caracterizar abuso do poder empresarial e discriminação (art. 5º e Lei n. 9.029/1995), também tipificam uma conduta assediante, pois constituem inadmissível atentado contra a dignidade do trabalhador.

Nessa perspectiva, é facultada a "rescisão indireta do contrato" por culpa do empregador, que deve ser responsabilizado não apenas pelas indenizações laborais devidas, mas também pela reparação civil dos danos de ordem material e moral que o empregado tenha experimentado em consequência do maltrato.

É claro que aludida indenização deve incluir os danos decorrentes da injusta perda do emprego por culpa do empregador e o tratamento médico a que eventualmente o empregado tenha que se submeter.

Nesse passo se deve anotar, mais uma vez, que o empregador é responsável pela reparação de todos os danos experimentados pelo trabalhador e, eventualmente, seus familiares, que dele dependam, especialmente em caso de sequelas que o tornem incapaz para o trabalho, ainda quando o comportamento faltoso tenha partido de outro empregado ou de preposto (CLT, arts. 2º e 483 e Código Civil, arts. 186 e 932, III).

> 4. Também podem tipificar condutas assediantes os atos praticados pelo empregador ou seus prepostos, lesivos à honra, ao bom nome, à fama,

ao respeito profissional e pessoal do empregado ou pessoas de sua família, na forma prevista na letra e do art. 483 da CLT.

Esse tipo de comportamento atinge de forma direta a dignidade do trabalhador e seus familiares e, muitas vezes, é levado a efeito por sentimentos de pura vingança, perseguição ou discriminação, com o objetivo de macular a imagem e a honra profissional e pessoal do trabalhador, fazendo que ele se desligue da empresa, ou seja, desmoralizando-o perante os demais colegas e a comunidade, especialmente quando forem praticados de forma sistemática ao longo de certo período.

É o receio de perder o emprego que alimenta a tirania de alguns maus empregadores, deixando marcas profundas e às vezes indeléveis nos trabalhadores que sofrem o **assédio moral**.

A desumanidade da conduta do empregador de forma aética, cria para o trabalhador situações vexatórias e constrangedoras de forma continuada por meio de diversas agressões, incutindo na mente do trabalhador pensamentos derrotistas originados de uma suposta incapacidade profissional.

O isolamento decretado pelo empregador acaba se expandindo para níveis hierárquicos inferiores, atingindo os próprios colegas de trabalho.

Desta forma, é urgente a aprovação de norma específica sobre o assédio moral que institua mecanismos para coibir esse tipo de conduta com a nulidade da dispensa, da transferência, da demissão ou da punição disciplinar nele fundada, facultando-se à vítima a rescisão indireta do contrato com as indenizações trabalhistas e civis devidas, (materiais e morais) sofridas pelo prejudicado e seus familiares com esse condenável tipo de conduta.

É necessário combater e acabar com a prática da imposição do medo no local de trabalho que submete e aprisiona o trabalhador assediado, dando-se lugar a efetiva ética, que, fortalecendo relações de confiança e apoio mútuo, permita que homens e mulheres possam manter-se saudáveis.

Não se deve cogitar apenas da proteção da jornada de trabalho, do salário e demais direitos materiais trabalhistas. Deve-se lutar também, e principalmente, pela proteção dos direitos à personalidade do trabalhador, por uma maior liberdade de trabalho, pela satisfação do empregado no ambiente do trabalho.

A proteção do bem-estar do trabalhador nada mais é que a plena eficiência dos princípios contidos na Constituição Federal do Brasil, de igualdade e de inviolabilidade da honra, contidos nos incisos III, V e X do art. 5º.

Os trabalhadores precisam ter em mente a publicidade desta prática assediante para inibir as ações do assediador, procurando agir coletivamente, buscando forças no seu órgão de classe e nos seus pares, pois o trabalho é o único bem que possui e por meio dele, a realização de seus sonhos, como bem afirmou o poeta:

Guerreiros são pessoas
São fortes, são frágeis
Guerreiros são meninos
No fundo do peito
Precisam de um descanso
Precisam de um remanso
Precisam de um sonho
Que os tornem refeitos
Um homem se humilha
Se castram seu sonho
Seu sonho é sua vida
E a vida é trabalho
E sem o seu trabalho
Um homem não tem honra
E sem a sua honra
Se morre, se mata.

Posfácio

A Associação Brasileira de Advogados Trabalhistas (ABRAT) sente-se honrada e orgulhosa pela conclusão deste trabalho, cultivado a partir de aulas práticas realizadas em todo o país, em parceria com a AASP e o Conselho Federal da OAB, que findou por gerar este belo livro.

Já profetizava Saint-Exúpery: "Tu és eternamente responsável por tudo aquilo que cativas". E é exatamente assim, com este sentimento coletivo, que estas três instituições — AASP, CFOAB e ABRAT — se reuniram neste momento histórico para a produção jurídica laboral na advocacia nacional.

Este, sem sombra de dúvidas, foi o primeiro passo de uma caminhada coletiva que visa, acima de tudo, estimular e elevar a capacidade produtiva dos integrantes da nossa classe, ao mesmo tempo em que incentiva o bom debate, a discussão jurídica e a inovação de teses sobre temas que nos inquietam no dia a dia, provocando uma sadia ebulição de ideias que resultarão em novos caminhos para a busca da digna valorização do trabalho humano.

Estamos felizes por termos participado deste projeto e a ABRAT, que se encontra em caravana por este Brasil, será um importante elo na divulgação desta obra aos advogados trabalhistas, para que estes possam usufruir das elaborações e das construções jurídicas contidas neste exemplar que, quiçá, seja apenas o primeiro de uma série que o futuro nos brindará.

Vamos em frente, pois o tempo não para e neste tempo de construção de uma sociedade justa e fraterna, os advogados possuem papel histórico de criar costumes e jurisprudências para que a nossa legislação laboral evite qualquer retrocesso ou precarização no direito dos menos favorecidos deste Estado capitalista.

Um abraço fraterno,

Jefferson Calaça
Presidente da ABRAT